高等学校规划教材

现代生产管理

丁文英　冯爱兰　赵　宁　编

北　京
冶 金 工 业 出 版 社
2017

内 容 提 要

本书汲取国内外经典著作的精华，总结多年教学经验，以教学过程中使用的自编教材为基础，投入大量精力编写而成。全书共分 10 章，第 1 章概论，第 2 章生产过程组织，第 3 章需求预测，第 4 章综合计划与主生产计划，第 5 章库存管理，第 6 章物料需求计划，第7 章作业计划与排序，第 8 章准时化生产方式，第 9 章设备管理，第 10 章生产管理新进展。

本书主要作为高等学校工程及管理类相关专业的教学用书，也可供企业的管理人员及相关专业的工程技术人员参考。

图书在版编目(CIP)数据

现代生产管理/丁文英，冯爱兰，赵宁编．—北京：冶金工业出版社，2008.4(2017.1 重印)
高等学校规划教材
ISBN 978-7-5024-4465-5

Ⅰ. 现… Ⅱ. ①丁… ②冯… ③赵… Ⅲ. 企业管理：生产管理—高等学校—教材 Ⅳ. F273

中国版本图书馆 CIP 数据核字(2008)第 038414 号

出 版 人 谭学余
地　　址 北京市东城区嵩祝院北巷 39 号 邮编 100009 电话 (010)64027926
网　　址 www.cnmip.com.cn 电子信箱 yjcbs@cnmip.com.cn
责任编辑 李枝梅 宋 良 美术编辑 李 新 版式设计 张 青
责任校对 白 迅 责任印制 牛晓波
ISBN 978-7-5024-4465-5
冶金工业出版社出版发行；各地新华书店经销；三河市双峰印刷装订有限公司印刷
2008 年 4 月第 1 版，2017 年 1 月第 3 次印刷
787mm×1092mm 1/16；14 印张；373 千字；213 页
30.00 元

冶金工业出版社 投稿电话 (010)64027932 投稿信箱 tougao@cnmip.com.cn
冶金工业出版社营销中心 电话 (010)64044283 传真 (010)64027893
冶金书店 地址 北京市东四西大街 46 号(100010) 电话 (010)65289081(兼传真)
冶金工业出版社天猫旗舰店 yjgycbs.tmall.com

前　言

现代生产系统是一个高度复杂的系统，综合了机械、电子、自动化、信息、网络等技术。如何能够把这些先进的技术有效地融合起来，最大限度地发挥生产系统的潜力，满足市场的需求，需要的是生产管理的思想、技术和方法。随着市场竞争的日益激烈，企业之间的竞争因素已经由产品转向服务，市场预测、生产计划、库存控制、作业安排等是决定企业能否准时给客户提供良好产品和服务的保证。在制造技术、信息技术和管理思想、管理技术不断进步的今天，决定企业成败的不仅仅是产品开发和制造技术，更重要的是企业生产管理的水平。可以说，一个企业的生产管理水平决定了其产品和服务的质量、价格和竞争力。

社会的发展、生产力的进步使得生产管理的方法在不断更新，无论是生产的流程和控制手段，作业人员的作业模式，还是管理人员的管理方法和工具，其变化之大无不令人惊叹。尤其是21世纪以来，随着制造技术、信息技术和网络技术的飞速发展，生产管理的思想、技术和方法有了很大变化，将这些变化及其支撑内容纳入本教材，使读者了解生产管理的基本内容、理解生产管理的核心思想、掌握生产管理的手段、领略生产管理的时代气息和特征是本教材的宗旨。

本书汲取国内外经典著作的精华，总结多年教学经验，以教学过程中使用的自编教材为基础，拓展新思想、新技术、新方法使教材内容更加丰富，并在每章都针对性地增加了案例和习题，非常适合用于教学。

本教材的编写是多方人员努力的结果，其中第1、4、7、9章由赵宁老师编写；第2、5、8章由冯爱兰老师编写；第3、6、10章由丁文英老师编写，并负责全书的统校。此外，董绍华老师策划了原校内教材的编写，并为本教材的重新编写提供了很多帮助，在此表示衷心的感谢。在编写过程和后期整理过程中，马楠、赵援、姜磊、吕运强和陈恭玖在资料收集、文稿的整理工作中提供了大量帮助，在此一并感谢。

由于编者水平所限，不足之处恳请读者批评指正。

编　者

2007年12月

目　录

1 概论

本章主要介绍与生产管理相关的基本概念以及生产管理的发展历程。

学习目标：

1. 掌握生产、生产系统、生产管理的概念。
2. 明确生产管理的目标与任务。
3. 了解生产管理的发展演变历史。

1.1 生产和生产系统

生产是以一定生产关系联系起来的、人们利用劳动资料改变劳动对象、以适合人们需要的过程。这里所说的生产，主要是指物质资料的生产。通过物质资料生产，使一定的原材料转化为特定的有形产品。然而，随着服务业的兴起，生产的概念已经扩展，生产不仅指有形产品的加工制造，还包括无形产品（服务）的提供。

1.1.1 生产概念的发展

过去，西方学者把与工厂联系在一起的有形产品的制造称作"production"，而把提供服务的活动称作"operations"。现在，有时将两者均称为"operations"。西方学者将有形产品和服务都称作"财富"，把生产定义为创造财富的过程，从而把生产的概念扩大到非制造领域。虽然，搬运工人和邮递员转送的都不是他们自己制造的东西，但他们付出了劳动，不能说他们从事的不是生产活动。为了区分"production"和"operations"，将它们分别译作"生产"和"运作"。现在许多学者将两者都称作生产或生产运作，生产概念的扩展如图 1-1 所示。

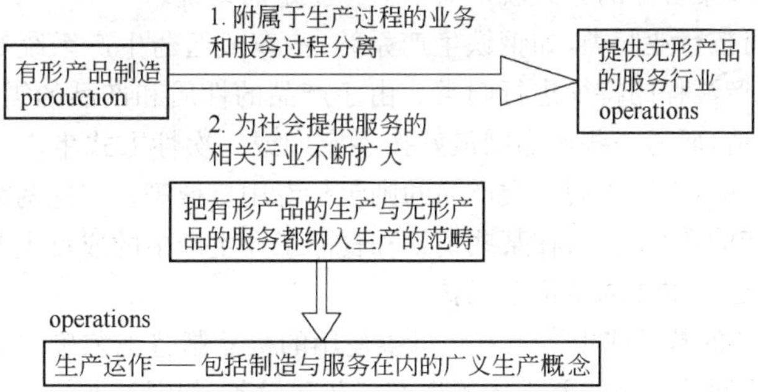

图 1-1　生产概念的扩展

1.1.2 生产活动

从一般意义上讲，生产是一切社会组织将它的输入转化为输出的过程。输入是由输出决定的，生产什么样的产品和提供什么样的服务，决定了需要什么样的原材料和其他投入。输入不同于输出，这就需要转化。转化是通过人的劳动实现的，转化的过程就是生产，生产过程如图 1-2 所示。

表 1-1 列出了几种典型的社会组织的输入、转化和输出的内容。

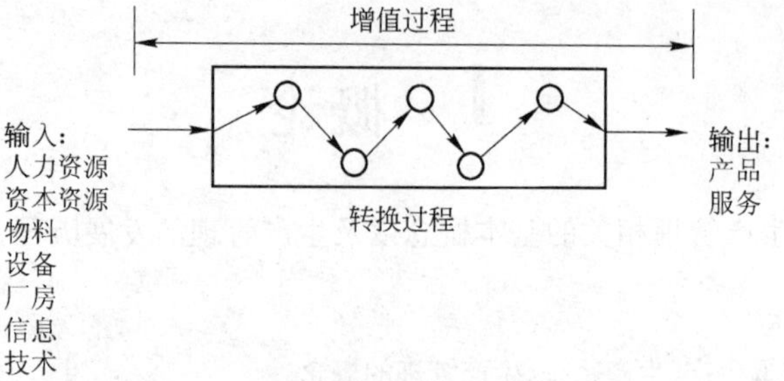

图 1-2　生产过程

表 1-1　组织的输入、转化和输出

系　统	主要输入资源	转　化	输　出
汽车制造厂	钢材、零部件、设备、工具	制造、装配汽车	汽　车
学　校	学生、教师、教材、教室	传授知识、技能	受过教育的人才
医　院	病人、医师、护士、药品、医疗设备	治疗、护理	健康的人
商　场	顾客、售货员、商品、库房	吸引顾客、推销产品	满意的顾客
餐　厅	顾客、服务员、食品、厨师	提供精美食物	满意的顾客

按生产过程的输出可将生产分为“制造型生产”和“服务型生产”，本书主要的研究对象为“制造型生产”，在后面各章节中提到的生产均指“制造型生产”。

1.1.3　生产系统

1.1.3.1　生产系统的三个结构单元

简单地说，生产系统是原材料、劳动力和技术知识投入产品制造过程的集合体。各组成部分在各种具体情况下构成集合体的方式就定义了一种特定的系统。

例如，生产系统可按行业归类，如钢铁生产系统、汽车或医药生产系统等。生产系统的另一种分类方法是根据生产流程的特征进行归类。由于产品的性质和产品的需要量不同，有的产品按连续的生产过程制造，而另一些产品则最好按不定期或一次性方式生产。属于前一类产品的有石油、医药和化工产品，而属于后一类产品的则包括专用机械等。在这两大类之间还有小批量制造的产品、大量生产的产品，以及在某些钢铁和食品工业生产中的成批生产的产品。

在生产系统中有三个主要的结构单元：

(1) 机器制造工艺的基础或生产工具。可供使用的机器制造工艺确定了将投入转变为成品的生产过程的范围，不同的产品需要不同的生产工艺和设备；相同的产品，其生产方式、生产规模不同，生产工艺和设备也有所差别。

(2) 生产系统的组织形式。不同的企业，其产品、工艺要求及设备千差万别，为了适应生产的需要，提高生产效率，需要采用合适的生产组织形式。主要有产品专业化生产组织和工艺专业化生产组织。

产品专业化生产组织按照满足单一产品（或有限范围的类似产品）生产的方式来组织人员和设备。这类生产组织的例子有化工厂、汽车装配线和纺织厂等。由于产品布置往往包含组织在一条生产线中的若干种工序顺序，因而它常常归入流水线生产组织。

工艺专业化生产组织按照生产多种产品的制造过程进行设备设施布局。在这种组织形式中，设备按其一般用途在工厂内部分组，例如车床组、铣床组、磨床组等。在大量不同产品和零部件使用同类设备，但并不一定以相同的顺序进行加工的情况下，常常采用这种组织形式。例如，通用机械制造企业。

生产系统的组织形式还有许多类型，在以后的章节中详细介绍。

(3) 用于控制生产系统运行的生产管理方法。为了有效地利用生产设备和生产组织形式，必须有一个决策机构，采用科学的方法和手段，在每一个时期决定生产什么产品、生产多少和什么时候生产。此外，必须制定措施，在生产系统内部各项业务和各部门之间相互协调。

1.1.3.2 生产系统的两个流

在生产过程中，各种原材料、在制品和产成品在企业各生产部门之间不断地流动，始终处于被运输或存储的状态，这个流动过程构成了生产系统的物料流；此外，企业接受客户的订单，将其转化为用于指导生产的各种生产计划，在生产计划执行过程中，需要对各生产单位的生产实绩进行收集整理，反过来对生产计划进行调整和对生产过程进行控制，这个过程中，在企业各部门之间流动的是各种信息，它构成了生产系统的信息流，图 1-3 所示为生产系统的物料流和信息流的示意图。

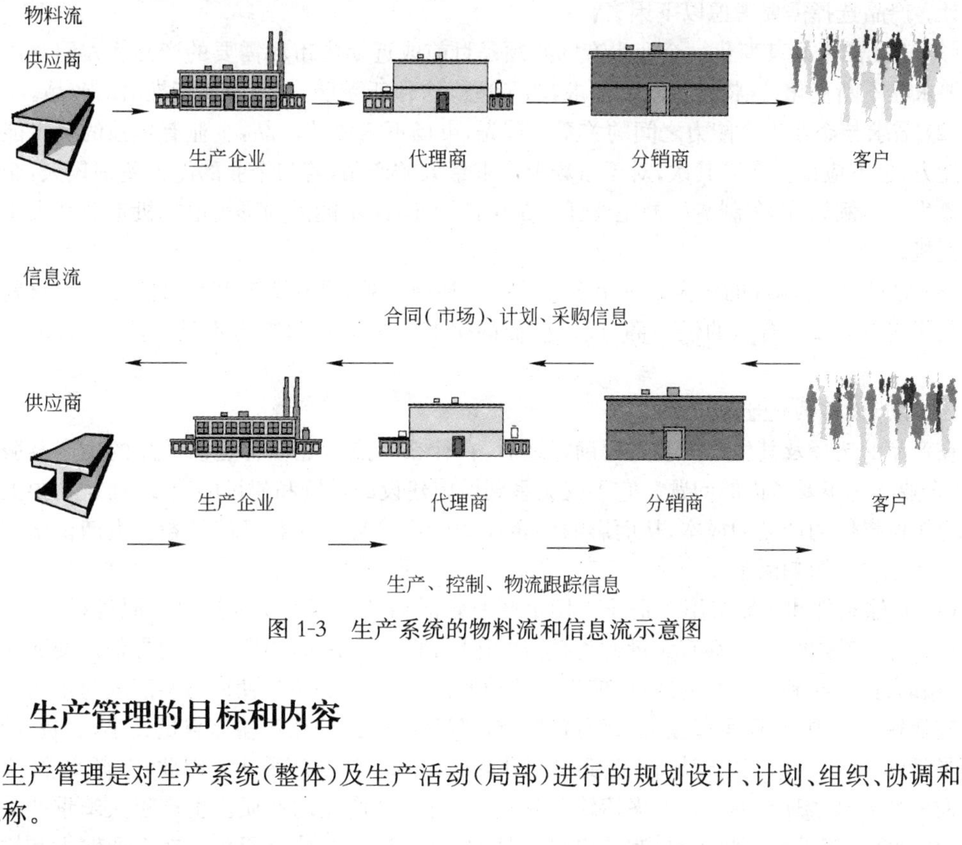

图 1-3 生产系统的物料流和信息流示意图

1.2 生产管理的目标和内容

生产管理是对生产系统(整体)及生产活动(局部)进行的规划设计、计划、组织、协调和控制的总称。

1.2.1 生产管理的目标

生产管理的目标可以用一句话来概括：高效、低耗、灵活、准时地生产合格产品和(或)提供满意服务。

高效是对时间而言的，指能够迅速地满足用户的需要，在当前激烈的市场竞争条件下，谁的订货提前期短，谁就能争取用户；低耗是指生产同样数量和质量的产品，人力、物力和财力的消耗最少，成本最低；灵活是指能很快地适应市场的变化，生产不同的品种和开发新品种，提供不同的服务和开发新的服务；准时是指在用户需要的时间内，按用户需要的数量，提供所需的产品和服务；合格产品和（或）满意服务，是指产品质量及服务质量。

1.2.2　生产管理的主要内容

生产管理的主要内容有三个方面：生产系统设计、生产运行管理和生产系统维护。

1.2.2.1　生产系统设计

生产系统设计包括产品的选择和设计、新产品的开发、生产设施的选址和布置以及工作设计。生产系统的设计一般在生产系统初期建设阶段进行。但在生产系统的生命周期内，如果需要扩建新设施、增加新设备，或者由于产品的变化，需要对生产设施进行调整和重新布置，都会遇到生产系统设计问题。

A　产品选择

企业进行生产先要确定向市场提供的产品，这就是产品选择；产品确定之后，就要对产品进行设计，确定其功能、型号、规格和结构；接着，要对如何制造产品的工艺进行选择，对工艺过程进行设计。产品选择需要考虑以下因素：

(1) 市场需求及其变化。企业生产的必须是目前或近期内市场需要的产品。人们对产品功能的要求在不断变化，这将产生新的需求，为了适应这种新需求，企业应不断推出新产品。

(2) 需求与企业生产能力之间的关系。首先，市场不需要的产品，企业有再强的技术能力和生产能力，也不应该生产。其次，对于市场上需求量大的产品，若与企业的能力差别较大，企业也不应该生产。例如，汽车制造厂的主要任务是生产汽车，决不能因为彩色电视机走俏就去生产彩色电视机。

(3) 原材料、外购件的供应。一个企业选择了某种产品，要制造该产品必然涉及原材料和外购件的供应。若没有合适的供应商，或供应商的生产能力或技术能力不足，这种产品也不能选择。

B　生产设施的选址

在产品的选择及其生产工艺过程确定之后，在什么地点新建或补建该产品的生产及服务设施，是企业下一步要考虑的问题。它不仅关系到设施建设的投资和建设的速度，而且在很大程度上决定了所提供的产品的成本，从而影响到企业的生产管理活动和经济效益。生产设施的选址主要应考虑以下影响因素：

(1) 运输条件和运输费用。企业一切生产经营活动都离不开交通运输。原材料、工具和燃料进厂，产品和废物出厂，都有大量的物料需要运输；职工上下班，也需要交通方便。交通便利能使物料和人员准时到达需要的地点，使生产活动能正常进行，还可以使原材料产地与市场紧密联系。在运输工具中，水运运载量大，运费较低；铁路运输次之；公路运输运载量较小，运费较高，但最具灵活性，能实现门到门运输；空运运载量小，运费最高，但速度最快。因此，选择水、陆交通都很方便的地方是最理想的。在考虑运输条件时，还要注意产品的性质。生产粗大笨重产品的工厂，要靠近铁路车站或河海港口；制造出口产品的工厂，厂址要接近码头。在企业输入和输出过程中，有大量的物料进出。有的企业输入运输量大，有的企业输出运输量大。在选址时，要考虑是接近原材料供应地，还是接近消费市场。

(2) 劳动力可获性与费用。对于劳动密集型企业，人工费用占产品成本的大部分，必须考虑劳动力的成本。工厂设在劳动力资源丰富、工资低廉的地区，可以降低人工成本。例如，一些发达国家的公司纷纷在经济不够发达的国家设厂。对于大量需要具有专门技术员工的企业，人工成本占制造成本的比例很大，而且员工的技术水平和业务能力，又直接影响产品的质量和产量，劳动力资源的可获性和成本就成为选址的重要条件。在大城市较容易获得高水平的劳动力资源，选择在城市或城郊建厂，容易解决劳动力资源问题。

(3) 能源可获性与费用。没有燃料(煤、油、天然气)和动力(电)，企业就不能运转。对于耗能大的企业，如钢铁、炼铝、火力发电厂，其厂址应该靠近燃料、动力供应地。

(4) 厂址条件和费用。建厂地方的地势、利用情况和地质条件，都会影响到建设投资。显然，在平地上建厂比在丘陵或山区建厂要容易施工得多，造价也低得多。在地震区建厂，则所有建筑物和设施都要达到抗震要求。同样，在有滑坡、流沙或下沉的地面上建厂，也都要有防范措施，这些措施都将导致投资增加。此外，选择在荒地上还是良田上建厂，也会影响投资多少。需要强调的是，我国人均耕地面积十分有限，选择厂址要尽可能不占良田或少占良田。地价是影响投资的重要因素，城市地价高，城郊地价较低，农村地价更低。

(5) 社会因素。投资建厂要考虑的社会因素包括居民的生活习惯、文化教育水平、宗教信仰和生活水平。

C 生产和服务设施布置

生产和服务设施布置是指合理安排企业或某一组织内部各个生产作业单位和辅助设施的相对位置与面积、车间内部生产设备的布置。生产和服务设施布置之前，应先确定企业内部生产单位组成，通常从企业的一般结构特点看。一般企业内部的生产车间是基本生产单位，车间下设工段或生产小组，实行分层管理，分别完成各项生产任务。

影响生产和服务设施布置的主要因素有：

(1) 工厂厂房的布置。满足生产过程的要求，以避免互相交叉和迂回运输，缩短生产周期，节省生产费用。

(2) 关系密切单位布置。生产联系和协作关系密切的单位应相互靠近布置，比如机械加工和装配车间应该安排在相邻的位置上。

(3) 运输条件利用。充分利用现有运输条件，如公路、铁路、港口及供水、供电等公共设施。

(4) 厂区划分。按照生产性质、防火和环保要求，合理划分厂区，如热加工车间区、冷加工车间区、动力设施区。为了减少居民生活区的污染，生活区应设在上风区。

(5) 总面积。在考虑防火和卫生条件下，总平面布置应力求占地面积小。

(6) 扩建。工厂布置应考虑留有扩建的余地。

D 工作设计

工作设计是制定与每个员工工作有关的活动的正规和非正规的说明，包括工作的结构和与同事、顾客之间的联系。工作设计有不同的指导思想和方案。一种是进行细致分工，使每个员工只完成最简单的操作，这样可以提高工作效率，从而提高生产系统的产出。福特最早的流水生产线上的工作就是这样设计的，这种方式使工作单调乏味，遭到工人的反对。另一种是进行粗略分工，每个员工都从事不同的操作，使工作丰富化。这样虽可以提高员工的工作兴趣，但在一定程度上牺牲了效率。

1.2.2.2 生产运行管理

生产系统的运行，主要是在现行的生产系统中，按用户的需求，生产合格产品和提供满意服务。生产系统的运行管理主要涉及生产计划、组织、控制三个方面的内容。

(1) 生产计划是解决生产什么、生产多少和何时出产的问题，包括预测本企业产品和服务的需求，确定产品和服务的品种与产量，设置产品交货期和服务提供方式，编制生产计划，做好人员班次安排，统计生产进展情况等。

(2) 组织是解决如何合理组织生产要素，使有限的资源得到充分而合理的利用。

生产要素包括：

1) 劳动者(工人、技术人员、管理人员和服务人员)；

2) 劳动资料(设施、机器、装备、工具、能源)；

3) 劳动对象(原材料、毛坯、在制品、零部件和产品)；

4) 信息(技术资料、图纸、技术文件、市场信息、计划、统计资料、工作指令)。

劳动者、劳动资料、劳动对象和信息的不同组合与配置，构成了不同的组织生产的方式，或简称生产方式。例如，福特生产方式、丰田生产方式。

(3) 控制是解决如何保证按计划完成任务的问题，主要包括接受订货控制、投料控制、生产进度控制、库存控制和成本控制等。

生产运行管理的内容包括：需求管理、生产计划、物料需求计划、能力计划、生产作业计划与控制、库存管理、项目管理、质量控制、物流管理(后勤管理)等，它们之间的关系参见图 1-4。

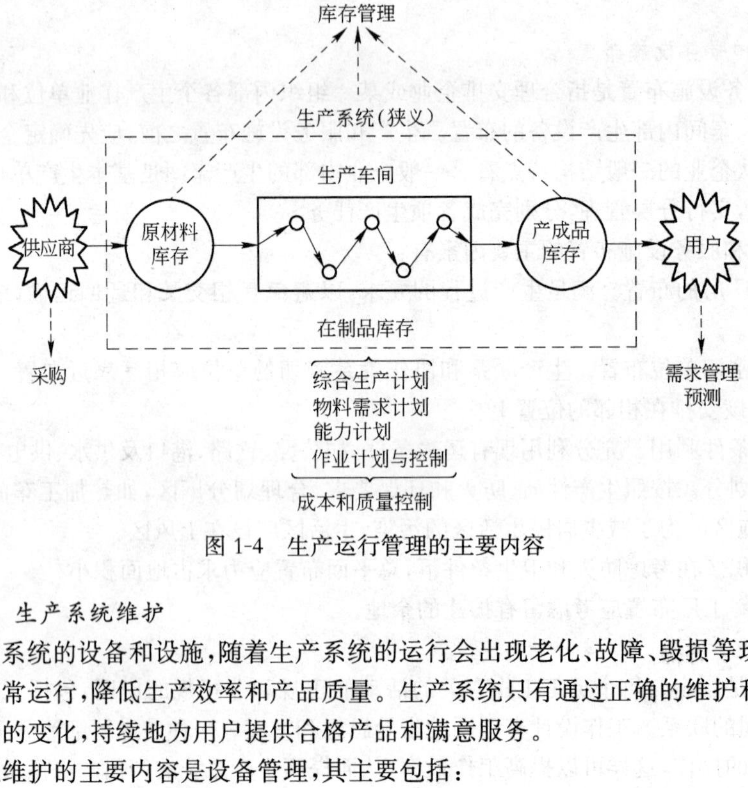

图 1-4　生产运行管理的主要内容

1.2.2.3　生产系统维护

组成生产系统的设备和设施，随着生产系统的运行会出现老化、故障、毁损等现象，这将影响生产系统的正常运行，降低生产效率和产品质量。生产系统只有通过正确的维护和不断的改进，才能适应市场的变化，持续地为用户提供合格产品和满意服务。

生产系统维护的主要内容是设备管理，其主要包括：

(1) 依据企业经营目标及生产需要制定设备规划，主要是设备的添置和更新改造计划的制定。

(2) 选择、购置、安装调试所需设备。

(3) 对投入运行的设备正确、合理地使用。

(4) 维护保养和及时检查设备，保证设备正常运行。

(5) 适时改造和更新设备。

1.3　生产管理的发展与演变

现代生产管理学起源于 20 世纪初泰勒的科学管理法。在此之前，企业的生产管理主要是凭经验管理，工人劳动无统一的操作规程，管理无统一规则，人员培养靠师傅带徒弟。泰勒的科学管理法使生产管理摆脱了经验管理的束缚，走上科学管理的轨道。泰勒科学管理法的主要内容——作业研究，对于提高当时的生产效率起了极大的作用，奠定了整个企业管理学说的基础。

1913 年，福特在其汽车厂内安装了第一条汽车流水线，揭开了现代化大生产的序幕。他所创立的“产品标准化原理”、“作业单纯化原理”以及“移动装配法原理”在生产技术以及生产管理史上均具有极为重要的意义。

在 20 世纪二三十年代，最早的日程计划方法、库存管理模型以及统计质量控制方法相继出现，这些构成了经典生产管理学的主要内容。这一时期生产管理学的重点主要是生产系统内部的计划和控制，所以称为狭义的生产管理学。

二次世界大战以后，运筹学的发展及其在生产管理中的应用给生产管理带来了惊人的变化。库存论、数学规划方法、网络分析技术、价值工程等一系列定量分析方法被引入了生产管理，大工业生产方式也逐步走向成熟，这一切使生产管理学得到了飞速发展，开始进入了现代生产管理的新阶段。与此同时，随着企业生产活动的日趋复杂、企业规模的日益增大，生产环节和管理上的分工越来越细，计划管理、物料管理、设备管理、质量管理、库存管理、作业管理等各个单项管理分支逐步建立，形成了相对独立的职能和部门。

从 20 世纪 60 年代后半期到 70 年代，机械化、自动化技术的飞速发展，使企业面临着不断进行技术改造、引进新设备、新技术并相应地改变工作方式的机遇和挑战。生产系统的选择、设计和调整成为生产管理中的新内容，进一步扩大了生产管理的范围。MRP（物料需求计划）方法的出现打破了传统的生产计划方法，成为一种全新的生产与库存控制系统。

80 年代，技术进步日新月异，市场需求日趋多变，世界经济进入了一个市场需求多样化的新时期，多品种小批量生产方式成为主流，从而给生产管理带来了新的、更高的要求，MRPII（制造资源计划）、OPT（最优生产技术）等方法相继出现，尤其是以 JIT（准时生产）为代表的日本式生产管理方式，在全世界引起了注目和研究，极大地丰富了生产管理学的内容。这一时期生产管理学的另一主要特点是开始注重和强调管理的集成性，不再把由于分工引起的企业活动的各个不同部分看作独立的活动和过程，而是用系统的观点来看待整个生产经营过程，强调生产经营的一体化。这种系统管理的思想和方法进一步扩大到非制造业，生产管理学开始发展成为包括非制造业管理在内的运作管理。

从 80 年代后半期至今，信息技术的飞速发展和计算机的小型化、微型化，使得计算机开始大量进入企业管理领域，计算机辅助设计、计算机辅助制造、计算机集成制造以及管理信息系统等技术，使得处理“物流”的生产和处理“信息流”的生产管理均发生了根本性的变革。生产全球化的经济大趋势以及市场需求变化速度的加快，促使企业尽快地引入信息技术、利用信息技术来增强企业的竞争力。生产管理学发展到这一阶段，只有同企业的全面经营管理活动有机结合，才能发挥应有的作用。因此，今天的生产管理学，更强调生产经营的整体化管理。表 1-2 列出了生产管理的发展变化过程、时间、主要概念和方法以及产生和应用该方法的国家。

表 1-2 生产管理的发展变化过程

年 份	概念和方法	发源地
1911	科学管理原理，标准时间研究和工作研究	美 国
1911	工业心理学	美 国
1913	流水装配线	美 国

续表 1-2

年 份	概念和方法	发源地
1914	作业计划图(甘特图)	美 国
1917	库存控制中的经济批量模型	美 国
1931	抽样检验和统计图技术在质量控制中的应用	美 国
1927～1933	霍桑试验,人际关系学说	美 国
1934	工作抽样分析	英 国
1940	处理复杂系统问题的多种训练小组方法	英 国
1947	线性规划的单纯形解法	美 国
1950～1960	运筹学快速发展,如模拟技术、排队论、决策论、数学规划;计算机硬、软件技术;网络计划技术(PERT 和 CTM)	美国和西欧
1970	车间计划、库存控制、工厂布置、预测和项目管理,MRP 和 MRPII 等	美国和西欧
1980	JIT、TQC 和工厂自动化(CIM、FMS、CAD、CAM 以及机器人等)	美国、日本和西欧
1990	TQM 普及化、各国推行 ISO9000、流程再造(BPR)、企业资源计划(ERP)、并行工程(CE)、敏捷制造(AM)、精良生产(LP)、电子商务、因特网、供应链管理等	日本、美国和西欧

以下介绍几个有代表性的生产管理方法。

1.3.1 科学管理

1911 年弗雷德里克 W. 泰勒(Frederick W. Taylor)创建的科学管理理论给生产运作管理带来了巨大的变化。他通过对工作方法的观测、分析和改进以及运用经济手段相结合方法来提高生产率,取得明显成效。

泰勒理论的基本思想是:利用动作研究和时间研究方法确定工人每天的劳动定额;按标准的操作方法训练工人;实行差别计件工资制度;明确划分管理职能,使管理工作专业化。

他的杰出贡献是使管理由经验走向科学,因此被誉为科学管理之父。

1.3.2 流水装配

1913 年出现了机器时代最重大的技术革新——福特公司在汽车制造中应用流水装配线进行生产,其主要特点是:

(1) 流水生产以标准化(互换性)、简单化、专业化为目标,成为大批量生产的一种方式。

(2) 运用流水装配线,力求实现劳动机械化,促进更细的劳动分工和生产专业化,大大提高生产效率,降低了成本。

1.3.3 人际关系理论

从 1927 年开始,由社会学家梅奥(Mayo)领导的哈佛工商管理研究生院组织的研究小组,在西屋电气公司的伊利诺伊州霍桑工厂进行了长达 6 年的实验研究。开始设计实验的目的是研究工厂环境条件对生产效率的影响,但研究的结果却发现人的因素比想象中重要得多,由此梅奥提出了人际关系学说。

人际关系理论的基本观点是工人、是社会人,而不是经济人,尊重工人比只靠增加工资更能发挥工人的积极性,工人的态度和行为取决于个人和社会作用的发挥,组织和社会对工人的关心是提高劳动生产率的重要条件。人际关系学说大大推动了行为科学理论的发展,使管理重心开始由物转向人,开始重视人的激励问题。

激励理论广泛用于生产活动,成为发挥工人创造性、积极性和提高生产率的极大动力。

1.3.4 运筹学

第二次世界大战期间,为了解决后勤组织和武器系统设计的复杂问题,促使运筹学向跨学科的数学化方向发展,包括数学、心理学和经济学领域许多专家学者们都参与到对运筹学的研究中。他们用定量的方法构造和分析问题,寻求数学意义上的最优解。

战后,运筹学的优化方法广泛应用于生产领域,为运作管理提供了许多定量分析的工具。

20 世纪 50 年代末到 60 年代初,生产管理作为独立学科出现。爱德华·柏曼(Edward Bowman),罗伯特·法特(Robert Fetter)编写了《生产与作业管理分析》一书(1957 年出版);伯法(Belffa)编写了《现代生产管理》一书(1961 年出版)。他们都注意到生产系统面临的问题具有普遍性,以及生产运作作为一个系统的重要性,同时强调了排队论、仿真、线性规划在运作管理中的应用。

1.3.5 计算机技术与物料需求计划

20 世纪 70 年代,计算机技术在运作管理中得到广泛应用。在制造业中,一个重大突破是物料需求计划(MRP)被应用于生产计划与控制。IBM 公司的约瑟夫·奥利克(Joseph Orlicky)和奥利弗·怀特(Oliver Wight)在 MRP 的理论与应用方面做了开创性的工作。

物料需求计划(MRP)通过计算机软件将企业的各部门联系在一起,共同完成复杂产品的制造;生产计划人员可以根据需求的变化,及时调整生产计划和库存水平。

随着计算机技术的高速发展,MRP 进一步扩展为制造资源计划(MRPⅡ),其应用范围扩大到销售部门和财务管理,统一了企业的生产经营活动。

目前在 MRPⅡ基础上,把办公自动化、后勤、设备维护、过程控制、数据采集和电子通讯等结合起来,实现更广泛的管理信息集成,向更高层次的企业需求计划(ERP)方向发展。

1.3.6 准时化生产与工厂自动化

20 世纪 80 年代发生了运作管理思想和自动化技术的革命。准时化生产(JIT)是制造业思想的主要突破。准时化生产是日本丰田汽车公司经过 20 余年的运作实践总结出来的。它包含了丰富的管理思想和方法,形成了一个完整有机生产体系。

JIT 是一种彻底追求生产的合理性、高效性,能够灵活多样地适合各种需求的高质量产品的生产方式,用最少库存生产最适当数量的产品,实现零缺陷生产。这种生产方式在 80 年代得到世界各国的公认,受到普遍重视和推广应用。

在这个时期,工厂自动化技术迅速发展,许多新的生产技术相继产生,如计算机辅助设计(CAD)、计算机辅助工艺设计(CAPP)、计算机辅助制造(CAM)、集散系统(DCS)、现场总线控制系统(FCS)等,并促进运作管理向系统集成与高效敏捷方向发展。工厂管理控制一体化系统、计算机集成制造系统(CIMS)、柔性制造系统(FMS)出现并走向实用化阶段。

1.3.7 供应链管理

供应链管理是用系统的观点,通过对供应链中的物流、信息流和资金流进行设计、规划、控制与优化,以寻求建立原材料供应商、生产企业、销售商以及客户之间的战略合作伙伴关系,最大限度地减少内耗与浪费，实现供应链整体效率的最优化，并保证供应链成员取得相应的绩效和利益，来满足顾客需求的整个管理过程。

进入 20 世纪 90 年代，由于全球因特网的建立，电子数据交换系统（EDI）在流通领域开始应用。EDI 由计算机信息系统、电子数据交换标准、电子数据交换软件和电子数据交换网络构成，它不仅能自动生成所要传送的数据，还能对接收的数据进行处理。在进行商务活动过程中，可利用计算机进行查询、分析、模拟、预测。EDI 能大大提高服务运作的效率并支持运作决策。

1.3.8 计算机集成制造系统

计算机集成制造系统（computer integrated manufacturing system，CIMS）是一项新兴的高科技技术，它将企业的全部活动，从产品设计、生产、制造到经营决策和管理，都有机地集成起来，形成一个整体，相互协调，总体优化，从而提高企业现代化管理水平，缩短产品开发和制造周期，提高产品质量和劳动生产率，增强企业的应变能力和竞争力。其通常包含技术信息子系统（TIS，包括 CAD、计算机辅助工艺编制、CAM 等）、制造自动化子系统（MAS，包括机器人、加工中心和柔性制造系统等）、管理信息子系统（MIS）和两个支撑子系统，即计算机网络环境系统（NES，提供整个系统内信息的传递和共享环境）及数据库管理系统（DBMS，完成系统内数据的有效收集、组织、存储和共享等）。

对 CIMS 的应用早期集中在信息集成，并侧重于制造自动化，投资巨大，收效甚微。而近期注重人、技术和组织的集成，目标是上市快、质量高、成本低和服务好。现已被许多企业采用，并取得显著的经济效益。我国对 CIMS 十分重视，是“863 计划”中的一个重要主题。

1.3.9 精细生产

精细生产（lean production，LP）是美国麻省理工大学一个研究小组花了 5 年时间考察国际汽车工业的发展情况，总结的以丰田生产系统为代表的生产模式。概括地讲，它的主要特征有三个：第一，强调人的作用和以“人”为中心，以小组工作方式，充分发挥员工的主动性和创造性；第二，以“简化”为手段，简化组织机构，应用并行工程来简化产品开发过程，简化与协作厂的关系、简化并消除一切无用的或不增值的环节，简化产品检验环节，强调一体化的质量保证体系；第三，不断改进的“修炼”，以尽善尽美为最终目标，即不断改进生产，不断降低成本，力争零库存、零废品和产品多样化，追求最少投入、最大产出、最多品种、最简单的过程、最高质量、最少浪费、最低成本、最满意服务，达到最具竞争力、最使客户满意的目的。

1.3.10 敏捷制造

敏捷制造（agile manufacturing，AM）是 1991 年美国国防部投资的研究报告中提出的一种在先进工业国家崭露头角的新的生产方式。为适应市场多变需求，个性化趋势及日益激烈的竞争，人们发现需要一种内外部“协作”、“灵活重组”的“敏捷生产”模式，其主要特点是：第一，采用先进制造技术和高柔性、可重组的工艺设备，应用并行工程以缩短开发、制造周期，迅速生产出满足用户需要的新产品或改造老产品；第二，强调技术、管理和人的全面集成，使企业形成一个反应灵敏的整体；第三，采用灵活、多变的动态组织机构，强调以最快的速度把企业内、外部优势集成在一起，加强协作，构成“虚拟企业”去承担并完成市场需求的产品或项目，一旦完成，虚拟企业立即解体，需要时再重组；第四，最大限度地调动和发挥员工的主动性和创造性，用继续教育来提高职工的素质和创造能力，以增强企业的竞争力。

习 题

1-1 简述生产和生产系统的定义。

1-2 生产系统三个主要的结构单元是什么?

1-3 简述生产管理的目标和内容。

1-4 泰勒科学管理理论的基本思想是什么?

1-5 计算机技术对生产管理的影响有哪些?

参 考 文 献

1 汪星明,施礼明著.现代生产管理.北京:中国人民大学出版社,1997

2 陈荣秋,马士华著.生产与作业管理.北京:高等教育出版社,1999

3 黄力,朱国兴,施小磊主编.现代生产管理.北京:机械工业出版社,1998

4 周三多,蒋俊,邹一峰编著.生产管理.南京:南京大学出版社,1998

5 刘丽文,张尔正编著.生产与运作管理.北京:清华大学出版社,2001

6 Sunil Chopra, Peter Meindl, supply chain management: strategy, planning and operations, 2nd edition, Pearson/Prentice Hall, 2004

7 Richard B. Chase, F. Robert Jacobs, Nicholas J. Aquilano. Operations Management for Competitive Advantage. 10th edition. New York: McGraw-Hill, 2004

2 生产过程组织

生产过程的组织，就是对生产系统中的各个要素包括生产者、生产工具设备和生产对象以及生产过程中的各个环节、各个阶段进行合理安排，使得生产过程在时间和空间上紧密衔接，提高生产的效率，从而保证产品的质量、规格、数量、时间等各方面的要求。本章将对生产过程组织所涉及的相关内容做详细的介绍。

学习目标：

1. 了解生产过程的概念、组成，以及合理组织生产过程的要求。
2. 了解生产类型的概念、分类和划分方法。
3. 掌握生产单位专业化形式的种类，了解各种形式的优缺点。
4. 掌握零件在工序间移动方式的种类、在各种方式下的加工周期的计算方法以及企业选择某种移动方式时应考虑的因素。

2.1 生产过程

有形产品的生产过程的管理是生产管理的重要组成部分。下面介绍生产系统中各项活动中的主线——生产过程。

2.1.1 生产过程的概念及组成

2.1.1.1 *产品的生产过程*

生产过程是每一个工业企业最基本的活动过程。任何产品的制造，都需要经过一定的生产过程。产品的生产过程是指从原材料投入生产开始，直到成品检验合格入库为止所经历的全部过程。它主要是指劳动者利用劳动工具，按照一定的方法、步骤，直接或间接地作用于劳动对象，使之成为具有使用价值的产品的过程。这个过程中有时还要借助于自然力的作用，例如：铸件冷却与时效，油漆的自然干燥等。在这种情况下，产品的生产过程就是一系列相互联系的劳动过程和自然过程的有机结合。

产品的生产过程一般包括以下内容：

(1) 工艺过程。工艺过程指直接改变劳动对象的性质、形状、大小，使之成为成品的过程。这是生产过程中最基本的构成。

(2) 检验过程。检验过程是对加工的毛坯、零件和成品的质量进行检验的过程。它对保证产品质量起着重要的作用。

(3) 运输过程。运输过程指劳动对象在工序之间和车间之间的搬运过程。

(4) 自然过程。自然过程指劳动对象处于自然力作用下的过程。

(5) 贮存等待过程。贮存等待过程指由于工作制度、生产要求和组织管理上的原因所导致的贮存、等待的过程。

以上这些过程中，工艺过程是最基本的，而其他过程也是合理组织生产过程所不可缺少的组成部分。

2.1.1.2 *产品生产过程的形式*

行业不同，产品结构和工艺特点不同，产品生产过程的形式也各不相同。从制造工业看，基本上可分为流程式生产过程和加工装配式生产过程两大类。

A 流程式生产过程

流程式生产过程是指原材料通过一系列化学处理或物理处理，变成为产品的过程。这种流程式还可进一步分为综合流程式和分解流程式两种。综合流程式是集合各种不同的半成品，共同制成一种产品的生产过程，例如：冶金、纺织、化工、造纸等工业；分解流程式是将原材料分解为各种产品的过程，例如：炼油、焦化、制糖等工业。这两种流程式制造工业产品的生产过程如图2-1所示。

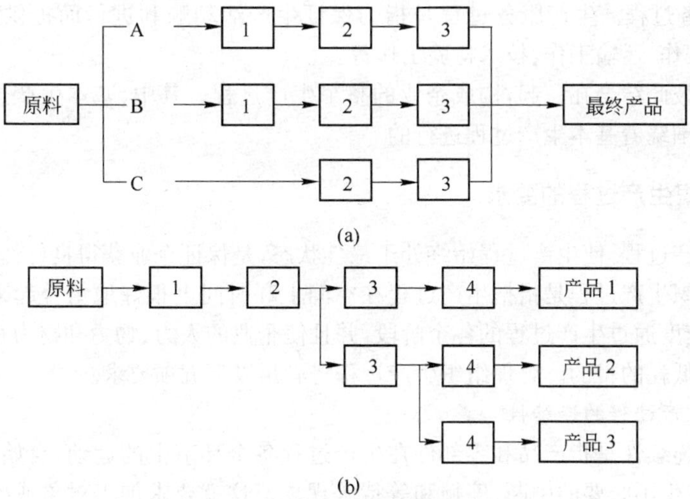

图 2-1 流程式生产过程示意图

a—综合流程式；b—分解流程式

1、2、3、4—流程中的过程代号；A、B、C—流程中的分流程代号

B 加工装配式生产过程

加工装配式生产过程是指将原材料加工成零件，再将零件装配成部件，最后将零部件集合在一起总装成产品的过程，例如：汽车、机床、无线电等工业。加工装配式生产过程如图 2-2 所示。

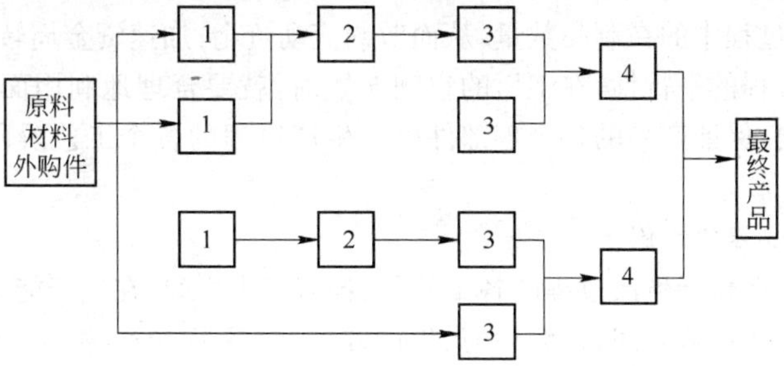

图 2-2 加工装配式生产过程示意图

上述两类不同形式的产品生产过程，具有明显不同的特点。其中加工装配式生产过程最为复杂，在生产管理工作中也最具有代表性。

2.1.1.3 企业生产过程的组成

不论是哪一类形式的生产过程，从其经过的各个阶段对产品生产所起的不同作用看，企业的生产过程均由以下四部分组成：

(1) 生产技术准备过程。生产技术准备过程是指企业为了制造新产品或改进老产品，在投入生产前进行的一系列准备工作过程。主要包括产品设计、工艺设计、工艺装备的设计与制造、新产品的试制与鉴定、材料与工时定额的制定、生产组织的调整等工作。

(2) 基本生产过程。基本生产过程是指对构成产品实体的劳动对象直接进行工艺加工的过程。例如:机械企业中的铸造、锻造、机械加工和装配等过程;纺织企业中的纺纱、织布和印染等过程。基本生产过程是企业的主要生产活动。

(3) 辅助生产过程。辅助生产过程是指为保证基本生产过程的正常进行而从事的各种辅助性生产活动的过程。例如:为基本生产提供动力、工具和维修工作等。

(4) 生产服务过程。生产服务过程是指为保证生产活动顺利进行而提供的各种服务性工作。例如:供应工作、运输工作、技术检验工作等。

上述四部分彼此结合在一起,构成企业的整个生产过程。其中,基本生产过程是主导部分,其余各部分都是围绕着基本生产过程进行的。

2.1.2　合理组织生产过程的要求

合理组织生产过程,使生产过程始终处于最佳状态,是保证企业获得良好经济效果的重要前提之一。合理组织生产过程是指把生产过程在空间上和时间上很好地结合起来,使产品以最短的路线、最快的速度通过生产过程的各个阶段,并且使企业的人力、物力和财力得到充分的利用,达到高产、优质、低耗的目的。合理组织生产过程需满足以下五项要求。

2.1.2.1　生产过程的连续性

生产过程的连续性是指产品和零部件在生产过程各个环节上的运动,自始至终处于连续状态,不发生或少发生不必要的中断、停顿和等待等现象。这就要求加工对象或处于加工之中,或处于检验和运输之中。保持生产过程的连续性,可以充分地利用机器设备和劳动力,可以缩短生产周期,加速资金周转,减少生产过程中的损失。

2.1.2.2　生产过程的平行性

生产过程的平行性是指生产过程的各工艺阶段、各个工序在时间上实行平行交叉作业。

生产过程的平行性是生产过程连续性的必然要求,只有将可以平行进行的生产活动组织平行交叉作业,才能真正达到连续性的要求。生产过程的平行性可以缩短产品的生产周期,加快产品的出产,减少生产过程中的在制品数量,从而节约流动资金,加速资金周转。

为了达到生产过程的平行性,在工厂的空间布置时,就要合理地利用面积,尽量做到各生产环节能同时利用空间,保证产品的各个零部件以及生产过程的各个工艺阶段能在各自不同的空间内同时平行进行。

2.1.2.3　生产过程的比例性

生产过程的比例性是指生产过程的各个阶段、各道工序之间,在生产能力上要保持必要的比例关系。它要求各生产环节之间,在劳动力、生产效率、设备等方面,相互协调发展,避免脱节现象。保证生产过程的比例性,既可以有效地提高劳动生产率和设备利用率,又进一步保证了生产过程的连续性。

为了保持生产过程的比例性,在设计和建设企业时,就应根据产品性能、结构以及生产规模、协作关系等统筹规划;同时,还应在日常生产组织和管理工作中,搞好综合平衡和计划控制。

2.1.2.4　生产过程的节奏性

生产过程的节奏性是指产品在生产过程的各个阶段,从投料到成品入库,都能保持有节奏地均衡地进行。要求在相同的时间间隔内生产大致相同数量或递增数量的产品,避免前松后紧的现象。

生产过程的节奏性应当体现在投入、生产和出产三个方面。其中出产的节奏性是投入和生产节奏性的最终结果。只有投入和生产都保证了节奏性的要求，实现出产节奏性才有可能。同时，生产的节奏性又取决于投入的节奏性。因此，实现生产过程的节奏性必须把三个方面统一安排。此外，对任何一个车间、工段和工作地也都存在着生产节奏性的要求。因此，保持各个生产环节的投入、生产和出产的节奏性，对实现整个企业的生产过程的节奏性是十分重要的。

实现生产过程的节奏性，有利于劳动资源的合理利用，减少工时的浪费和损失；有利于设备的正常运转和维护保养，避免因超负荷使用而产生难以修复的损坏；有利于产品质量的提高和防止大量废品的产生；有利于减少在制品的大量积压；有利于安全生产，避免人身事故的发生。

2.1.2.5 *生产过程的适应性*

生产过程的适应性是指生产过程的组织形式要灵活，能及时满足变化了的市场需要。随着市场调节的开展、技术的进步和人民生活水平的提高，用户对产品的需求越来越多样化。这就给企业的生产过程组织带来了新的问题，即如何朝着多品种、小批量、能够灵活转向、应急应变性强的方向发展。

为了提高生产过程组织的适应性，企业可采用混流生产等先进的生产组织方法，也可以在主流产品的稳定生产线之外，成立“灵活的生产单位”，专门负责临时任务，还可以组织包括设计、工艺、制造在内的产品开发部门，进行新产品的试制工作。

组织生产过程的五项要求是衡量生产过程是否合理的标准，也是取得良好经济效果的重要条件。

2.2 生产类型

科学的生产管理要按生产过程运行的客观规律办事。工业部门各行业（如采矿、冶金、化工、发电、纺织、机械制造、电子设备制造等）的生产过程有很大差异。即使是同一工业部门的企业（如机械制造业的造船厂、机床厂、汽车厂、农机具厂等），由于其产品结构和生产工艺的复杂程度、产品品种多少和生产规模等方面的差异，每个企业的生产过程也各不相同。只有很好了解企业生产过程的特征，并掌握其运行的规律，才能为该企业设计一个合理的生产系统，才能获得良好的经济效益。面对形形色色的企业和千差万别的生产过程，要想识别它们各自的特征及其运行的规律性，最好的办法是：根据一定的分类标志，把不同的生产过程按相似性进行分类；在分类的基础上针对每一类生产过程的特征及其运行规律来设计与之相适应的生产管理系统。这就是研究生产类型的目的和意义。

2.2.1 生产类型的概念

生产类型是指按企业生产产品的性质、结构和工艺特点，产品品种的多少，品种的变化程度，同种制品的数量等，对企业及其生产环节所进行的分类。生产类型是影响生产过程组织的主要因素之一，是研究生产管理首先要明确的重要问题。为了从实际出发，更好地研究和组织企业的生产过程，需要按一定的标志，将企业划分为不同的生产类型，并根据各生产类型的特点来确定相应的生产组织形式和计划管理方法。

2.2.2 生产类型的划分

从广义的角度看，企业可根据以下不同的标志划分为不同的生产类型。

2.2.2.1 *按生产方法划分*

(1) 合成型，是指将不同的原材料（零件）合成或装配成一种产品，例如：机械制造厂、纺织厂、水泥厂等。

（2）分解型，是指将原材料经加工处理后生成多种产品，例如：炼油厂、焦化厂等。

（3）调制型，是指通过改变加工对象的形状或性能而制成产品，例如：炼钢、橡胶厂等。

（4）提取型，是指直接从自然界提取产品，通常为采掘原料的企业，例如：煤矿、油田等。

以上划分方式并不是绝对的，一个企业可以并存上述几种类型。例如：机械制造厂属于合成型，但也兼有调制型，例如：铸、锻、热处理、电镀等。

2.2.2.2 按接受生产任务的方式划分

（1）订货生产方式，是指完全根据用户提出的订货要求进行生产，即没有订单就不组织生产，企业基本上没有成品库存。生产管理的重点是抓交货期，按"期"组织生产过程各环节的衔接平衡，保证产品如期完成。

（2）存货生产方式，是指企业组织生产是以一定的订单和科学的市场预测为基础，有计划地、连续均衡地进行生产。这种方式的生产过程要伴随着库存的出现，所以管理的重点应抓好供、产、销之间的衔接，防止库存积压和脱销，要按"量"组织生产过程中各环节之间的平衡，以保证计划的顺利完成。

2.2.2.3 按生产工艺的特征划分

（1）连续的流程生产型。流程生产型的工艺过程是连续进行的，不能中断；生产的产品、工艺流程和使用的设备都是固定的、标准化的；劳动对象按固定的工艺流程连续不断地通过一系列设备和装置被加工处理成为产品，工序之间没有在制品储存。流程生产型生产管理的重点是要保证连续供料和确保每一生产环节的正常运行。因为任何一个生产环节出现故障，都会引起整个生产过程的瘫痪。由于产品和工艺相对稳定，因此有条件采用自动化装置，从而实现对生产过程的实时监控。

（2）离散的加工装配型。加工装配型的产品是由许多零部件构成，而各个零件的加工过程是彼此独立的。所以整个产品的生产工艺是离散的，制成的零件通过部件装配和总装配最后成为产品，各个生产环节之间要求有一定的在制品储备。这种生产类型的管理重点，除了要保证及时供料和零部件的加工质量外，重要的是要控制零部件的生产进度，保证生产的成套性，进一步缩短生产周期，减少在制品积压。

2.2.2.4 按生产的重复性和工作地专业化程度划分

（1）大量生产，其特点是产品固定、品种少、产量大、生产的重复性高。通常，每个工作地固定完成一道或少数几道工序，工作地专业化程度很高。

（2）成批生产，其特点是产品品种较多，每种产品有一定的产量，生产有一定的重复性。工作地是成批轮番地生产不同的产品，工作地专业化程度低于大量生产。根据生产的稳定性、重复性和工作地专业化程度，成批生产又可分为大批生产、中批生产和小批生产。

（3）单件生产，其特点是产品品种繁多而且不稳定，每种产品的产量也很低，每个工作地担负的品种数和工序数都很多，工作地专业化程度很低。

由于大量生产与大批生产之间，单件生产与小批生产之间，在经济效果和对生产组织工作的影响上是接近的，故实际工作中，往往将"大量大批"归于一种类型，将"单件小批"归于一种类型，而成批生产则常指中等批量的生产。上述三种类型的特点及比较如表 2－1 所示。

2.2.3 按生产的重复性和工作地专业化程度划分的方法

按生产的重复性和工作地专业化程度划分生产类型，对合理组织生产过程有重要的指导意义，故这种方式是划分生产类型的常用方法。狭义的生产类型是特指按生产的重复性和工作地专业化程度来划分的三种生产类型。

表 2-1 不同生产类型特点比较

比较项目	大量大批生产	中批生产	单件小批生产
产品品种	单一或很少	较 多	很 多
产品产量	很 大	较 大	单个或很少
采用设备与工装	高效和自动化、专用工装	专用与通用并存	通 用
工艺规程	详 细	重要零件编有详细工艺规程	简单，只有工艺过程卡片
设备排列	对象专业化	对象、工艺专业化	工艺专业化
劳动分工	细、基辅工作分开	有一定分工，不完全分开	粗、基辅工作很少分开
工人技术水平	低	一 般	较 高
零件移动方式	平行或平顺	可能采用平行或平顺	顺 次
生产周期	短	较 长	长
劳动生产率	高	较 高	低
单产成本	低	较 高	高
设备利用率	高	较 高	低
对劳动定额制定要求	精 细	有粗有细	比较粗略
计划管理工作	较简单	较复杂	复杂多变
控制管理	简 单	较简单	复 杂
适应性	差	较 差	强
更换品种	难	一 般	容 易
产品设计	标准化	可采用三化	独 特
生产的经济效益	最 好	较 好	最 差
输入、输出	事先控制	基本控制	无法控制

划分三种生产类型，一般要经过两个步骤：一是先划分工作地的生产类型，二是在此基础上划分工段、车间、企业的生产类型。

按工作地所担负的工序数目来确定工作地的生产类型。具体的划分参数如表 2-2 所示。

表 2-2 按工序数目划分生产类型

工作地生产类型	工作地负担的工序数目	工作地生产类型	工作地负担的工序数目
大量生产	1～2	小批生产	20～40
大批生产	2～10	单件生产	＞40
中批生产	10～20		

工作地的生产类型除用工序数目作为标志划分外，还可根据工序大量系数来划分。

工序大量系数表示每个零件的每道工序所需单件加工时间与该零件平均生产节拍之比。即：

$$K = \frac{t}{R} \tag{2-1}$$

式中 K——工序大量系数；

t——工序单件加工时间，min/件；

R——零件平均生产节拍，min/件。

零件平均生产节拍可用下式计算：

$$R=\frac{F}{N} \tag{2-2}$$

式中　F——年度有效工作时间，min；

N——年度零件生产数量，件。

将式(2-2)代入式(2-1)中，得：

$$K=\frac{t\cdot N}{F} \tag{2-3}$$

从式(2-3)可知，工序大量系数 K 是为保证产品或零件在计划期内能生产出规定的数量 N，该工序需要总的加工时间 $t\cdot N$ 占设备年度有效工作时间 F 的比值，即各工序所需设备的数量。实际上，工序大量系数和工作地承担的工序数目 M 是倒数关系。即：

$$M=\frac{1}{K}=\frac{F}{t\cdot N} \tag{2-4}$$

或

$$M=\frac{R}{t}$$

因此，以上两种方法实质上是等价的。用工序大量系数确定生产类型的参考数据如表 2-3 所示。

表 2-3　按工序大量系数划分生产类型

工作地生产类型	工序大量系数	工作地生产类型	工序大量系数
大量生产	＞0.5	小批生产	0.05～0.025
大批生产	0.5～0.1	单件生产	＜0.025
中批生产	0.1～0.05		

在一个工段、一个车间、一个企业中，工作地的生产类型不可能完全相同，判断它们的生产类型主要看这些单位中哪些生产类型的工作地占多数。

生产类型的划分是相对的。它们对企业各方面的影响(如生产过程组织方式、经济效果及管理工作等)的差别也是相对的。特别是大量生产和大批生产之间、小批生产和单件生产之间更是如此。因此，在实际工作中，就经常运用“大量大批生产”和“单件小批生产”的概念。

不同的生产类型，工作地专业化程度不一样，所以，对企业的管理工作、生产过程组织工作以及生产活动的经济效果都有很大的影响。一般来说，在大量大批生产条件下，由于工作地专业化程度高，产品品种少，生产较稳定，因而在工艺技术方面可以采用专用设备和专用工具，并可使技术管理工作做得细致、精确；在生产过程组织方面，便于采用流水生产的形式组织生产；在计划方面，可以做较精确的安排；在劳动组织方面，可以进行细致的分工，有利于提高工人的技术熟练程度等。所有这些都有利于企业的生产活动取得良好的经济效益。在单件小批生产条件下，由于工作地专业化程度低，因此情况与上述相反。

企业在组织生产的时候，应仔细地分析研究影响生产类型的因素，努力提高工作地专业化程度。影响工作地专业化程度的因素主要有：产品的品种数和每种产品的产量；产品的结构与工艺复杂程度；企业的设备数量等。这些因素是交错在一起发生作用的。这些因素对企业来说都是客观因素。企业不能为了追求生产的专业化而忽视社会的需要。每个企业应在满足社会需要的前提下,加强技术工作和管理工作,来提高工作地的专业化程度,改善生产类型,主要措施有:

(1) 积极扩大同其他企业的生产协作,以减少本企业制造零部件的种类,增加每种零部件的批量。

(2) 在产品结构设计方面,应根据产品的特点和市场需求情况,在分析产品结构和性能的基础上,积极开展产品系列化、零部件标准化和通用化工作。

产品系列化是对规格复杂、作用相同的产品,加以选择定型归类的一项技术,具体做法是:选择其中性能好、用途广、结构合理的一种产品,改进其设计,定为基型。以此为基础,将同类其他产品,按形式或尺寸、容量等参数加以归类排列,根据需要淘汰多余型号,补充缺少的型号。实行产品系列化,可以用较少的品种,适应最广的用途,以便扩大批量,有计划地发展新品种。

零部件标准化是对零部件的类型、性能、尺寸、所用材料、工装、技术文件的符号、代号加以统一规定,并予以实施的措施。零部件通用化是扩大专用零部件、技术文件的使用范围的一项技术措施。通过零部件的标准化和通用化,可以减少产品中专用件的比重,增加同一产品或不同产品的相同零部件的数量。

(3) 在工艺设计方面,开展工艺过程典型化工作,使结构相似的零件具有相同或大致相同的工艺加工过程,为减少工序数目,提高工作地专业化水平,增加工序加工批量,为采用成组技术和先进生产组织形式创造条件。

(4) 在生产的组织方面,应加强订货管理,通过与用户协商,尽可能订购本企业正在生产或已生产过的变型产品。同时,在保证交货期的前提下,做到产品品种和数量之间的合理搭配,以增加同一时期的产量,减少同一品种生产的批次。

(5)加强日常的生产调度工作,合理分配任务,改善劳动组织,实行定人、定机、定活等方式。

2.3 生产单位的基本组织形式

工业企业的生产过程是在一定的空间内,通过许多相互关联的生产单位来实现的。所以企业必须根据自身的特点,建立相应的生产单位,并在各个生产单位配备相应的机器设备。采取一定的专业化形式,使企业在空间内形成一个既有分工,又有密切协作联系的有机整体。这就是生产过程空间组织要解决的主要问题。

2.3.1 生产单位的组成及影响因素

2.3.1.1 企业生产单位的组成

为了使企业的生产过程得以实现,必须建立相应的生产部门。企业的生产部门一般由下列部门组成:

(1) 基本生产部门,是指直接从事企业基本产品生产,实现企业基本生产过程的生产单位。对于大型机械制造企业来说,可能包括以下车间和部门:

1) 毛坯车间,主要包括铸、锻、备料车间等。

2) 加工车间,主要包括机械加工、冲压、铆焊、热处理、电镀车间等。

3) 装配车间,主要包括部件(总成)装配、成品总装、油漆、包装车间等。

(2) 辅助生产部门,是指实现辅助生产过程,为基本生产提供辅助产品与劳务的生产单位。大型企业一般包括以下单位和部门:

1) 辅助车间,例如:工具、木模、金属模、机修、电修车间和建筑修理等单位。

2）动力部门，例如：热电站、压缩空气站、氧气站、锅炉房、变电所等。

(3) 生产服务部门是指为基本生产和辅助生产服务的单位。一般包括：

1）运输部门，例如：汽车队、装卸队等。

2）仓库，例如：材料库、半成品库、工具库、设备库、成品库等。

3）试验与计量检验部门，例如：中心试验室、计量室、技术检查站等。

(4) 生产技术准备部门是指为基本生产和辅助生产提供产品设计、工艺设计、工装设计等技术文件，并负责新产品试制工作的单位和部门。包括研究所、设计科、工艺科、试制车间等。

在实际工作中，由于各企业生产条件、生产能力等因素的不同，生产单位的组成存在着一定差异，各企业生产单位的组成并没有固定不变的模式。

2.3.1.2 影响企业生产单位组成的因素

(1) 企业的产品方向。企业生产产品的种类对企业生产单位的构成起着决定性的作用，它决定了企业应该设置哪些基本生产部门、辅助生产部门和生产服务部门。

(2) 企业的专业化与协作化水平。企业的专业化水平对生产单位的设置有着直接的影响。一般来说，企业的专业化程度越高，生产的产品越单一，其生产单位的结构就越简单。另外，企业的协作化水平不同，生产单位的组成也不同。一般来说，企业的协作范围越大，通过厂际取得的协作零件、工具、动力等也越多，企业生产单位的组成就越简单。

(3) 企业的生产规模。企业的生产规模越大，所需的生产单位越多，生产单位的规模也越大。在大型企业，往往要建立几个相同工艺性质的车间，而在小型企业中，往往把某些基本车间合并为一个车间。

(4) 产品的结构与工艺特点。产品的结构不同，决定了产品的材料种类、尺寸大小、零件类型、零件精度等特点的不同，因而设备的配备和生产单位的设置都将不同。同样，产品工艺过程的不同，工艺方法的改变，也都会影响和改变生产单位的设置。

除以上因素外，厂区的集中与分散、厂区面积的大小、物流的多少等因素，也影响企业生产单位的设置。随着经济的发展和科技的进步，影响企业生产单位组成的因素也可能发生重大的变化，企业必须做出相应的调整。

2.3.2 生产单位专业化形式

生产单位专业化的形式，决定着企业内部的生产分工和协作关系，决定着生产过程的流向以及原材料、在制品在厂内的运输路线等，它对工厂总平面布置有着直接的影响，对企业管理工作和经济效益也有着影响。生产单位专业化形式一般有三种。

2.3.2.1 工艺专业化形式

工艺专业化形式也称作工艺原则，它是按照生产工艺性质的不同来组织生产单位。在工艺专业化的生产单位里集中着同种类型的工艺设备和同工种的工人，进行着相同工艺的加工。在工艺专业化条件下建立的车间（工段、班组），称为工艺专业化车间（工段、班组），也称“机群式”、“开放式”车间（工段、班组），如图 2-3 所示。

工艺专业化形式的优点是：

(1) 对产品品种的更换有较强的适应性；

(2) 由于同类设备集中在一起，便于充分利用生产设备；

(3) 便于进行工艺管理，有利于工人技术水平的提高。

由于工艺专业化形式的生产单位只能完成某种工艺加工，因而存在下列缺点：

(1) 制品在车间之间辗转频繁、流程交叉重复，加工路线长，运输费用增加；

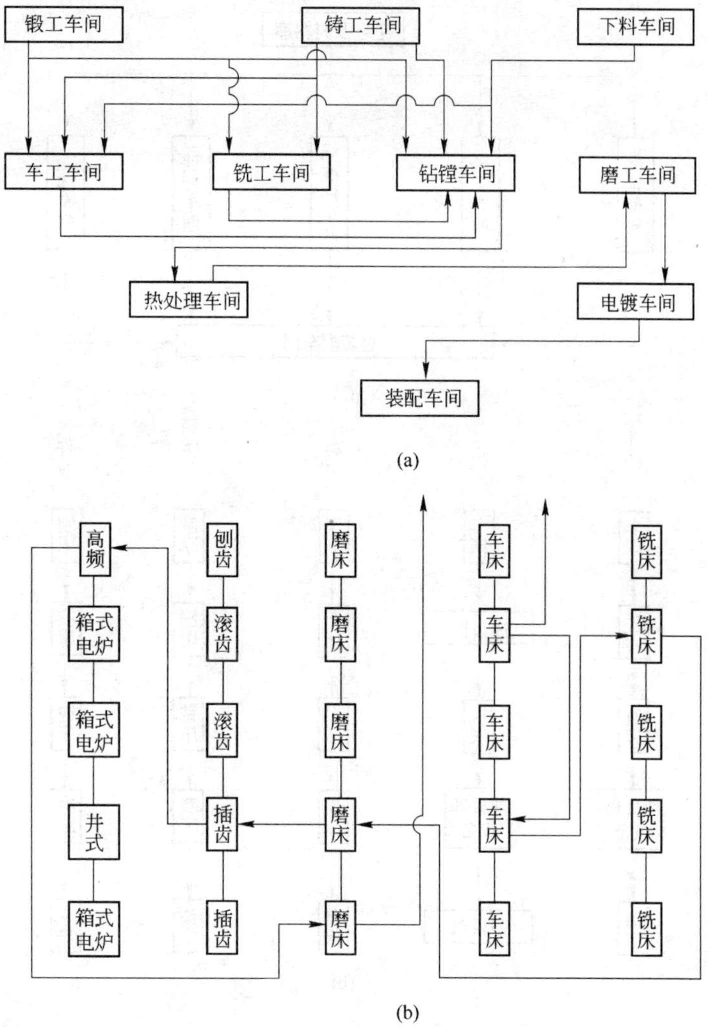

图 2-3 工艺专业化车间、工段示意图

a—工艺专业化车间；b—工艺专业化工段

(2) 制品停放时间长，生产周期延长，流动资金占用量增大；

(3) 车间之间生产联系复杂化，从而使计划管理、在制品管理、质量管理工作复杂化。

因此，工艺专业化适合于品种复杂多变，工艺不稳定的单件小批量生产类型。

2.3.2.2 对象专业化形式

对象专业化形式是按照产品的不同来划分生产单位的一种组织形式。在这种生产单位里，集中了为制造某种产品所需要的各种机器设备和不同工种的工人，对加工对象进行不同的工艺加工。这里，加工对象是同类的，工艺方法是多样的。每一个生产单位基本上能独立完成加工对象的全部或大部分工艺过程，不用跨其他生产单位。按这种专业化形式建立的车间(工段、班组)，称为对象专业化车间(工段、班组)，也称“封闭式”车间(工段、班组)，如图 2-4 所示。

对象专业化形式的优点是：

(1) 由于在一个车间里可以完成或基本完成零件的全部加工工序，因此，大大缩短了运输路线，节约了运输工具和辅助工人，降低了运输费用。

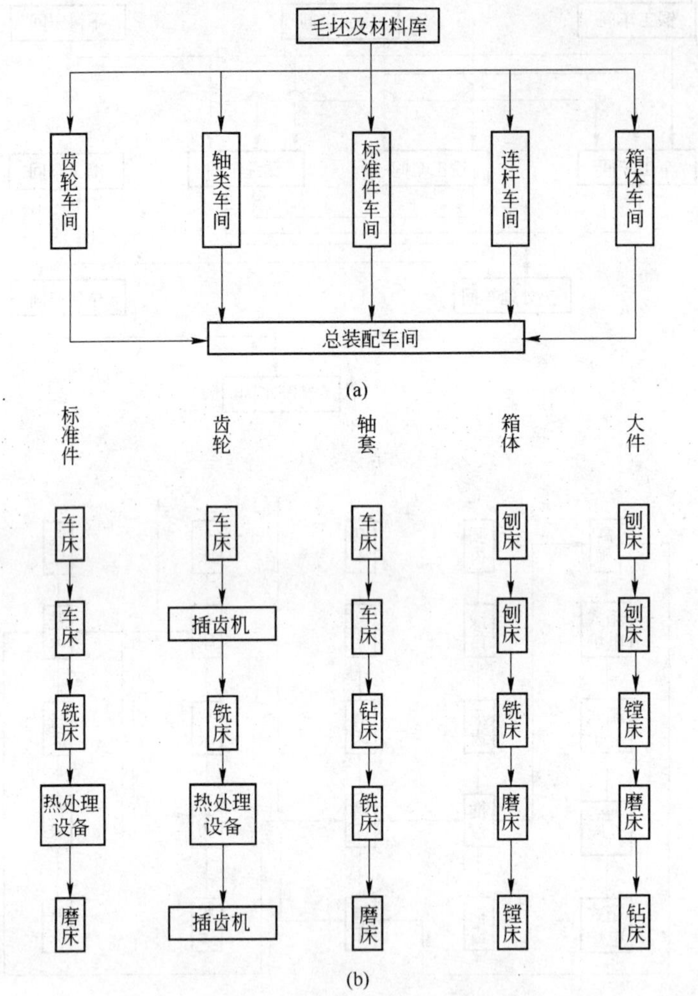

图 2-4 对象专业化车间、工段示意图

a—车间；b—工段

(2) 由于在一个车间内完成零件加工，可以减少在制品运送和停放的时间，因而减少了在制品数量和流动资金的占用量，缩短了生产周期。同时，可以减少零件在运输过程中的损坏，有利于保证零件的质量。

(3) 可以减少车间之间的联系。从而有利于计划管理、质量管理和在制品管理。

对象专业化形式也存在一定的缺点，例如：当市场需求变化快，企业产品方向不稳定，品种多而产量小时，往往会导致设备、生产面积和劳动力不能充分利用，使生产经济效益降低。

2.3.2.3 综合专业化形式

综合专业化形式又称作混合原则。它是将上述两种专业化形式结合起来的一种形式。它综合了两种专业化形式的优点，在实际中应用较为普遍。

综合专业化形式可以从两个方面去理解：一是从生产单位的同一层次看，企业内的车间（工段或班组）既有按工艺专业化形式建立的，也有按对象专业化形式建立的；二是从生产单位的不同层次看，在工艺专业化车间内的工段或班组，是按对象专业化形式建立的，或者在对象专业化车间内的工段或班组是按工艺专业化形式建立的。

综合专业化形式机动灵活，适应面广，如果应用得当，可取得较好的经济效益。

企业内生产单位专业化形式的选择，必须从具体的生产技术条件出发。一般来讲，企业的专业方向比较稳定，具有一定的生产量，产品结构比较稳定，产品零件的标准化、通用化程度较高，设备类型比较齐全，可以采用对象专业化形式。如果企业生产的产品品种多，数量少，设备的数量和种类不多，则以采用工艺专业化为宜。在实际工作中，可拟订不同方案，进行技术经济分析，确定一个合理方案。

2.4　生产过程的时间组织

在生产企业中，工件在各道工序之间一般有三种移动方式：顺序移动方式，平行移动方式和平行顺序移动方式。研究生产过程时间组织的目的和意义在于为节约时间、缩短产品生产周期，选择一种最合适的移动方式。

2.4.1　生产过程时间组织的概念和内容

合理组织生产过程，不仅要求企业各生产单位、各工序之间在空间上密切配合，而且要求劳动对象在时间上互相协调和紧密衔接，使人、机、料有效组合和运行，实现有节奏的连续生产，以达到提高劳动生产率和设备利用率、缩短生产周期、加速流动资金周转、降低产品成本的目的。

生产过程的时间组织，主要是研究劳动对象在生产过程中各生产单位之间、各道工序之间在时间上衔接和结合的方式。其内容包括：研究产品生产过程的时间构成；研究缩短产品生产周期的途径；研究批量零件在加工过程中的移动方式；研究各种零件的加工排序等。它对于合理组织生产过程，缩短产品的加工周期，科学地编制生产计划和生产作业计划，都具有十分重要的意义。

2.4.2　产品生产周期及其时间构成

产品的生产周期，是指从原材料投入生产开始到成品验收入库为止，整个生产过程所经过的时间。其生产周期的时间构成如表 2-4 所示。

表 2-4　生产周期的时间构成

<table>
<tr><th colspan="5">有效时间</th><th colspan="4">停歇时间</th></tr>
<tr><th colspan="4">劳动过程时间</th><th rowspan="2">自然过程时间</th><th colspan="3">必要的停歇时间</th><th>不必要的停歇时间</th></tr>
<tr><th>工艺工序时间</th><th>运输时间</th><th>检验时间</th><th>准备结束时间</th><th>成批等待时间</th><th>工序之间和工艺之间的等待时间</th><th>制度规定的休息及生理需要时间</th><th>管理和技术工作的缺陷造成的停工、窝工、返工等时间</th></tr>
<tr><td colspan="8">必要时间</td><td>非必要时间</td></tr>
</table>

由表 2-4 可见，生产周期的时间由有效时间和停歇时间两部分构成。有效时间包括加工、装配、检验、运输、准备结束和自然过程所消耗的时间，它是生产产品所必需的时间。停歇时间包括两类：一类是在一定的技术组织条件下产生的必要的停歇时间，例如：批量生产中的等待加工和等待运输时间，零件在工序间传递中的等待和保险时间，制度规定的休息和生理需要时间。另一类则是由于管理和技术工作的缺陷造成的不必要的停歇时间，例如：停工待料、设备事故、人员窝工、缺勤、出废品等造成的时间浪费。

从以上生产周期的时间构成看出，缩短产品生产周期的途径，主要从技术和管理两个方面着手。在技术方面，应着力于改进产品设计，采用先进工艺，优化操作方法，提高技术水平，缩短产品的有效时间。在管理方面，重点是改进工作方法，提高组织管理水平，最大限度地降低等待时间，消除不必要的停歇时间。而进行生产过程的时间组织，主要是通过科学管理来缩短产品生产周期的。

2.4.3　零件在工序间的移动方式

零件在工序间的移动方式是指零件从一个工作地到另一个工作地之间的运送方式。移动方式与加工的零件数量有关。如果加工的零件只有一件，零件只能顺次地在各道工序上加工。如果加工的是一批相同的零件，就可以有三种不同的移动方式。

2.4.3.1　*顺序移动方式*

顺序移动是指一批零件在上道工序全部完工以后，才整批转送到下道工序去加工，如图 2-5 所示。

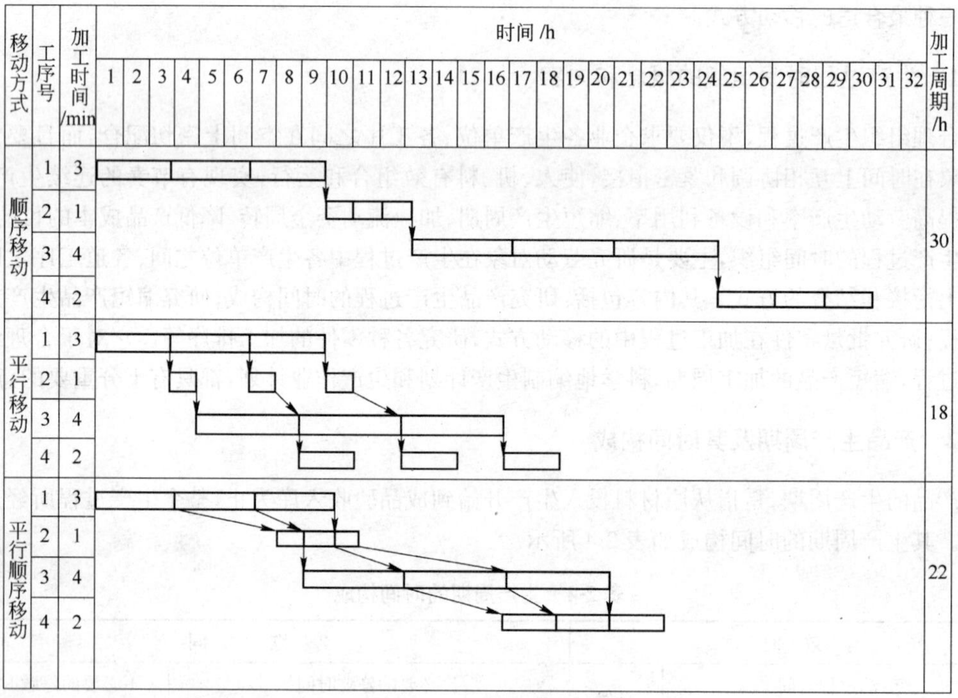

图 2-5　三种移动方式加工周期

如果把工序间的运输时间忽略不计，则加工一批零件的加工周期等于该批零件在全部工序上加工时间的总和。其计算公式为：

$$T_{顺} = nt_1 + nt_2 + nt_3 + ,\cdots, + nt_m = \sum_{i=1}^{m} nt_i = n\sum_{i=1}^{m} t_i \tag{2-5}$$

式中　$T_{顺}$——一批零件顺序移动方式下的加工周期；

n——零件批量；

t_i——零件在第 i 道工序上的单件工时；

m——零件加工的工序数目。

［例 2-1］　已知某零件加工需经 4 道工序，其单件加工时间分别为 3min、1min、4min 和 2min，批量为 3 件，求整批零件的加工周期。

$$T_{顺} = 3 \times (3 + 1 + 4 + 2) = 30\text{min}$$

在顺序移动方式下，由于零件在各工序间都是整批移动的，所以组织工作比较简单，而且在加工期间各工序的设备不停歇，可以充分发挥设备的能力。但每个零件由于在各道工序上的停歇时间不同，因而都有等待加工和等待运输的中断时间，从而零件的加工周期较长。

2.4.3.2 平行移动方式

平行移动方式是指一批零件中的每个零件在上道工序加工完毕后，立即转移到下一道工序进行加工。其特点是一批零件同时在不同的工序上平行加工，并在各工序间逐件运送，如图 2-5 所示。

在平行移动方式下，一批零件的加工周期可按下式计算：

$$T_{平} = t_1 + t_2 + t_3 + \cdots + t_m + (n-1)t_L = \sum_{i=1}^{m} t_i + (n-1)t_L \qquad (2\text{-}6)$$

式中 $T_{平}$——一批零件平行移动方式下的加工周期；

t_L——各道工序中最长的单件工时。

仍用例 2-1，则得：

$$T_{平} = (3+1+4+2) + (3-1) \times 4 = 18\text{min}$$

在平行移动方式下，由于工序间的等待，运输时间减少到最低限度，有时几乎没有，所以它的加工周期最短，工序间的在制品储备也大大减少。但当前后工序的工艺时间不等时，如后道工序时间小于前道工序时间，后道工序在每个零件加工完毕后，都会发生设备和工人的停歇，而这种停歇时间又比较短. 难以充分利用；如果前道工序的时间小于后道工序的时间，则会出现在制品等待加工的现象。

2.4.3.3 平行顺序移动方式

平行顺序移动方式是把平行移动方式和顺序移动方式综合运用的方式。即在整批零件尚未全部完成前道工序的加工时，就先将其中部分已经完成的零件转入下道工序加工。往下道工序转移的提前时间，以能维持下道工序对该批零件的连续加工为准，如图 2-5 所示。

在平行顺序移动方式下，因长短工序的次序不同有两种安排方法：

第一，当前道工序的加工时间小于或等于后道工序的加工时间时，加工完毕的每一个零件应及时转入后道工序加工，即，按平行方式逐件转移。

第二，当前道工序的加工时间大于后道工序的加工时间时，只有在前道工序完工的零件数量足以保证后道工序连续加工时，才开始将前道工序完工的零件转入后道工序，即，使后道工序的结束时间比前道工序的结束时间差一个单位的工序时间。

平行顺序移动方式的加工周期，可用顺序移动方式下的加工周期减去各重合部分的时间求得。当前道工序的加工时间（$t_{前}$）小于后道工序的加工时间（$t_{后}$）时，该批零件在两道工序上加工时间的重合部分为 $(n-1)t_{前}$；当前道工序的加工时间大于后道工序的加工时间时，该批零件在两道工序上加工时间的重合部分为 $(n-1)t_{后}$；当前后工序加工时间相等时，该批零件在两道工序上加工时间的重合部分为 $(n-1)t_{前}$ 或 $(n-1)t_{后}$。

在上述情况下，$t_{前}$、$t_{后}$ 都是短工序，所以都可用 $(n-1)t_{短}$ 表示。

平行顺序移动方式的加工周期，可用下式计算：

$$T_{平顺} = n\sum_{i=1}^{m} t_i - (n-1)\sum_{i}^{m-1} t_{短} \qquad (2\text{-}7)$$

式中 $T_{平顺}$——平行顺序移动方式下的加工周期；

$t_{短}$——相邻两道工序中较短的单件工时。

仍用例 2-1,可得:

$$T_{平顺} = 3 \times (3+1+4+2) - (3-1) \times (1+1+2) = 22\text{min}$$

平行顺序移动方式,对一些同步性较差的工序来说,是一种较好的移动方式,但这种方式的组织工作较为复杂。

以上三种移动方式各有优缺点。从加工周期来看,平行移动方式、平行顺序移动方式较好;从组织工作来看,顺序移动方式较简单,企业必须根据具体情况选用。

企业在选择工序结合方式时,需要考虑以下主要因素:

(1) 生产单位的专业化形式。如果生产单位是按工艺专业化形式组成的,由于零件不便单件运送,宜采用顺序移动方式;如果生产单位是按对象专业化形式组成的,则以采用平行或平行顺序移动方式为宜。

(2) 工序劳动量的大小和零件的重量。工序劳动量大且零件重,宜采用平行移动方式;如果工序劳动量小且零件轻,则以采用顺序移动方式为宜。

(3) 设备调整所需劳动量情况。如果改变加工对象调整设备的劳动量大,应考虑采用顺序移动方式,反之,可考虑采用平行移动或平行顺序移动方式。

(4) 生产类型。如果是单件小批生产,零件种类多,每种零件数量少而工艺过程差异很大,以采用顺序移动方式为宜;如果是大量大批生产,则宜采用平行顺序移动方式。

(5) 任务的紧急程度。如果加工任务紧迫,则宜采用平行移动方式。

总之,工序移动方式的采用受多种因素的影响,在设计时,应从企业的特点出[illegible],采用其中一种或多种,以达到合理组织生产过程的目的。

习　题

2-1　什么是企业产品的生产过程,它的内容和形式有哪些?

2-2　企业的生产过程由哪些部分组成,各起什么作用?

2-3　合理组织生产过程的要求有哪些,如何才能达到这些要求?

2-4　为什么要划分生产类型,怎样划分生产类型,不同生产类型各有哪些特点?

2-5　试述确定企业生产类型的方法。

2-6　工业企业通常由哪些生产单位组成,其影响因素有哪些?

2-7　什么是工艺专业化、对象专业化和综合专业化的生产单位? 对比它们的优缺点和适用性。

2-8　什么是生产过程的时间组织,它包括哪些内容?

2-9　简述缩短产品生产周期的途径。

2-10　什么情况下存在零件的三种移动方式,它们各自的特点、优缺点和适用条件是什么,各种移动方式的加工周期如何计算?

参考文献

1　理查德 . B. 蔡斯(Richard B. Chase)等著. 生产与运作管理——制造与服务. 宋国防等译. 北京:机械工业出版社,2001

2　罗锐韧,曾繁正编著 . 生产与作业管理. 北京:红旗出版社,1997

3　李必强主编. 机械制造企业生产组织学. 北京:机械工业出版社,1981

4　诺曼 · 盖泽,格雷特 · 富兰泽尔著. 运营管理(第 9 版). 刘庆林等译. 北京:人民邮电出版社,2005

5　刘丽文,张尔正编著 . 工业信息化 . 北京:京华出版社,1999

3 需求预测

任何社会组织都是通过向社会提供各种产品或服务来求得生存与发展。为了向用户提供满意的产品和服务，并能发挥组织的优势，决策者必须面对这样一些问题：

(1) 为哪些用户提供产品或服务；

(2) 所提供的产品或服务应具备哪些特色；

(3) 什么时候提供这些产品或服务；

(4) 在什么地方提供这些产品或服务；

(5) 提供多少产品或服务，等等。

对以上问题的回答在很大程度上取决于对未来需求的预测。

本章将首先介绍预测的基础知识，然后着重介绍几种常见的定性和定量预测方法，最后介绍预测监控的问题。

学习目标：

1. 掌握预测的概念、作用及分类。
2. 掌握定性预测方法。
3. 掌握定量预测方法。
4. 掌握预测误差与监控。

3.1 预　测

3.1.1 预测及其分类

3.1.1.1 预测

预测是对未来可能发生的情况的预计与推测。由于未来情况有很大的不确定性和变化，预测不可能是绝对准确的。即使是十分周密的预测，也可能与未来事实不完全相符，甚至相差很远。事实上，与未来事实完全一致的预测是相当少见的。然而，“凡事预则立，不预则废”，尽管预测不可能百分之百的准确，但它仍具有不可忽视的作用。

预测不仅是长期的战略性决策的重要输入，而且是短期的日常经营活动的重要依据。任何组织都应当通过预测来指导自己的生产活动。比如服务行业，其服务一般是不能存储的，因此，必须尽可能准确地估计未来的需求，以配置适当的服务能力。如果员工太多，势必造成浪费；如果员工太少，就可能失去生意、丧失顾客，或者加重员工的工作负担。

在组织内部，预测为编制各部门的计划提供了基础。显然，当各部门基于相同的预测结果开展工作时，它们的步调是一致的，它们之间的活动是相互支持的。比如在一个制造企业里，人事部门雇用适当数量的具有不同技能的员工；采购部门签订各种各样的原材料、零部件购销合同；财务部门在对销售收入和资金需求的估计基础上，决定在适当的时间以适当的数量筹措资金。这些都是以共同的预测为基础开展各自的业务的。

3.1.1.2 预测的分类

预测主要分为以下五类：

(1) 科学预测。它是对科学发展情况的预计与推测，有时是可以精确计算出来的。如门捷列夫发现了元素周期表，并按照元素周期表预计有3个当时未发现的元素存在，他称这3个元素为亚铝、亚硼和亚硅。后来，这3个元素都被发现了，就是镓、钪和锗。

(2) 技术预测。它是对技术进步情况的预计与推测。例如，电力行业对太阳能和核能方面的技术进步速度感兴趣，石油化工行业关心从油页岩里提炼油的技术的发展状况。一方面，技术进步为很多企业提供了新的产品和原材料，另一方面也使一些企业面临着同行业或相近行业的更加激烈的竞争。因为技术进步即使不能从根本上改变一种产品，但它所引起的生产该产品的方式的变化也可能导致大量的资金节约（对使用新技术的企业而言）或浪费（对未使用新技术的企业而言）。

(3) 经济预测。政府部门以及其他一些社会组织经常就未来的经济状况发表经济预测报告。对政府部门而言，关于未来总的经济形势的估计是十分重要的，因为它是预计税收收入、就业水平、货币需求等经济指标的基础。企业可以从这些报告中获取长期的和中期的经济增长指标，以规划自己的行动。

(4) 需求预测。它不仅为企业给出了其产品在未来的一段时间里的需求期望水平，而且为企业的计划和控制决策提供了依据。既然企业生产的目的是向社会提供产品或服务，其生产决策无疑会很大程度地受到需求预测的影响。

(5) 社会预测。它是对社会未来的发展状况的预计和推测。比如人口预测、人们生活方式变化预测、环境状况预测等。

需求预测与企业生产经营活动关系最密切，是本章讨论的重点。

3.1.2 影响需求预测的因素

对企业产品或服务的实际需求是市场上众多因素作用的结果。其中有些因素是企业可以影响甚至决定的，例如：广告、推销努力、商业信誉、产品质量、产品或服务的设计、信用政策等；而另外一些因素则是企业无法控制的，例如：商业周期、产品生命周期、 竞争者行为、顾客购买行为、时间、随机影响、顾客偏好。一般地讲，某产品或服务的需求取决于该产品或服务的市场容量以及该企业所拥有的市场份额，即市场占有率。在众多的因素中，主要介绍以下两种因素：

(1) 商业周期。商业周期从复苏到高涨到衰退到萧条，周而复始，不同的阶段，需求不同。

(2) 产品生命周期。任何成功的产品都有引入期、成长期、成熟期和衰退期4个阶段。4个阶段对产品的需求是不同的。图3-1为产品生命周期曲线。

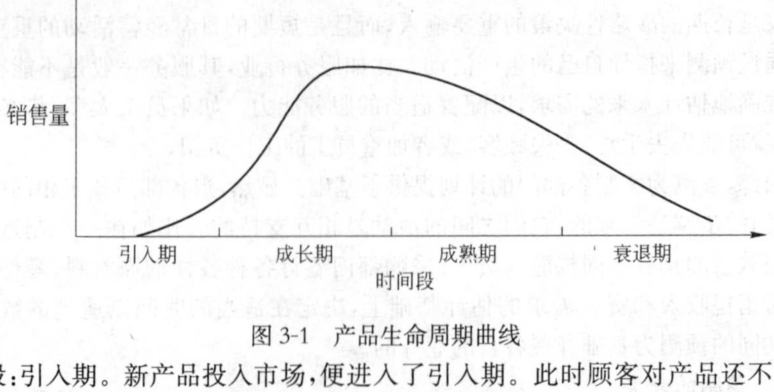

图 3-1 产品生命周期曲线

第一阶段：引入期。新产品投入市场，便进入了引入期。此时顾客对产品还不了解，除了少数追求新奇的顾客外，几乎没有人实际购买该产品。在此阶段产品生产批量小，制造成本高，广告费用大，产品销售价格偏高，销售量极为有限，企业通常不能获利。

第二阶段:成长期。当产品进入引入期,销售取得成功之后,便进入了成长期。这是需求增长阶段,需求量和销售额迅速上升,生产成本大幅度下降,利润迅速增长。

第三阶段:成熟期。经过成长期之后,随着购买产品的人数增多,市场需求趋于饱和,产品便进入了成熟期阶段。此时,销售增长速度缓慢直至转而下降,由于竞争的加剧,导致广告费用再度提高,利润下降。

第四阶段:衰退期。随着科技的发展、新产品和替代品的出现以及消费习惯的改变等原因,产品的销售量和利润持续下降,产品从而进入了衰退期。产品的需求量和销售量迅速下降,同时市场上出现替代品和新产品,使顾客的消费习惯发生改变。此时成本较高的企业就会由于无利可图而陆续停止生产,该类产品的生命周期也就陆续结束,以至最后完全撤出市场。

产品生命周期是一个很重要的概念,它与企业制定产品策略以及营销策略有着直接的联系。管理者要想使他的产品有一个较长的销售周期,以便赚到足够的利润来补偿在推出该产品时所做出的一切努力和经受的一切风险,就必须认真研究和运用产品的生命周期理论。此外,产品生命周期也是营销人员用来描述产品和市场运作方法的有力工具。但是,在开发市场营销战略的过程中,产品生命周期却显得有点力不从心,因为战略既是产品生命周期的原因又是其结果,产品现状可以使人想到最好的营销战略,此外,在预测产品性能时产品生命周期的运用也受到限制。

3.1.3 预测分类

预测按不同的目标和特征可以分为不同的类型。这里是按预测期限的长短、主客观因素在预测中的作用等进行分类的。

3.1.3.1 按预测时间的长短分类

(1) 长期预测(long - range forecast)。它是指对5年或5年以上需求前景的预测,是企业长期发展规划、产品开发研究计划、投资计划、生产能力扩充计划的依据。长期预测一般是利用市场调研、技术预测、经济预测、人口统计等方法,加上综合判断来完成,其结果大多是定性的描述。

(2) 中期预测(intermediate range forecast)。它是指对一个季度以上两年以下的需求前景的预测,是制定年度生产计划、季度生产计划、销售计划、生产与库存预算、投资和现金预算的依据。中期预测可以通过集体讨论、时间序列法、回归法、经济指数相关法等方法结合判断而做出。

(3) 短期预测(short - range forecast)。它是指以日、周、旬、月为单位,对一个季度以下的需求前景的预测,是调整生产能力,采购、安排生产作业计划等具体生产经营活动的依据。短期预测可以利用趋势外推、指数平滑等方法与判断的有机结合来进行。

3.1.3.2 按主客观因素所起的作用分类

(1) 定性预测方法(subjective or qualitative approach)。定性预测方法也称主观预测方法,它简单明了,不需要数学公式。它的依据是来源不同的各种主观意见。定性预测方法包括德尔菲法、部门主管集体讨论法、用户调查法、销售人员意见汇集法等,如图3-2所示。本章3.2节将对以上方法做具体的说明。

(2) 定量预测方法(quantitative or statistical approach)。定量预测方法又称统计预测法,其主要特点是利用统计资料和数学模型来进行预测。然而,这并不意味着定量方法完全排除主观因素,相反,主观判断在定量方法中仍起着重要的作用,只不过与定性方法相比,各种主观因素所起的作用小一些罢了。定量预测方法可分为因果模型和时间序列模型,时间序列模型还可进一步细分,如图3-2所示。定量预测方法是本章的重点,3.3节将深入讨论各种具体方法。

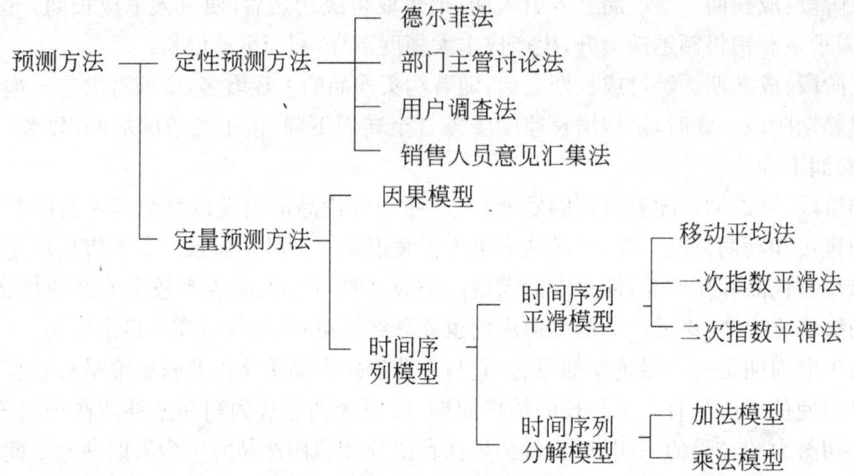

图 3-2 预测方法分类

3.1.4 预测的一般步骤和应注意的几个问题

3.1.4.1 预测的一般步骤

(1) 决定预测的目的和用途；

(2) 根据企业不同的产品及其性质进行分类；

(3) 决定影响各类产品需求的因素及其重要性；

(4) 收集所有可以利用的过去和现在的资料，加以分析；

(5) 选择适当的预测方法或模型；

(6) 计算并核实初步预测结果；

(7) 考虑和设定无法预测的内外因素；

(8) 对(6)、(7)两步进行综合考虑，判断并做出结论，然后求出各类产品或地域性的需求预测；

(9) 将预测结果应用于生产计划工作中；

(10) 根据实际发生的需求对预测进行监控。

3.1.4.2 预测中应注意的问题

A 判断在预测中的作用

预测不能被当作像数学、物理一样的精确科学，而应看作是一门艺术，一种特别的技巧。预测的输入不像数学、物理的输入那样，是自然现象的确定表现，而是经验、主观分析等不确定的信息或历史数据提供的过去的信息。同时，影响预测结果的诸因素间也不存在过去、现在和将来，都起着同样作用的联系和规律。因此，判断在预测中起着十分重要的作用。

(1) 判断在选择预测方法中的作用。面对一个预测问题，首先要确定采用什么样的方法：用定性方法还是定量方法，用哪一种具体的定性或定量方法，是否用由多种方法组成的混合方法等。要回答这些问题，必须仔细分析预测的目的、预测问题的环境以及预测者在人、财、物、信息各方面资源的情况，然后再做出判断，选出合适的预测方法。另外，当实际需求发生以后，若实际值与预测值有较大的偏差，原方法是否继续使用，应选用什么新的方法，也需预测者按时做出选择。

(2) 判断在辨别信息中的作用。不管使用什么样的预测方法，都存在着输入信息的问题。哪些信息(比如历史数据、各种图表、影响需求的各种因素等)是有价值的，是必须输入的，所有选定的信息是否同等地影响着需求，应如何确定各因素的重要程度等。这些问题也只能通过判断来解决。

(3) 判断在取舍预测结果时的作用。单个的预测值往往是不准确的，出现百分之几到百分之几百的偏差都不足为奇。因此，常常使用多种方法或用一种方法做出悲观、乐观等多种预测。对于各种不同的预测结果如何取舍，同样需要判断。

应该指出的是，上面强调了判断的作用，但决不能把预测等同于判断。预测虽不能与数学物理学科奢谈“科学性”，但较之“拍脑袋”这类纯粹主观的判断，仍要科学得多。这里所强调的判断是指在应用预测方法基础之上的判断，是对迷信预测结果的态度的一种批判。

B 预测精度与成本

在选择预测方法时，显然要在成本和精度之间权衡。精确的预测方法在实施时成本一般较高，但它能取得精度较高即与实际需求偏离较小的预测值，从而最终使生产经营成本降低。图3-3示出了成本与精度之间的关系。应该注意的是：第一，不存在百分之百准确的预测方法，因而不要为了预测的绝对准确而浪费精力。第二，就任何一个预测问题而言，存在精度比较合理的最低费用区间。

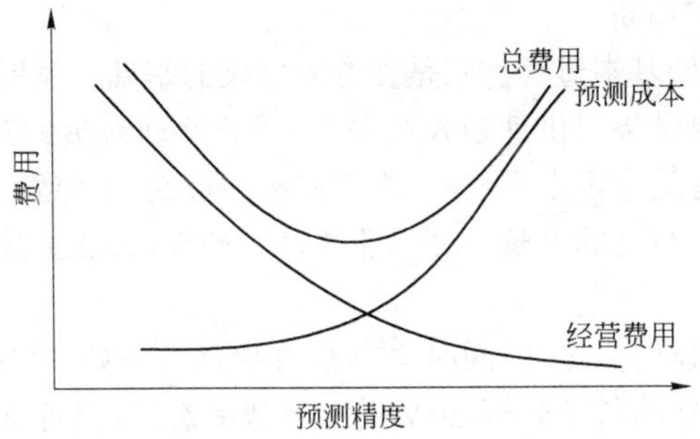

图 3-3 预测精度与成本的关系

C 预测的时间范围和更新频率

预测是基于历史、立足现在、面向未来的。从现在到未来之间的时间就是预测的时间范围。不同的预测方法有不同的时间范围，因而在选用预测方法时应特别留意这一点。另外，时间范围越大，预测结果越不准确。同时，任何一种预测方法都不可能完全适用于某一预测问题，应根据实际需求不断检验预测方法。若预测值与实际值偏离过大，则应更新预测方法。

D 稳定性与响应性

稳定性与响应性是对预测方法的两个基本要求。稳定性是指抗拒随机干扰，反映稳定需求的能力。稳定性好的预测方法有利于消除或减少随机因素的影响，适用于受随机因素影响较大的预测问题。响应性是指迅速反映需求变化的能力。响应性好的预测方法能及时跟上实际需求的变化，适用于受随机因素影响小的预测问题。良好的稳定性和响应性都是预测追求的目标，然而对于时间序列模型而言，这两个目标却是互相矛盾的。如果预测结果能及时反映实际需求的变化，它也将敏感地反映随机因素的影响。若要兼顾稳定性和响应性，则应考虑除时间以外的其他因素的影响，运用其他的预测方法。

3.2 定性预测方法

3.2.1 德尔菲法

德尔菲法又称专家调查法，是20世纪40年代末期由美国兰德公司首先提出，很快就在世界上盛行起来的一种调查预测方法，现将此法的应用过程概述如下。

第一步是挑选专家，具体人数视预测课题的大小而定，一般问题需 20 人左右。在进行函询的整个过程中，自始至终由预测单位函询或派人与专家联系，不让专家互相发生联系。

专家选定之后，即可开始第一轮函询调查。一方面向专家寄去预测目标的背景材料，另一方面提出所需预测的具体项目。首轮调查，任凭专家回答，完全没有框框。专家可以以各种形式回答问题，也可向预测单位索取更详细的统计材料。预测单位对专家的各种回答进行综合整理，把相同的事件、结论统一起来，剔除次要的、分散的事件，用准确的术语进行统一的描述。然后将结果反馈给各位专家，进行第二轮函询。

第二轮函询要求专家对所预测目标的各种有关事件发生的时间、空间、规模大小等提出具体的预测，并说明理由。预测单位对专家的意见进行处理，统计出每一事件可能发生日期的中位数，再次反馈给有关专家。

第三轮函询是在各位专家再次得到函询综合统计报告后，对预测单位提出的综合意见和论据加以评价，修正原来的预测值，对预测目标重新进行预测。上述步骤，一般经过三至四轮，预测的主持者要求各位专家根据提供的全部预测资料，提出最后的预测意见，若这些意见集中或基本一致，即可以此为根据做出判断。

以上所述是德尔菲法的基本过程。它是在专家会议的基础上发展起来的一种预测方法。其主要优点是简明直观，预测结果可供计划人员参考，受到计划人员的欢迎，避免了专家会议的许多弊端。在专家会议上，有的专家崇拜权威，跟着权威一边倒，不愿发表与权威不同的意见；有的专家随大流，不愿公开发表自己的见解。德尔菲法是一种有组织的咨询，在资料不全或不多的情况下均可使用。

德尔菲法虽有比较明显的优点，但同时也存在着缺点。例如，专家的选择没有明确的标准，预测结果的可靠性缺乏严格的科学分析，最后趋于一致的意见，仍带有随大流的倾向。

在使用德尔菲法时必须坚持三条原则。第一条是匿名性，对被选择的专家要保密，不让他们彼此通气，使他们不受权威、资历等方面的影响。第二条是反馈性，一般的征询调查要进行三至四轮，要给专家提供充分反馈意见的机会。第三是收敛性，经过数轮征询后，专家们的意见相对集中，趋向一致，若个别专家有明显的不同观点，应要求他详细说明理由。

3.2.2　部门主管集体讨论法

通常由高级决策人员召集销售、生产、采购、财务、研究与开发等各部门主管开会讨论。与会人员充分发表意见，提出预测值，然后由召集人按照一定的方法，如简单平均或加权平均，对所有单个的预测值进行处理，即得预测结果。

这种方法的优点是：简单易行；不需要准备和统计历史资料；汇集了各主管的经验与判断；如果缺乏足够的历史资料，此法是一种有效的途径。

这种方法的缺点是：由于是各主管的主观意见，故预测结果缺乏严格的科学性；与会人员间容易相互影响；耽误了各主管的宝贵时间；因预测是集体讨论的结果，故无人对其正确性负责；预测结果可能较难用于实际目的。

3.2.3　用户调查法

当对新产品或缺乏销售记载的产品的需求进行预测时，常常采用用户调查法。销售人员通过信函、电话或访问的方式对现实的或潜在的顾客进行调查，了解他们对与本企业产品相关的产品及其特性的期望，再考虑本企业的可能市场占有率，然后对各种信息进行综合处理，即可得到所需的预测结果。

这种方法的优点是：预测来源于顾客期望，较好地反映了市场需求情况；可以了解顾客对产品优缺点的看法，也可以了解一些顾客不购买这种产品的原因，有利于改进与完善产品、开发新产品和有针对性地开展促销活动。

这种方法的缺点是：很难获得顾客的通力合作；顾客期望不等于实际购买，而且其期望容易发生变化；由于对顾客知之不多，调查时需耗费较多的人力和时间。

3.2.4 销售人员意见汇集法

这种方法有时也称基层意见法，通常由各地区的销售人员根据其个人的判断或与地区有关部门（人士）交换意见并判断后做出预测。企业对各地区的预测进行综合处理后即得企业范围内的预测结果。有时企业也将各地区的销售历史资料发给各销售人员作为预测的参考；有时企业的总销售部门还根据自己的经验、历史资料、对经济形势的估计等做出预测，并与各销售人员的综合预测值进行比较，以得到更加正确的预测结果。

这种方法的优点是：预测值很容易按地区、分支机构、销售人员、产品等区分开；由于销售人员的意见受到了重视，增加了其销售信心；由于取样较多，预测结果较具稳定性。

这种方法的缺点是：带有销售人员的主观偏见；受地区局部性的影响，预测结果不容易正确；当预测结果作为销售人员未来的销售目标时，预测值容易被低估；当预测涉及紧俏商品时，预测值容易被高估。

3.2.5 类比法

当尝试去预测一个新产品的未来市场需求时，往往会面临历史数据太少的问题。一种较好的方法是利用产品的相关性，以同类产品作为类比模型，这是最理想的情况。

类比法可用于很多产品类型——互补产品、替代产品等竞争性的产品或随人而变的产品等。这种方法利用现有的产品的相关情况（如市场需求量等）来类比与其他相关的其他产品的相关情况（如市场需求量等）。例如，网球和网球拍是互补的产品，则网球的季节性需求模型可建立在对网球拍需求模型的基础上，即用网球拍的需求模型做类比分析。

3.3 定量预测方法

时间序列模型和因果关系模型是两种主要的定量预测方法。时间序列模型以时间为独立变量，利用过去需求随时间变化的关系来估计未来的需求。时间序列模型又分为时间序列平滑模型和时间序列分解模型。因果模型利用变量（可以包括时间）之间的相关关系，通过一种变量的变化来预测另一种变量的未来变化。需要指出的是，在使用时间序列和因果关系模型时，存在着这样一个隐含的假设：过去存在的变量间关系和相互作用机理，今后仍将存在并继续发挥作用。这个假设是使用这两种定量预测模型的基本前提。

3.3.1 时间序列的构成

时间序列是按一定的时间间隔和事件发生的先后顺序排列起来的数据构成的序列。每天、每周或每月的销售量按时间的先后所构成的序列，是时间序列的典型例子。通常，一个时间序列可以分解成趋势、季节、周期、随机 4 种成分，如图 3-4 所示。

（1）趋势成分。数据随着时间的变化表现出一种趋向。它按某种规则稳步地上升或下降，或停留在某一水平。

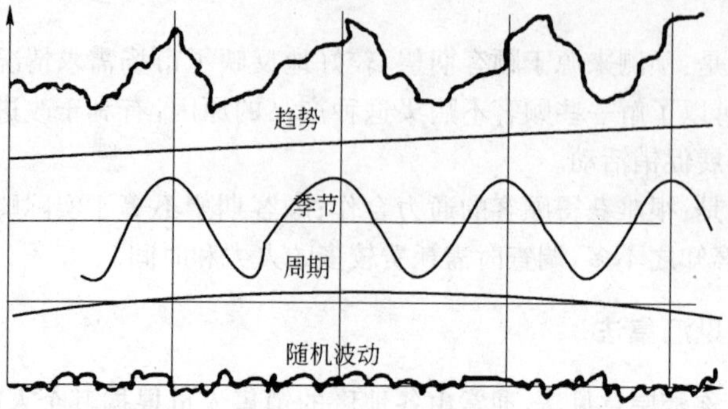

图 3-4　时间序列及其构成

(2) 季节成分。在一年里按通常的频率围绕趋势做上下有规则的波动。

(3) 周期成分。在较长的时间里(一年以上)围绕趋势做有规则的上下波动。这种波动常被称作经济周期。它可以没有固定的周期。一般需要数十年的数据才能描绘出这种周期。

(4) 随机成分。由很多不可控因素引起的、没有规则的上下波动。

对于时间序列的 4 种成分,本章只讨论趋势成分和季节成分。随机成分的影响由于无法预测,故不在讨论之列。周期成分也因需要长期的历史数据而被忽略。不过,这样做并不影响绝大多数生产经营决策的科学性,因为其时间一般都比较短,周期成分对它们不会造成明显的影响。即使对于长期预测而言,预测也是滚动的,是随着时间的推移而不断修改的,因而周期成分的影响也很小。

3.3.2　时间序列平滑模型

当由于随机成分的影响而导致需求偏离平均水平时,应用时间序列平滑模型,通过对多期观测数据平均的办法,可以有效地消除或减少随机成分的影响,以使预测结果较好地反映平均需求水平。这里将讨论简单移动平均、加权移动平均、指数平滑三种时间序列平滑模型。

3.3.2.1　简单移动平均和加权移动平均

简单移动平均值可按下式计算:

$$\mathrm{SMA}_{t+1} = \frac{1}{n}\sum_{i=t+1-n}^{t} A_i \tag{3-1}$$

式中　SMA_{t+1}——t 周期末简单移动平均值,它可作为 $t+1$ 周期的预测值;

A_i——i 周期的实际需求;

n——移动平均采用的周期数。

加权移动平均值可按下式计算:

$$\mathrm{WMA}_{t+1} = \frac{1}{n}\sum_{i=t+1-n}^{t} \alpha_{i-t+n} A_i \tag{3-2}$$

式中　WMA_{t+1}——t 周期末加权移动平均值,它可作为 $t+1$ 周期的预测值;

$\alpha_1, \alpha_2, \cdots, \alpha_n$——实际需求的加权系数,满足 $n = \sum \alpha_i$;

其余符号意义同前。

显然,若对每个时段 α_i 都取相同的值,即同等地对待序列中的每个值,加权移动平均预测值就变成了简单移动平均预测值。因而,简单移动平均是加权移动平均的一种特例。

[**例 3-1**]　某电子音响器材公司 SONY 牌单放机的逐月销售量记录如表 3-1 所示。取 $n=3$ 和 $n=4$,试用简单移动平均法进行预测。

解:当 $n=3$ 时,式(3-1)为:$SMA_{t+1}=(A_{t-2}+A_{t-1}+A_t)/3$

如预测5月份销售量:

$$SMA_{4+1}=(A_2+A_3+A_4)/3=(21+23+24)/3=22.67\text{ 百台}$$

当 $n=4$ 时,式(3-1)为:$SMA_{t+1}=(A_{t-3}+A_{t-2}+A_{t-1}+A_t)/4$

如预测5月份销售量:

$$SMA_{4+1}=(A_1+A_2+A_3+A_4)/4=(20+21+23+24)/4=22\text{ 百台}$$

全部计算结果如表3-1所示。

表3-1　简单移动平均法预测

月　份	实际销量/百台	$n=3$/百台	$n=4$/百台
1	20		
2	21		
3	23		
4	24	21.33	
5	25	22.67	22.00
6	27	24.00	23.25
7	26	25.33	24.75
8	25	26.00	25.50
9	26	26.00	25.75
10	28	25.67	26.00
11	27	26.33	26.25
12	29	27.00	26.50

从表3-1中可以看出,预测值同简单移动平均法所选的时段长 n 有关。n 越大,对干扰的敏感性越低,预测的稳定性越好,响应性就越差。简单移动平均法对数据不分远近,同样对待。有时,最近的数据反映了需求的趋势,用加权移动平均法更合适些。加权移动平均法弥补了简单移动平均法的不足。在例3－1中,当 $n=3$ 时,若取 $\alpha_1=0.5$,$\alpha_2=1.0$,$\alpha_3=1.5$,则预测结果见表3-2。

表3-2　加权移动平均法预测

月　份	实际销量/百台	3个月的加权移动平均/百台
1	20	
2	21	
3	23	
4	24	$(0.5\times20+1\times21+1.5\times23)/3=21.83$
5	25	23.17
6	27	24.33
7	26	25.83
8	25	26.17
9	26	25.67
10	28	25.67
11	27	26.83
12	29	27.17

从表3-2所示的计算结果可以看出,若对最近的数据赋予较大的权重,则预测数据与实际数据的差别较简单移动平均法的结果要小。一般地说,α_i 和 n 的取值不同,预测值的稳定性和响应性也不一样,受随机干扰的程度也不一样。n 越大,则预测的稳定性就越好,响应性就越差;n 越小,则预测的稳定性就越差,响应性就越好。近期数据的权重越大,则预测的稳定性就越差,响应性就越好;近期数据的权重越小,则预测的稳定性就越好,响应性就越差。然而,α_i 和 n 的选择都

没有固定的模式，都带有一定的经验性，究竟选用什么数值，要根据预测的实践而定。

3.3.2.2　*一次指数平滑法*

一次指数平滑法是另一种形式的加权移动平均。加权移动平均法只考虑最近的 n 个实际数据，指数平滑法则考虑所有的历史数据，只不过近期实际数据的权重大，远期实际数据的权重小。一次指数平滑平均值 SA_t 的计算公式为：

$$SA_t = \alpha A_t + (1-\alpha)SA_{t-1} \tag{3-3}$$

若把 t 期一次指数平滑平均值 SA_t 作为 $t+1$ 期的一次指数平滑预测值 SF_{t+1}，则一次指数平滑法的预测公式为：

$$SF_{t+1} = \alpha A_t + (1-\alpha)SF \tag{3-4}$$

式中　SF_{t+1}——$(t+1)$期一次指数平滑预测值；

A_t——t 期实际值；

α——平滑系数，它表示赋予实际数据的权重($0\leqslant\alpha\leqslant1$)。

式(3-4)可以改写成：

$$SF_{t+1} = SF_t + \alpha(A_t - SF_t) \tag{3-5}$$

式(3-4)是一个递推公式。它赋予 A_t 的权重为 α，赋予 SF_t 的权重为$(1-\alpha)$。

将式(3-4)展开，得：

$$\begin{aligned}SF_{t+1} &= \alpha A_t + (1-\alpha)[\alpha A_{t-1} + (1-\alpha)SF_{t-1}]\\&= \alpha A_t + \alpha(1-\alpha)A_{t-1} + (1-\alpha)^2 SF_{t-1}\\&= \alpha A_t + \alpha(1-\alpha)A_{t-1} + (1-\alpha)^2[\alpha A_{t-2} + (1-\alpha)SF_{t-2}]\\&= \alpha A_t + \alpha(1-\alpha)A_{t-1} + \alpha(1-\alpha)^2 A_{t-2} + (1-\alpha)^3 SF_{t-2} + \cdots\\&= \alpha[(1-\alpha)^0 A_t + (1-\alpha)^1 A_{t-1} + (1-\alpha)^2 A_{t-2} + \cdots + (1-\alpha)^{t-1} A_1] + (1-\alpha)^t SF_1\\&= \alpha\sum_{j=0}^{t-1}(1-\alpha)^j A_{t-j-1} + (1-\alpha)^t SF_1\end{aligned} \tag{3-6}$$

式中，$SF_1 = SA_0$，它可以事先给定或令 $SF_1 = A_1$。

在式(3-6)中，当 t 很大时，$(1-\alpha)^t SF_1$ 可以忽略。因此，第 $t+1$ 期的预测值可以看作为前 t 期实测值的指数形式的加权和。随着实测值“年龄”的增大，其权数以指数形式递减，这正是指数平滑法名称的由来。

[例 3-2]　某公司的月销售额记录如表 3-3 所示，试分别取 $\alpha = 0.4$ 和 0.7，$SF_1 = 11.00$，计算一次指数平滑预测值。

表 3-3　某公司的月销售额一次指数平滑预测表($\alpha = 0.4$)　　(千元)

月　份	实际销售额 A_t	α×上月实销额	上月预测销售额	(1-α)×上月预测销售额	本月平滑预测销售额
1	10.00				11.00
2	12.00	4.00	11.00	6.60	10.60
3	13.00	4.80	10.60	6.36	11.16
4	16.00	5.20	11.16	6.70	11.90
5	19.00	6.40	11.90	7.14	13.54
6	23.00	7.20	13.54	8.12	15.72
7	26.00	9.20	15.72	9.43	18.63
8	30.00	10.40	18.63	11.18	21.58
9	28.00	12.00	21.58	12.95	24.95
10	18.00	11.20	24.95	14.97	26.17
11	16.00	7.20	26.17	15.70	22.90
12	14.00	6.40	22.90	13.74	20.14

解：$\alpha=0.4$ 时，$SF_{t+1}=\alpha A_t+(1-\alpha)SF_t=0.4A_t+0.6SF_t$

当 $t=1$ 时，$SF_2=0.4\times10.00+0.6\times11.00=4.00+6.60=10.60$ 千元，其余计算相同，结果如表 3-3 和表 3-4 所示。

表 3-4　某公司的月销售额一次指数平滑预测表（$\alpha=0.7$）　　（千元）

月　份	实际销售额 A_t	$\alpha\times$上月实销额	上月预测销售额	$(1-\alpha)\times$上月预测销售额	本月平滑预测销售额
1	10.00				11.00
2	12.00	7.00	11.00	3.30	10.30
3	13.00	8.40	10.30	3.09	11.49
4	16.00	9.10	11.49	3.45	12.55
5	19.00	11.20	12.55	3.77	14.97
6	23.00	13.30	14.97	4.49	17.79
7	26.00	16.10	17.79	5.34	21.44
8	30.00	18.20	21.44	6.43	24.63
9	28.00	21.00	24.63	7.39	28.39
10	18.00	19.60	28.39	8.52	28.12
11	16.00	12.60	28.12	8.44	21.04
12	14.00	11.20	21.04	6.31	17.51

将预测值和实际值进行比较，结果如图 3-5 所示。

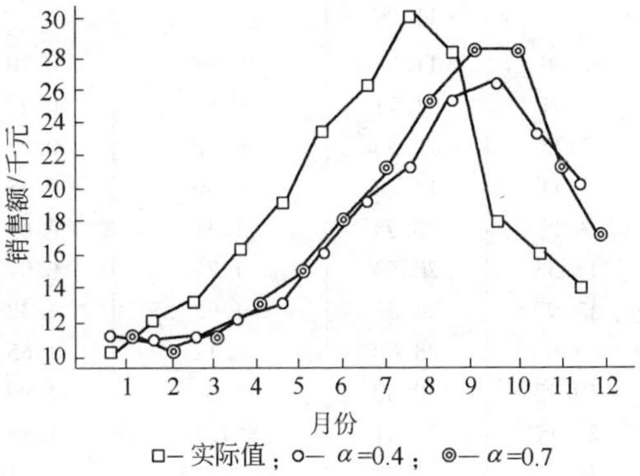

图 3-5　$\alpha=0.4$ 和 $\alpha=0.7$ 时预测值的比较

由图 3-5 可以看出，用一次指数平滑法进行预测，当出现趋势时，预测值虽然可以描述实际值的变化形态，但预测值总是滞后于实际值。当实际值呈上升趋势时，预测值总是低于实际值；当实际值呈下降趋势时，预测值总是高于实际值。比较不同的平滑系数对预测的影响，当出现趋势时，取较大的 α 得到的预测值与实际值比较接近。

综上可知，预测值依赖于平滑系数 α 的选择。一般说来，α 选得小一些，预测的稳定性就比较好；反之，其响应性就比较好。在有趋势的情况下，用一次指数平滑法预测，会出现滞后现象。面对有上升或下降趋势的需求序列时，就要采用二次指数平滑法（double exponential smoothing）进行预测；对于出现趋势并有季节性波动的情况，则要用三次指数平滑法（triple exponential smoothing）预测。

下面将介绍二次指数平滑法，本书不介绍三次指数平滑法。

3.3.2.3　二次指数平滑法

二次指数平滑预测值可按式（3-7）计算：

$$F_{t+p} = SA_t + T_t \tag{3-7}$$

式中 F_{t+p}——从 t 期计算，第 p 期的二次指数平滑预测值；

T_t——t 期平滑趋势值，T_0 事先给定；

SA_t——t 期平滑平均值，又称之为“基数”，SA_0 事先给定。

SA_t 可按式(3-8)计算：

$$SA_t = \alpha A_t + (1-\alpha)(SA_{t-1} + T_{t-1}) = \alpha A_t + (1-\alpha)F_t \tag{3-8}$$

T_t 可按式(3-9)计算：

$$T_t = \beta(SA_t - SA_{t-1}) + (1-\beta)T_{t-1} \tag{3-9}$$

式中，β 为斜率偏差的平滑系数，其余符号意义同前。

［例 3-3］ 对例 3-1 提供的数据，设 $\alpha = 0.4$，$\beta = 0.5$，$SA_0 = 11.00$，$T_0 = 0.80$，求二次指数平滑预测值。

解：由式(3-8)计算 SA_t，再由式(3-9)计算 T_t，最后由式(3-7)计算 F_{t+p}，结果如表 3-5 所示。当 α、β 都取 0.4 时，二次指数平滑预测值、一次指数平滑预测值与实际值的比较，如图 3-6 所示。由图 3-6 可以看出，二次指数平滑预测的结果比一次指数平滑预测的结果在有趋势存在的情况下，与实际值更加接近，且滞后要小得多。

表 3-5 二次指数平滑预测 （千元）

t	A_t	αA_t	$(1-\alpha)F_t$	SA_t	$\beta(SA_t - SA_{t-1})$	$(1-\beta)T_{t-1}$	T_t	F_t
				11.00			0.80	11.80
1	10.00	4.00	7.08	11.08	0.04	0.40	0.44	11.52
2	12.00	4.80	6.91	11.71	0.32	0.22	0.54	12.25
3	13.00	5.20	7.35	12.55	0.42	0.27	0.69	13.24
4	16.00	6.40	7.94	14.34	0.90	0.35	1.25	15.59
5	19.00	7.20	9.35	16.95	1.31	0.63	1.94	18.89
6	23.00	9.20	11.33	20.53	1.79	0.97	2.76	23.29
7	26.00	10.40	13.97	24.37	1.92	1.38	3.30	27.67
8	30.00	12.00	16.60	28.60	2.12	1.65	3.77	32.37
9	28.00	11.20	19.42	30.62	1.01	1.89	2.90	33.52
10	18.00	7.20	20.11	27.31	−1.65	1.45	−0.20	27.11
11	16.00	6.40	16.27	22.67	−2.32	−0.10	−2.42	20.25
12	14.00	5.60	12.15	17.75	−2.46	−1.21	−3.67	14.08

二次指数平滑预测的结果与 α 和 β 的取值有关。α 和 β 越大，预测的响应性就越好；反之，稳定性就越好。α 影响预测的基数，β 影响预测值的上升或下降的速度。

3.3.2.4 博克斯—詹金斯法

博克斯—詹金斯法是以该方法的首创者（或者说实现者）的名字命名的一种方法，若从其对时间序列的处理手段着眼，应定义为回归—差分—平滑平均预测法。

传统的应用范围较广的博克斯—詹金斯法时间序列分析预测方法是由 Box 和 Jenkins 于 1970 年提出的 ARIMA（autoregressive integrated moving average，自回归求和移动平均法）方法。1970 年出版的由 Box 和 Jenkins 著作的《Time Series Analysis：Forecasting and control》是时间序列分析发展的里程碑，他们的工作为实际工作者提供了对时间序列进行分析、预测，以及对 ARIMA 模型进行识别、估计和诊断的系统方法。

Engle(1982 年)提出的 ARCH(autoregressive conditional heteroskedastic，自回归条件异方差)模型，可以用来研究条件异方差序列的建模问题，尤其适合研究高频时间序列中经常出现的

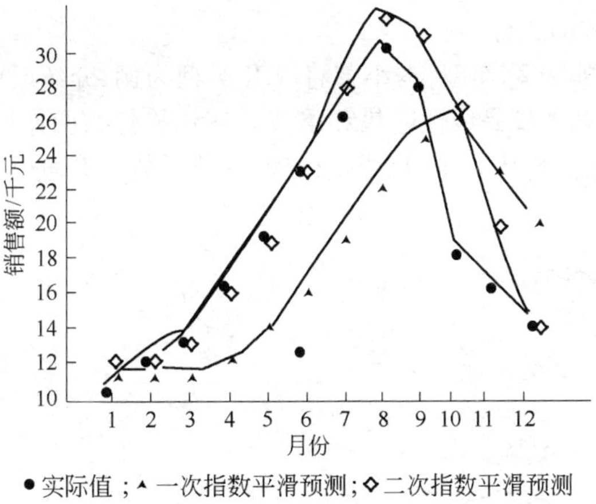

图 3-6 二次指数平滑预测值、一次指数平滑预测值与实际值的比较

价格或收益频率波动的集群性特征。为了更精确地描述这些时间序列的尾部分布特征，Bolyer-slev 对 ARCH 模型的一些约束条件进行了扩展，于 1986 年提出了 GARCH(generalize ARCH，广义 ARCH)模型。

近年来时间序列应用的最新动态主要表现在以下几个方面：对传统方法的改进；谱密度分析、小波分析等方法越来越受重视；结合实际选用合适的分析研究方法。计算技术的飞速进步极大地推动了时间序列分析的发展。线性正态假定下的参数模型得到充分解决，计算量较大的离群值分析和结构变化的识别或为时间序列模型诊断的重要部分。时间建模可以采用多种软件平台，常用的有 S—plus、Matlab、Gauss、TSP、Eviews、SAS 等，这些软件在预测中得到广泛应用。

3.3.3 时间序列分解模型

实际需求值是趋势的、季节的、周期的或随机的等多种成分共同作用的结果。时间序列分解模型企图从时间序列值中找出各种成分，并在对各种成分单独进行预测的基础上，综合处理各种成分的预测值，以得到最终的预测结果。

时间序列分解方法的应用基于如下的假设：各种成分单独地作用于实际需求，而且过去和现在起作用的机制将持续到未来。因此，在应用该方法时要注意各种成分是否已经超过了其起作用的期限。同时，还应该分析过去出现的“转折点”情况。比如，1973 年的石油危机对美国的汽车销售产生了重大影响。当应用某种模型来预测今后 10 年的汽车销售量时，就应该考虑类似石油危机这样的重大事件是否会发生。

时间序列分解模型有两种形式：乘法模型(multiplicative model)和加法模型(additive model)。乘法模型比较通用，它是通过将各种成分(以比例的形式)相乘的方法来求出需求估计值的。加法模型则是将各种成分相加来预测的。对于不同的预测问题，人们常常通过观察其时间序列值的分布来选用适当的时间序列分解模型。式(3-10)和式(3-11)分别给出了乘法模型与加法模型。

$$\mathrm{TF} = T \times S \times C \times I \tag{3-10}$$

$$\mathrm{TF} = T + S + C + I \tag{3-11}$$

式中 TF——时间序列的预测值；

T——趋势成分；

S——季节成分；

C——周期性变化成分；

I——不规则的波动成分。

图3-7给出了几种时间序列类型，本小节将以C类型为例，介绍时间序列分解模型的应用。线性趋势、相等的季节波动类型是线性趋势和季节性变化趋势共同作用的结果。用这种方法进行预测的关键在于求出线性趋势方程（直线方程）和季节系数。下面通过一个实例来说明。

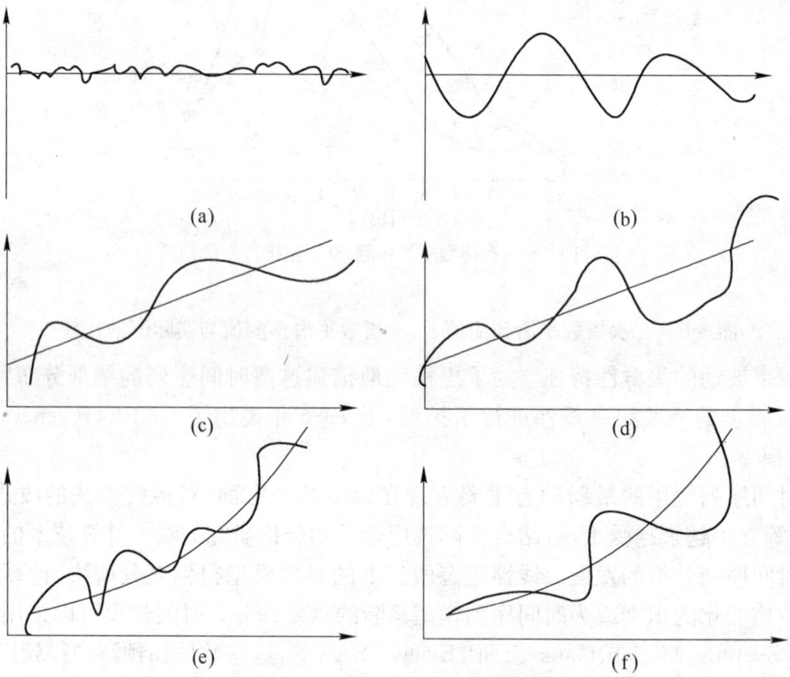

图3-7　几种可能的时间序列类型

（a）无趋势、无季节波动；（b）无趋势、有季节波动；（c）有线性趋势、相等的季节波动；（d）有线性趋势、放大的季节波动；（e）非线性趋势、相等的季节波动；（f）非线性趋势、放大的季节波动

［例3-4］　表3-6是某旅游服务点过去三年各季度快餐的销售记录。试预测该公司未来一年各季度的销售量。

表3-6　某旅游服务点过去三年快餐销售记录

季　度	季度序号 t	销售量 A_t	4个季度销售总量	4个季度移动平均	季度中点
夏	1	11800			
秋	2	11404			
冬	3	8925			
春	4	10600	42729	10432.3	2.5
夏	5	12285	43214	10553.5	3.5
秋	6	11009	42819	10704.8	4.5
冬	7	9213	43107	10776.8	5.5
春	8	11286	43793	10948.3	6.5
夏	9	13350	44858	11214.5	7.5
秋	10	11270	45119	11279.8	8.5
冬	11	10266	46172	11543.0	9.5
春	12	12138	47042	11756.0	10.5

解：可分三步进行求解。

(1) 求趋势直线方程。首先根据表 3-6 给出的数据绘出曲线图形(图 3-8),然后用简单移动平均法求出 4 个季度的平均值,将它们标在图上(圆点)。为求趋势直线 $T_t = a + bt$,可采用最小二乘法。为简单起见,这里采用目测法。让直线穿过移动平均值的中间,使数据点分布在直线两侧,尽可能地各占一半。此直线代表着趋势,它与纵坐标的截距为 a,这里 $a = 10000$ 份。在 $t = 12$ 时,趋势直线上的销售量为 12000 份。故 b 的值为 $b = (12000 - 10000)/12 = 167$

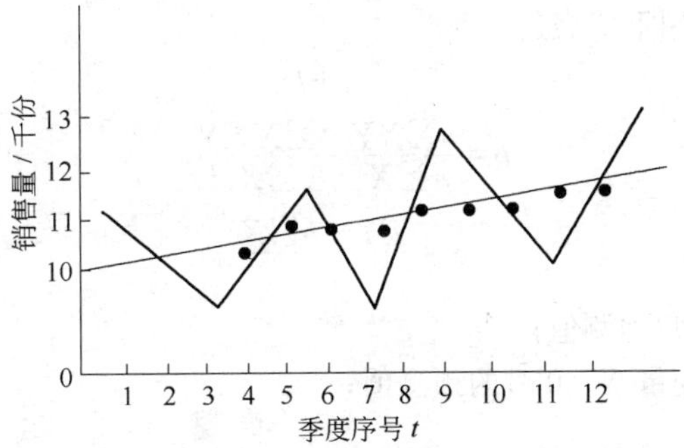

图 3-8 快餐销售情况

由此得到趋势直线方程为 $T_t = 10000 + 167t$

(2) 估算季节系数。所谓季节系数(seasonal index,SI)就是实际值 A_t 与趋势值 T_t 的比值的平均值。例如对一季度,$A_1/T_1 = 11800/10167 = 1.16$。类似地,可以求出各个季度的 A_t/T_t,如表 3-7 所示。

表 3-7 A_t/T_t 计算

t	1	2	3	4	5	6	7	8	9	10	11	12
A_t/T_t	1.16	1.01	0.85	0.99	1.13	1.00	0.82	1.00	1.16	0.95	0.87	1.01

由于季节 1、5、9 都是夏季,应求出它们的平均值作为季节系数:

$$SI(夏) = (A_1/T_1 + A_5/T_5 + A_9/T_9)/3 = (1.16 + 1.13 + 1.16)/3 = 1.15$$

同样可得:

$$SI(秋) = 1.00;\quad SI(冬) = 0.85;\quad SI(春) = 1.00$$

需要指出的是,随着数据的积累,应该不断地对季节系数进行修正。

(3)预测。在进行预测时,关键是选择正确的 t 值和季节系数。在这里,该旅游点未来一年的夏秋冬春各季对应的 t 值分别为 13,14,15,16,对应的季节系数分别为 SI(夏),SI(秋),SI(冬),SI(春)。因此该公司未来一年销售量分别为:

夏季:$(10000 + 167 \times 13) \times 1.15 = 13997$ 份

秋季:$(10000 + 167 \times 14) \times 1.00 = 12338$ 份

冬季:$(10000 + 167 \times 15) \times 0.85 = 10629$ 份

春季:$(10000 + 167 \times 16) \times 1.00 = 12672$ 份

由例 3-4 可以看出,对线性趋势、相等的季节性波动类型可以用一种简明的周期性预测方法,它应用起来比较方便。

3.3.4 因果模型

在时间序列模型中,它将需求作为因变量,将时间作为唯一的独立变量。这种做法虽然简单，但忽略了其他影响需求的因素，如政府部门公布的各种经济指数，地方政府的规划，银行发布的各种金融方面的信息，广告费的支出，产品和服务的定价等，都会对需求产生影响。因果模型则有效地克服了时间序列法的这一缺点，它通过对一些与需求（如书包）有关的先导指数（学龄儿童数）的计算，来对需求进行预测。

由于反映需求及其影响因素之间因果关系的数学模型不同，因果模型又分为回归模型、经济计量模型、投入产出模型等。本书只介绍一元线性回归模型预测方法。

一元线性回归模型可用下式表达：

$$Y_T = a + bx \tag{3-12}$$

$$b = \frac{n\sum XY - \sum X\sum Y}{n\sum X^2 - (\sum X)^2} \tag{3-13}$$

$$a = \frac{\sum Y - b\sum X}{n} \tag{3-14}$$

式中　Y_T——一元线性回归预测值；

a——截距，为自变量 $X=0$ 时的预测值；

b——斜率；

n——变量数；

X——自变量的取值；

Y——因变量的取值。

［**例 3-5**］　对例 3-4 应用一元线性回归法进行预测。

解：计算 b 和 a，然后求 Y_T，计算过程如表 3-8 所示。

表 3-8　一元线性回归计算

X	Y	X^2	XY
2.5	10432.3	6.25	26080.75
3.5	10553.5	12.25	36937.25
4.5	10704.8	20.25	48171.60
5.5	10776.8	30.25	59272.40
6.5	10948.3	42.25	71163.95
7.5	11214.5	56.25	84108.75
8.5	11279.8	72.25	95878.30
9.5	11543.0	90.25	109658.50
10.5	11756.0	110.25	123438.00
$\sum X = 58.5$	$\sum Y = 99209.0$	$\sum X^2 = 440.25$	$\sum XY = 654709.50$

$b = [9 \times 654709.5 - 58.5 \times 99209.0]/[9 \times 440.25 - 58.5^2] = 164.183$

$a = (99209 - 164.183 \times 58.5)/9 = 9956.03$

$Y_T = 9956.03 + 164.183X$

衡量一元线性回归方法的偏差，可采用两个指标：线性相关系数 r 和标准差 S_{yx}。

$$r = \frac{n\sum XY - \sum X\sum Y}{\sqrt{[n\sum X^2 - (\sum X)^2][n\sum Y^2 - (\sum Y)^2]}} \tag{3-15}$$

$$S_{yx} = \sqrt{\frac{\sum (Y - Y_T)^2}{n-2}} \tag{3-16}$$

当 r 为正时，说明 Y 与 X 正相关，即 X 增加，Y 也增加；当 r 为负时，说明 Y 与 X 负相关，即 X 增加，Y 减少。r 越接近 1，说明实际值与所做出的直线越接近。S_{yx} 越小表示预测值与直线的距离越接近。

3.4 预测监控

3.4.1 预测精度测量

由于需求受许多不确定因素的影响，不可避免地存在预测误差(forecast error)。所谓预测误差，是指预测值与实际值之间的差异。误差有正负之分。当预测值大于实际值时，误差为正；反之，误差为负。预测模型最好是无偏模型(unbiased model)，即应用该模型时，正、负误差出现的概率大致相等。平均误差是评价预测精度、计算预测误差的重要指标。它常被用来检验预测与历史数据的吻合情况，同时它也是判断预测模型能否继续使用的重要标准之一。在比较多个模型孰优孰劣时，也经常用到平均误差。

本节将介绍平均绝对偏差、平均平方误差、平均预测误差和平均绝对百分误差这四个常用的评价指标。

3.4.1.1 平均绝对偏差

平均绝对偏差就是整个预测期内每一次实际值与预测值的绝对偏差(不分正负，只考虑偏差量)的平均值，用公式表示：

$$\mathrm{MAD}=\frac{\sum_{t=1}^{n}|A_t-F_t|}{n} \tag{3-17}$$

式中 A_t——时段 t 的实际值；

F_t——时段 t 的预测值；

n——整个预测期内的时段个数(或预测次数)。

MAD 的作用与标准偏差相类似，但它比标准偏差容易求得。如果预测误差是正态分布的，MAD 约等于 0.8 倍的标准偏差。这时，1 倍 MAD 内的百分比约为 58%，2 倍 MAD 内的百分比约为 89%，3 倍 MAD 内的百分比约为 98%。

MAD 能较好地反映预测的精度，但它不容易衡量无偏性。

3.4.1.2 平均平方误差

平均平方误差就是对误差的平方和取平均值。沿用式(3-17)中的符号，MSE 用公式表示为：

$$\mathrm{MSE}=\frac{\sum_{t=1}^{n}(A_t-F_t)^2}{n} \tag{3-18}$$

MSE 与 MAD 相类似，虽可以较好地反映预测精度，但无法衡量无偏性。

3.4.1.3 平均预测误差

平均预测误差是指预测误差的和的平均值。用公式表示为：

$$\mathrm{MFE}=\frac{\sum_{t=1}^{n}(A_t-F_t)}{n} \tag{3-19}$$

式中，$\sum_{t=1}^{n}(A_t-F_t)$ 被称作预测误差滚动和(running sum of forecast errors，RSFE)。如果预测模型是无偏的，RSFE 应该接近于零，即 MFE 应接近于零。因而 MFE 能很好地衡量预测模型的无偏性，但它不能够反映预测值偏离实际值的程度。

3.4.1.4 平均绝对百分误差

平均绝对百分误差用公式表示如下：

$$\text{MAPE}=\left(\frac{100}{n}\right)\sum_{t=1}^{n}\left|\frac{A_t-F_t}{A_t}\right| \tag{3-20}$$

MAD,MFE,MSE,MAPE 是几种常用的衡量预测误差的指标，但任何一种指标都很难全面地评价一个预测模型，在实际应用中常常将它们结合起来使用。表 3-9 中是计算 MAD,MSE,MFE,MAPE 的例子。

表 3-9 MAD,MSE,MFE,MAPE 计算一览表

实际值 A	预测值 F	偏差 $A-F$	绝对偏差 $\lvert A-F\rvert$	平方误差 $(A-F)^2$	百分误差 $100(A-F)/A$	绝对百分误差 $100\lvert(A-F)/A\rvert$
120	125	−5	5	25	−4.17	4.17
130	125	5	5	25	3.85	3.85
110	125	−15	15	225	−13.64	13.64
140	125	15	15	225	10.71	10.71
110	125	−15	15	225	−13.64	13.64
130	125	5	5	25	3.85	3.85
		−10	60	750		49.86

MAD = 60/6 = 10；MSE = 750/6 = 125；MAPE = (49.86/6) = 8.31；MFE = −10/6 = −1.67。

3.4.2 预测监控

预测的一个十分重要的理论基础是：一定形式的需求模式过去、现在和将来起着基本相同的作用。然而，实际情况是否如此呢？换句话说，过去起作用的预测模型现在是否仍然有效呢？这需要通过预测监控来回答。

检验预测模型是否仍然有效的一个简单的方法是将最近的实际值与预测值进行比较，看偏差是否在可以接受的范围以内，另一种办法是应用跟踪信号(tracking signal,TS)。

所谓跟踪信号，是指预测误差滚动和与平均绝对偏差的比值，即：

$$\text{TS}=\text{RSFE}/\text{MAD}=\frac{\sum_{t=1}^{n}(A_t-F_t)}{\text{MAD}} \tag{3-21}$$

式中各符号意义同前。

每当实际需求发生时，就应该计算 TS。如果预测模型仍然有效，TS 应该比较接近于零。反过来，只有当 TS 在一定范围内时(图 3-9)，才认为预测模型可以继续使用。否则，就应该重新选择预测模型。

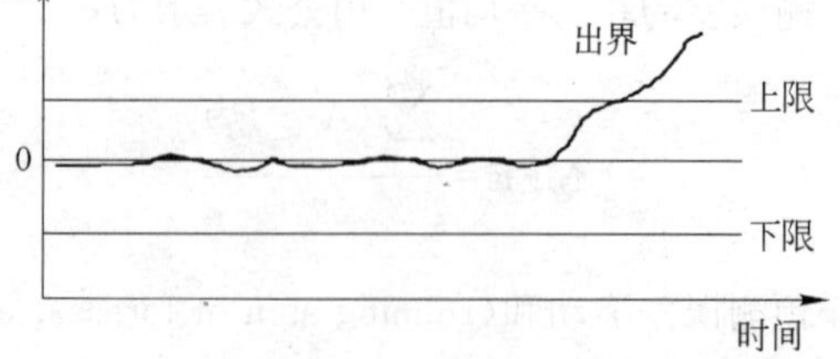

图 3-9 预测跟踪信号

习　题

3-1　预测是一种技能还是一种科学，为什么？

3-2　销售预测和需求预测的关系是什么？

3-3　说明判断在预测中的作用。

3-4　有哪些定性预测方法和定量预测方法？说明它们各自的特点和适用范围。

3-5　预测可分为哪些类型，时间序列分析预测法一般用于哪些方面，它有哪些明显的优缺点？

3-6　表 3-10 给出了某计算机公司近 10 个月的实际销售量和用 a、b 两种模型进行预测的预测值。(1)计算两种模型的 MAD；(2)计算两种模型的 RSFE；(3)哪一种模型好一些，为什么？

表 3-10　　（台）

月　份	1	2	3	4	5	6	7	8	9	10
实际销售量	566	620	584	652	748	703	670	625	572	618
a 模型预测值	610	630	610	630	640	650	655	655	630	630
b 模型预测值	580	600	580	630	702	680	680	680	600	600

3-7　表 3-11 是某种特种汽车轮胎的月销售记录。(1)计算当 $SA_0=100$，$\alpha=0.2$ 时的一次指数平滑预测值。(2)计算当 $SA_0=100$，$\alpha=0.4$ 时的一次指数平滑预测值。(3)计算(1)，(2)两种情况下的 MAD，RSFE。

表 3-11　　（只）

月　份	1	2	3	4	5	6	7	8	9	10	11	12
销售量	104	104	100	92	105	95	95	104	104	107	110	109

案例

[案例 1]

2000 年 3 月，在广州某超市，新上市的某品牌洗发香波缺货了，专程前来购买的顾客不得不购买其他品牌的产品。该公司立即召开紧急会议，讨论如何应对。与会者看到该品牌上市仅一周，全国销售量达到 40000 箱，已经超过了原来两个月市场预测的总和，市场严重缺货。于是，计划把下周的预测从 5000 箱提高到 50000 箱，增加到 10 倍。对这么大的数量，工厂虽然不可能立刻生产出来，但抓紧时间生产，至少可以减少缺货时间，总比长期缺货好。

工厂计划部经理看到新的预测量，目瞪口呆：生产要增加 10 倍，而原料库最多只满足 1.5 倍的生产量。原料大多是进口的，就算立刻下单，就算供应商仓库有能够满足 10 倍产量的库存，按正常情况，运输清关需要几个月才能完成。并且下周生产计划已经排满了。然而，工厂的职责就是保证按预测的需求生产，无论如何，也要尽力生产出来。于是通知采购部门紧急给供应商下订单，所有海外材料一律空运，这样做，运输和清关时间可以缩短到两周，同时调整两周之后的生产计划，优先保证该品牌得到生产。一切都安排妥当之后，计划部经理告诉总部，三周之后能完成新的计划。

一个月之后，产品陆续摆上各个商店的货架，公司上下都等着喜讯，但是市场却出奇的平静，新产品无人问津，甚至还不如其他产品卖得好。最有力的商机转眼即逝，预测不准确以及工厂的供应链给公司带来大量的损失：巨额的材料空运成本、囤积在仓库里面的大量库存还有失去的消费者。

[案例 2]

1963 年，美国总统肯尼迪遇刺，引起了美元对黄金比价大幅下跌。1983 年，传说美国总统里根遇刺，出现了惊人的重复。中国银行伦敦分行负责黄金股买卖的刘金宝从纽约朋友那里获悉里根遇刺的消息，根据历史经验，他立即断定美元对黄金比价将下跌。于是，他抢先在媒体证实里根遇刺消息之前，以每盎司 780 美元的价格从纽约黄金市场购进大量黄金。10 分钟后，新闻媒体证实里根总统遇刺，黄金价格果然上扬至每盎司 800 美元。刘金宝将刚买进的黄金迅速抛出。此后，媒体又传来消息，里根总统经抢救已经脱险，黄金价格又回落至每盎司 780 美元。刘金宝根据可靠消息，丰富的经验，准确的判断，在十几分钟内为中国银行赚了大量美元。

经验法的成功，最重要的是掌握的信息安全，还要对其进行由此及彼，由表及里，去伪存真的加工处理，剔其糟粕，取其精华，最后用科学的思维方法，对未来市场做出准确判断。

在预测的过程中，要注意经验的灵活运用，避免死搬硬套。在市场经济条件下，市场的供给、价格的波动、消费者的心理状况瞬息万变。经验只代表过去，不能说明未来。本地区只代表本地，若换了环境，换了时间，这些经验可以借鉴参考，但不能作为市场预测的唯一依据。

[案例 3]　轮胎工业对钢帘线的需求预测

1. 轮胎行业状况

产量：据中国石油和化工协会统计，轮胎产量 2005 年 1～8 月份为 19713.58 万条(含摩托车胎)，同比增长 28.7%，其中子午胎 8975.43 万条，同比增长 40.3%，子午胎产量已占轮胎总产量的 45.53%。据此推算，全年轮胎产量将达 3 亿条(含摩托车胎)，其中子午胎产量将达 1.3 亿条。据中国橡胶工业协会轮胎分会统计，44 家轮胎企业 1～8 月份轮胎产量 10014.75 万条，同比增长 17.91%，其中子午胎产量 6524.37 万条，同比增长 32.83%，子午胎产量占轮胎总产量的 65.15%。在子午胎中，全钢载重子午胎产量 1508.95 万条，同比增长 51.78%；半钢子午胎产量 5015.42 万条，同比增长 28%；斜交胎产量 3490.38 万条，同比下降 2.54%。根据这个增长速度，全钢载重子午胎在 2004 年产量 1820 万条的基础上，2005 年有望达到 2700 万条；半钢子午胎 2004 年为 8600 万条，2005 年有望达到 11008 万条，二者合计，2005 年 44 家会员企业的子午胎总产量预计达到 13708 万条。

进出口量：据国家海关总署统计，2005 年 1～8 月份进口轮胎 118.9 万条，同比下降 9.58%，进口金额 8112 万美元，同比增长 5.02%；出口轮胎 6127 万条，同比增长 48.18%，出口金额 213432 万美元，同比增长 71.25%。据此推算，2005 年出口轮胎可能达到 9000 万条，出口金额 30 亿美元。据中国橡胶工业协会轮胎分会统计，2005 年 1～8 月份，出口量为 4280.24 万条，同比增长 29.8%，占轮胎总产量的 43%；出口轮胎交货值 153.25 亿元，同比增长 54.02%，占轮胎销售收入的 33.9%，交货值的增长比交货量的增长高了 24.22%，这说明我国出口轮胎增加了，出口价格也提高了。中国轮胎工业的快速发展与轮胎的出口数量关系密切，以后的发展可能会更多地依赖于出口，因此，对出口轮胎的情况和国际轮胎市场的变化要特别重视。

经济指标：据中国橡胶工业协会轮胎分会 1～8 月份统计，44 家轮胎企业各项经济指标完成情况如下：轮胎销售收入 451.99 亿元，同比增长 29.07%，其中子午胎销售收入 284.24 亿元，同比增长 46.86%，子午胎销售收入已占轮胎销售收入的 62.89%，实现利润总额 16.3 亿元，同比增长 46.82%，这主要由于 2004 年年底及 2005 年年初轮胎提价、产量大幅增加，而天然橡胶价格未涨，与 2004 年同期相比基本持平。尽管 1～8 月份全钢载重子午胎产量增长 50%，但产销率仍为 94%～104%，产销情况比较正常，尚未出现明显的供大于求的状况；半钢子午胎增长 28%，产销率同比略有下降，但实现利润却大幅度下降，原因是轿车市场不好，影响需求；斜交胎销售情况也无明显好转，亏损企业仍有几家。从微观上看中国轮胎工业仍处在快速增长期，经济发展周期性影响的转折点还没有出现，这对我国轮胎工业中长期发展趋势的分析很重要。

2. 轮胎行业的发展

轮胎需求量：根据我国公路、汽车、交通运输事业的发展规划，有关方面预测到2010年，汽车轮胎总需求量为3亿条，其中子午胎2.1亿条，子午化率达70%，斜交胎0.9万条，占30%。具体分类需求量见表1。

表1　2010年轮胎需求量预测

序号	分类	内需			出口			合计		
		产量/万条	子午胎/万条	子午胎比例/%	产量/万条	子午胎/万条	子午胎比例/%	产量/万条	子午胎/万条	子午胎比例/%
1	汽车轮胎	16480	14140	85	7870	6840	87	24350	20980	86
	载重轮胎	4255	3210	75	1000	600	60	5255	3810	72
	轻卡轮胎	4125	2830	69	2370	1740	73	6495	4570	70
	轿车轮胎	8100	8100	100	4500	4500	100	12600	12600	100
2	农业轮胎	4000①			300			4300		
3	工程工业轮胎	470			880			1350		
	工程轮胎	350			80			430	43	10
	工业轮胎	120			800			920		
	总计	20950			9050			30000		

①农业轮胎4000万条的内需量包括拖拉机轮胎1100万条，农用汽车轮胎2900万条。

子午胎发展趋势：我国从20世纪60年代开始研制子午胎，已有40多年的历史。前20年处于摸索阶段，没有大的进展，后20年处于打基础阶段。从2001年起进入腾飞阶段，这个阶段估计会延续到2008年，在2005～2008年期间，我国子午胎仍将保持较快的增长速度。我国子午胎的发展趋势见表2。从宏观上分析原因：①我国国民经济会保持适度增长速度，专家预测子午胎的增幅为8%～9%；②我国高速公路将达到5.5万km，比2004年的3.4万km再增2.1万km；③我国交通运输客运量将增长50%～70%，货运量将增长30%～43%；④到2010年，我国要成为世界主要汽车制造国。汽车年产量将从2004年的507万辆增加到1000万辆，汽车保有量将从2004年的2800万辆增加到6200万辆；⑤我国将进一步成为世界轮胎制造大国。世界轮胎巨头和一些轮胎大公司纷纷进入中国，世界轮胎中心进一步向中国转移，国内企业也在努力做大做强。2004年，世界轮胎产量13亿条，中国2亿条，占15.38%，按目前发展速度到2010年世界轮胎产量如果增到13亿条，其中中国轮胎3亿条，所占比例可提高到20%。从微观上分析原因：①我国轮胎子午化率正在进一步加快，与发达国家相比，还有增长空间。例如，到2010年，全国轮胎总量3亿条，载重胎6000万条，占20%，子午胎4200～4800万条，占70%～80%，而在2004年，扣除出口部分，全钢载重子午胎在载重胎中的比例约为43%；②轮胎是易耗品，随着我国每年汽车产量和汽车保有量的不断增加，与此相应的配套轮胎和维修轮胎的需求量也不断增加，出口需求也很旺盛；③子午胎仍处在投资增长期，不论内资还是外资企业都看好中国市场，都在增资扩产，这个过程还有2～3年的时间。综上所述，我国子午胎仍处在高速增长期，与子午胎相关的行业，如橡胶机械、橡胶助剂、骨架材料等都还有发展的潜力。

表 2 我国子午胎发展趋势

年 份	全钢子午胎		半钢子午胎		合 计	
	产量/万条	幅度/%	产量/万条	幅度/%	产量/万条	幅度/%
1999 年	245	12.15	2596	46.92	2841	43.12
2000 年	328	33.94	3261	25.60	3589	26.33
2001 年	417	27.12	3836	17.63	4253	18.50
2002 年	666	59.73	4747	23.73	5413	27.27
2003 年	1117	67.71	6461	36.10	7578	39.99
2004 年	1820	62.94	8600	33.11	10420	37.50
2005 年(预计)	2548	40	10750	25	13298	27.62
2008 年(预测)	4372	±10	16318	±10	20690	±10
2010 年(预测)	4820	±5	17991	±5	22811	±5

轮胎品种的发展:轿车轮胎子午化率近 100%。在轿车子午胎中,中档轿车子午胎约占总需求量的 70%,高档轿车子午胎约占 30%,从发展趋势看,中档轿车子午胎中有一部分会向高档轿车子午胎和经济型轿车子午胎转型。具体表现:①子午胎的扁平化趋势加快,主要是 15~17in 轮辋的低断面轿车子午胎;②子午胎的高速性能提高,主要是 H 级(最高时速 210km)以上的轿车子午胎;③不同功能子午胎的开发,主要是低滚动阻力的节油轮胎、跑气保用轮胎、雪地抗湿滑轮胎、自动测压、测温智能轮胎等。从生产情况看,载重轮胎的子午胎和斜交胎差不多各占一半,子午化率在 50%左右。从发展趋势看,载重轮胎以中型为主,逐渐向重、中、轻多品种发展。具体表现:①向无内胎方向发展,以 11.00R20 对应的 12.00R22.5 比较,前者有内胎载重子午胎,比后者无内胎子午胎要重 15kg(内胎、垫带、卡环),一个拖挂车有 22 个轮胎,无内胎载重子午胎就可使整车减少 330kg,而且无内胎载重子午胎降低了重心,大大提高了汽车的承载能力;②采用高强度或超高强度的骨架材料,达到轮胎轻量化、降低轮胎滚动阻力和节油;③提高橡胶和钢丝帘线的黏合强度,保持胎体的完好程度,提高载重子午胎的翻新率,达到轮胎综合行驶里程长及循环利用的目的;④采用子午胎的技术改造斜交胎,提高载重斜交胎的速度和负荷等。轻载轮胎子午胎约占 60%,斜交胎约占 40%,从发展趋势看,子午化率会越来越高。具体表现为:①在乘用车胎中,用于 SUV 和 MPV 运动型的、多功能车的轻型载重子午胎增长度较大;②出口轮胎中子午胎的比例增长较快。特别是美国颁布了《运输业召回改进、责任追究制和文件记录法规》,对轮胎安全性能提出了新的要求,对 4.5t 以下(含 4.5t)车的轮胎,提高了速度性能、耐久性能等标准,新标准将从 2007 年 6 月开始执行,这对轻载斜交胎明显不利,而轻载子午胎能达到新标准的要求。工程轮胎大多数是斜交胎,在工程机械中装机、挖掘机、叉车产销情况较好。大型工程轮胎、子午胎出口市场看好。在工业车胎中,实心胎、叉车胎较好销,在大型商场、物流部门使用。农用轮胎都是斜交胎,大中型拖拉机、小型拖拉机产量 2005 年 1~8 月同比分别增长 7%、18%,需求略有增加。在农用运输车中,因三轮农用车不准上公路,产量大幅度下降,而四轮农用车需求迅速上升,对轻载轮胎的要求是规格大一点,速度高一点。对斜交轮胎的发展趋势,企业有不同的看法,有些企业认为斜交胎不是发展方向,最终会被淘汰,于是就减产,甚至放弃;有些企业则认为斜交胎在国内外还有市场,一时也淘汰不了,特别是在中国,因受公路、汽车、交通运输条件以及购买力的限制,许多地方仍在用斜交胎。斜交胎是我国的传统产品,内资企业占绝对优势,与子午胎相比,具有价格较低的优势。从石化协会的统计数据看,斜交胎 2002 年为 10633 万

条,2003 年为 11256 万条,2004 年为 13489 万条,2005 年 1～8 月为 10738.15 万条,同比增加 20.38%。

3. 钢帘线的需求

钢帘线分为轮胎用钢帘线和管带用钢帘线,由于管带钢帘线用量与汽车钢帘线相比,数量小得多,因此,管带用钢帘线的用量较少提及。钢帘线的产量、轮胎钢帘线的产量与需求量分别见表 3 和表 4。

表 3　钢帘线的产量　(万 t)

分　类	2002 年	2003 年	2004 年	2005 年预计
轮胎钢帘线	9.21	14.96	30.86	40
管带钢帘线	1.69	2.23	2.52	3.1

表 4　轮胎钢帘线的产量与需求量　(万 t)

分　类	1999 年	2000 年	2001 年	2002 年	2003 年	2004 年	2005 年预计
需求量	4.91	6.41	7.9	11.5	18.08	27.89	37
产　量	3.22	4.05	4.9	9.21	14.96	30.86	40
差　值	-1.69	-2.36	-3.0	-2.29	-3.12	2.97	3

2003 年,钢帘线一直供不应求,需靠进口平衡。从 2004 年开始,供需开始平衡,并有产大于销的趋势,应引起有关企业注意,要控制风险。2005 年以及长期钢帘线的需求量预测分别见表 5 和表 6。

2008 年以前,子午胎增长仍较快,预计 2010 年以后增长趋缓。高强度、超高强度钢帘线或宽基载重子午胎的发展将会影响钢帘线的总需求量。

表 5　2005 年轮胎钢帘线的需求量预测

分　类	轮胎产量/万条	钢帘线需求量/万 t
载重子午胎	2340～2700	26.91～31.05
轻载子午胎	3225	4.19
轿车子午胎	7525	4.52
合　计	13090～13450	35.62～39.76

表 6　钢帘线的长期需求预测

分　类	2010 年		2015 年	
	轮胎产量/万条	需求量/万 t	轮胎产量/万条	需求量/万 t
载重子午胎	3810	43.82	4800	55.2
轻载子午胎	4570	5.94	7000	9.1
轿车子午胎	12600	7.56	20000	12.0
合　计	20980	57.32	31800	76.3

4. 胎圈钢丝的需求

胎圈钢丝的产量和长期需求预测分别见表 7 和表 8。

表 7　胎圈钢丝的产量　　（万 t）

分　类	2002 年	2003 年	2004 年	2005 年预测
回　火		16.18	23.10	34.0
冷　拉		1.04	1.87	1.9
合　计	15.5	17.22	24.97	35.9

表 8　胎圈钢丝（汽车用）的长期需求预测　　（万 t）

分　类	2005 年	2010 年	2015 年
总　量	23.18	28.87	32.37
斜交胎用	12.02	10.46	7.07
子午胎用	11.16	18.41	25.30
①载重胎用	6.69	11.43	14.40
②轻载胎用	2.23	3.20	4.90
③轿车胎用	2.24	3.78	6.00

胎圈钢丝从 2002 年的 15.5 万 t 到 2005 年的 35.9 万 t，增长速度很快。在 1994 年以前，胎圈钢丝以冷拉镀铜钢丝为主，主要用于斜交轮胎；现在以回火镀锡青铜钢丝为主，主要用于子午胎。胎圈钢丝从直径 1.0mm 的单一规格发展到直径 0.78～1.83mm 多规格品种。生产胎圈钢丝的企业要逐步转向生产符合子午胎要求的高性能胎圈钢丝。

4 综合计划与主生产计划

计划是管理的首要职能。没有计划，企业内一切活动都会陷入混乱。现代工业生产是社会化大生产，企业内部分工十分精细，协作非常严密，任何一部分生产活动都离不开其他部门而单独进行。因此，需要统一的计划来指挥企业各部分的活动。企业如果没有计划，是无法进行任何生产经营活动的。

本章主要介绍与生产计划相关的基本概念，综合计划和主生产计划优化编制方法。

学习目标：

1. 掌握生产计划的作用和分类。
2. 掌握综合计划的编制方法与步骤。
3. 掌握主生产计划的编制方法与步骤。

4.1 生产计划的作用与分类

生产计划是综合考虑市场需求与企业生产能力之间的矛盾，对一个企业生产的品种、速度、生产时间、劳动力和设备配置以及库存等问题所预先进行的考虑和安排。无论是制造业还是非制造业，均存在生产计划问题。但相比之下，制造业的生产计划要更加复杂，因此生产管理学对这一部分生产计划有更多的研究。

4.1.1 计划的层次

企业里有各种各样的计划，这些计划是分层次的。一般可以分成战略层计划、战术层计划与作业层计划三个层次。

战略层计划涉及产品发展方向、生产发展规模、技术发展水平、新生产设备的建造等，企业称之为长远发展规划。战术层计划是确定在现有资源条件下所从事的生产经营活动应该达到的目标，例如：产量、品种、产值和利润。作业层计划是确定日常的生产经营活动的安排。三个层次的计划有不同的特点，如表 4-1 所示。由表中可以看出，从战略层到作业层，计划的层次计划期越来越短，计划的时间单位越来越细，覆盖的空间范围越来越小，计划内容越来越详细，计划中的不确定性越来越小。

表 4-1 不同层次计划的特点

层　次	战略层计划	战术层计划	作业层计划
计划期	长(≥5 年)	中(1 年)	短(月、旬、周)
计划的时间单位	粗(年)	中(月、季)	细(工作日、班次、小时、分)
空间范围	企业、公司	工　厂	车间、工段、班组
详细程度	高度综合	综　合	详　细
不确定性	高	中	低
管理层次	企业高层领导	中层，部门领导	低层，车间领导
特　点	涉及资源获取	资源利用	日常活动处理

4.1.2　生产计划分类

制造业企业的生产计划一般来说可分为三种：综合计划、主生产计划和物料需求计划，综合计划是战术层计划，主生产计划和物料需求计划则属于作业层计划。这是三种不同的计划。

A　综合计划

综合计划又称为生产大纲，它是对企业未来较长一段时间（一般为 1 年）内资源和需求之间的平衡所作的概括性设想，是根据企业所拥有的生产能力和需求预测对企业的生产品种、产量、劳动力水平、库存投资等问题所作的决策性描述。

例如，一个空调企业，其产品需求的特点是季节性非常强，通常的生产方式是将秋季和冬季生产出来的产品放置于仓库，当需求高峰的春季和夏季到来时再卖。这种方式可以在某种程度上满足需求高峰时的订货要求。但是，当某个夏季异常热的时候，就有可能发生缺货，市场供不应求。如果企业预先扩大能力，增加产量，当夏季来临，如果天气与预测的一样，确实很热时，企业的销售额和市场份额会大增，给企业带来较大的利润。但如果夏季来临，却很凉爽，企业就有可能积压产品，背上大量库存的沉重包袱。天气变化的难以预测使得这种决策变得很难。对于市场需求的预测，对影响市场需求的各种影响因素的正确分析，以及在此基础上，对企业的生产品种、产量、劳动力水平、库存及设备投资等问题做出决策，是综合计划的主要内容。

B　主生产计划

主生产计划（master production scheduling，简称 MPS）要确定每一具体的最终产品在每一具体时间段内的生产数量。这里的最终产品，主要指对于企业来说最终完成、要出厂的产成品，它可以是直接用于消费的消费产品，也可以是其他企业生产装配要用到的部件或配件。这里的具体时间段，通常是以周为单位，在有些情况下，也可能是旬、日或月。表 4-2 所示为某自行车厂的主生产计划。

表 4-2　某自行车厂的主生产计划　　（辆）

月　份	1月				2月				3月			
周　次	1	2	3	4	5	6	7	8	9	10	11	12
C型产量		1600		1600		2400		2400		3200		3200
D型产量	1500	1500	1500	1500	2250	2250	2250	2250	3000	3000	3000	3000
R型产量	400		400		600		600		800		800	
月　产	10000				15000				20000			

C　物料需求计划

主生产计划确定以后，生产管理部门下一步要做的事，是保证主生产计划所规定的最终产品所需要的全部物料（原材料、零件、部件等）以及其他资源能在需要的时候供应上。这个问题看似简单，但做起来却并不容易。因为一个最终产品所包括的原材料、零件、部件的种类和数量可能是相当大的，而且对于自行车、汽车、家电等复杂产品来说，不同的零部件之间还有相关的“母子”关系，从而构成一个多层结构。所谓的物料需求计划（material requirements planning，简称 MRP），就是要制定这样的原材料、零件和部件的生产和采购计划：外购什么、生产什么、什么物料必须在什么时候订货或开始生产、每次订多少、生产多少，等等。

以上简要介绍了企业三种不同的生产计划，本章将详细介绍综合计划和主生产计划。关于物料需求计划，由于其复杂性，放在第6章专门讨论。

4.2　综合计划

综合计划是一种中期计划，是衔接长期战略计划和短期作业计划之间的纽带。综合计划的计划期一般为1年，或更长一些时间(例如:18个月)是对企业未来计划期内资源和需求之间的平衡所做的规划。它要处理的是将预测的产品需求转化为企业的产品产出任务计划，计划的重点是为达到最大限度地满足市场需求并取得最佳经济效益的目标，如何达到有效地利用资源能力。

4.2.1　生产计划指标

生产计划的制定，就是确定计划期内企业的各种生产计划指标。生产计划的主要指标有品种、产量、质量、产值和出产期。

(1) 品种指标，是企业在计划期内出产的产品名称、型号、规格和种类数，它涉及"生产什么"的决策。确定品种指标是编制生产计划的首要问题，关系到企业的生存和发展。

(2) 产量指标，是企业在计划期内出产的合格产品的数量，它涉及"生产多少"的决策，关系到企业能获得多少利润。产量可以用台、件、吨表示。对于品种、规格很多的系列产品，也可用主要技术参数计量，例如:拖拉机用马力、电动机用千瓦等。

(3) 质量指标，是企业在计划期内产品质量应达到的水平，常采用统计指标来衡量，例如:一等品率、合格品率、废品率、返修率等。

(4) 产值指标，是用货币表示的产量指标，能综合反映企业生产经营活动成果，以便不同行业比较。根据具体内容与作用不同，分为商品产值、总产值与净产值三种。

(5) 出产期，是为了保证按期交货确定的产品出产期限。正确地决定出产期很重要，因为出产期太紧，保证不了按期交货，会给用户带来损失，也给企业的信誉带来损失；出产期太松，不利于争取顾客，还会造成生产能力浪费。

对于订货型生产企业，确定交货期和产品价格是主要的决策；对于备货型生产企业，主要是确定品种和产量。

4.2.2　综合计划的主要目标

计划制定时确定的生产指标，必须服从计划的主要目标。综合计划的主要目标为:成本最小、利润最大；顾客服务最大化(最大限度地满足顾客要求)；最小库存投资；生产速率的稳定性(变动最小)；人员水平变动最小；设施、设备的充分利用。

目标之间存在某种相悖的特性。例如，最大限度地给顾客提供服务，要求快速、按时交货，但这是通过增加库存，而不是减少库存来达到的；在业务量随季节变化的部门，以成本最小为目标的人员计划不可能同时做到既使人员变动水平最低，又使顾客服务最好；在一个制造业企业，当产品需求随季节波动时，要想保持稳定的产出速率，也需要同时保持较大的库存，等等。这些均说明了这六个目标之间的相悖性。但是，可以把这些目标归结为:用最小的成本，最大限度地满足需求。因此，在制定综合计划时，需要权衡上述的这些目标因素，进行适当的折中，并同时考虑一些非定量因素。

4.2.3　计划制定策略

4.2.3.1　追赶策略

追赶策略是在计划时间范围内，根据需求的变化调节生产速率或人员水平，以适应需求。这种策略有多种应用方法，例如，聘用或解聘工人，加班加点，外协等。其主要优点是库存投资小，无订单积压。但缺点是在每一计划期内均要调整生产速率或人员水平，这会产生相关的费用；此外，容易造成劳资关系疏远，生产率和质量下降等问题。

4.2.3.2　平衡策略

平衡策略是在计划期内保持生产速率和人员水平不变，采用调节库存或部分开工来适应需求。这种方法的优点是产出均衡，人员水平稳定。缺点是增加了库存，加班或部分开工也会引起额外费用。

4.2.3.3　混合策略

以上两种策略是两个极端的策略。对于一个企业来说，最好的策略应该是将调节库存、变动人员水平、加班等几种方式结合使用，即采取一种混合策略。无论选择什么策略，重要的是综合计划必须能够反映它想要达到的目标，能够反映未来一段时间内企业的经营方向，能够成为有效的管理工具。

[例 4-1]　某公司将今年 4 月至明年 3 月预测的市场需求转化为生产需求，如表 4-3 所示。该产品每件需 20h 的加工时间，公司每年工作日（扣除节假日）为 252 天，现有工人 227 人，工人每天工作 8h。招收工人需广告费、考试费和培养费，折合雇一个工人的费用需 300 元，裁减一个工人需付解雇费 200 元。假设生产中无废品和返工。为了应付需求波动，有 1000 件产品作为安全库存，设今年 3 月底库存为 1000 件。单位维持库存费为 6 元/(件·月)。现比较不同策略所需的费用。

表 4-3　原始资料

月　份	预计月生产需求量/件	累计需求量/件	每月正常工作日数/d	累计正常工作日数/d
4	1600	1600	21	21
5	1400	3000	22	43
6	1200	4200	22	65
7	1000	5200	21	86
8	1500	6700	23	109
9	2000	8700	21	130
10	2500	11200	21	151
11	2500	13700	20	171
12	3000	16700	20	191
1	3000	19700	20	211
2	2500	22200	19	230
3	2000	24200	22	252

(1) 仅改变工人的数量。这种策略也称为追赶策略。采取这种策略需假定随时可以雇到工

人,这种策略可见表4-4,总费用为20万元。

维持1000件安全库存需 1000×6×12=72000元

总费用 128000+72000=200000元

表4-4 仅改变工人的数量

月份	预计生产月需求量/件	所需生产时间/h	月生产天数	每人每月生产时间/h	需工人数	月初增加工人数	月初裁减工人数	变更费/元
4	1600	32000	21	168	190		37	7400
5	1400	28000	22	176	159		31	6200
6	1200	24000	22	176	136		23	4600
7	1000	20000	21	168	119		17	3400
8	1500	30000	23	184	163	44		13200
9	2000	40000	21	168	238	75		22500
10	2500	50000	21	168	298	60		18000
11	2500	50000	20	160	313	15		4500
12	3000	60000	20	160	375	62		18600
1	3000	60000	20	160	375			0
2	2500	50000	19	152	329		46	9200
3	2000	40000	22	176	227		102	20400
合计						256	256	12800

(2) 仅改变库存水平。这种策略也称为平衡策略,允许延期交货。由于252天内需生产24200件产品,则平均每个工作日生产96.03件,需96.03×20=1920.63h,每天需工人1920.63÷8=240.08人,取241人,则每天平均生产241×8÷20=96.4件产品。仅改变库存水平的策略如表4-5所示。

表4-5 仅改变库存水平

月份	累计生产天数	累计产量 累计生产天数×96.4	累计生产需求	月末库存累计产量- 累计生产需求+1000	维持库存费 6×(月初库存量+月末库存量)÷2
4	21	2024	1600	1424	7272
5	43	4145	3000	2145	10707
6	65	6266	4200	3066	15633
7	86	8290	5200	4090	21468
8	109	10508	6700	4808	26694
9	130	12532	8700	4832	28920
10	151	14556	11200	4356	27564
11	171	16484	13700	3784	24420
12	191	18412	16700	2712	19488
1	211	20340	19700	1640	13056
2	230	22172	22200	972	1836
3	252	24293	24200	1093	6195
					203253

注:维持库存总费用为203253元,全部费用为:维持库存总费用+安全库存费用=203253+4200=207453元。

(3) 混合策略。混合策略可以多种多样,这里仅讲一种(表 4-6)。通过分析需求的变化,在 4～8月份采取相对低的均匀生产率,在 9 月至明年 3 月采取相对高的均匀生产率。

4 月初需生产 1600 件,每天需生产 76.19 件。设前一段时间采用每天 80 件的生产率,则每天需 80×20÷8=200 人,4 月初需要裁减 27 人。生产到 8 月底,累计 109 天生产了 109×80=8720 件。在余下(252−109)=143 天内,要生产(24200−8720)=15480 件产品,平均每天生产 15480÷143=108.25 件,需 108.25×20÷8=270.6 人,取 271 人。因此,9 月初要雇 71 人,每天可生产 271×8÷20=108.4 件产品。年末再裁减 71 人。这种混合策略的总费用为 18.4675 万元。

表 4-6　混合策略

月份	累计生产天数	生产率	累计产量	累计需求	月末库存累计产量-累计需求+1000	维持库存费	变更工人费用
4	21	80	1680	1600	1080	6240	27×200=5400
5	43	80	3440	3000	1440	7560	
6	65	80	5200	4200	2000	10320	
7	86	80	6880	5200	2680	14040	
8	109	80	8720	6700	3020	17100	
9	130	108.4	10996	8700	3596	18948	71×300=21300
10	151	108.4	13273	11200	3073	19107	
11	171	108.4	15441	13700	2741	17442	
12	191	108.4	17609	16700	1909	13950	
1	211	108.4	19777	19700	1077	8958	
2	230	108.4	21836	22200	636	5139	71×200=14200
3	252	108.4	24221	24200	1021	4971	
						143775	40900

4.2.4　备货型生产综合计划的制定

备货型生产编制综合生产计划的核心内容是确定品种和产量,因为有了品种和产量就可以计算产值。备货型生产无交货期设置问题,因为顾客可直接从成品库提货。

4.2.4.1　*品种的确定*

对于大量大批生产,品种数很少,所生产的产品品种一定是市场需求量很大的产品。因此,没有品种选择问题。

对于多品种批量生产,则有品种选择问题。确定生产什么品种是十分重要的决策。

确定品种可以采取象限法和收入利润顺序法。象限法是美国波士顿顾问中心提出的方法,该法是按“市场引力”和“企业实力”两大类因素对产品进行评价,确定对不同产品所应采取的策略,然后从整个企业考虑,确定最佳产品组合方案。这里不作详细介绍。收入利润顺序法是将生产的多种产品按销售收入和利润排序,并将其绘在收入利润图上,表 4-7 所示的多种产品的收入和利润顺序,可绘在图 4-1 上。

表 4-7　收入利润次序表

产品代号	A	B	C	D	E	F	G	H
销售收入	1	2	3	4	5	6	7	8
利　润	2	3	1	6	5	8	7	4

由图 4-1 可以看出,一部分产品在对角线上方,还有一部分产品在对角线下方。

销售收入高,利润也大的产品,即处于图左下角的产品,应该生产。相反,对于销售收入低,利润也小的产品(甚至是亏损产品),即处于图右上角的产品,需要考虑多种因素,做进一步分析。

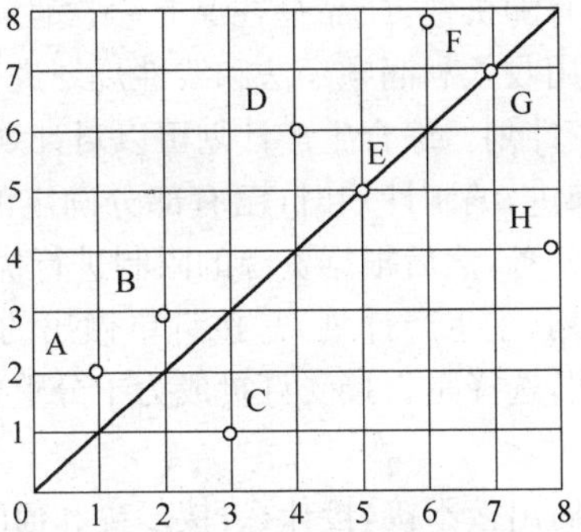

图 4-1 收入利润次序图

其中很重要的因素是产品生命周期。如果是处于导入期的新产品，那么它则不被顾客所了解，因此它的销售额也低；同时，由于它的设计和工艺未定型，因此生产效率低，成本高，利润少，甚至亏损；如果是这种情况就应该继续生产，并做广告宣传，改进设计和工艺，努力降低成本。如果是老产品，处于衰退期，就不应继续生产。除了考虑产品生命周期因素以外，还可能有其他因素(例如：品质，如果产品的质量不好，则需提高产品的质量)。

一般来说，销售收入高的产品，利润也高，即产品应在对角线上。

对于处于对角线上方的产品(例如：D 和 F)，说明其利润比正常的少，是销价低了，还是成本高了，需要考虑。

反之，处于对角线下方的产品(例如：C 和 H)，利润比正常的高，可能由于成本低所致，可以考虑增加销售量，以增加销售收入。

4.2.4.2 产量的确定

品种确定之后，确定每个品种的产量，可以采用线性规划方法。利用线性规划，可求得在一组资源(例如：生产能力、原材料、动力等)的约束下各种产品的产量，使利润最大。例如，有 n 种产品品种，m 种资源约束，可采用以下形式的线性规划来优化：

$$Z_{\max} = \sum_{i=1}^{n} (r_i - C_i) x_i \tag{4-1}$$

满足：

$$\begin{cases} \sum_{i=1}^{n} a_{ik} x_i \leqslant b_k (k = 1, 2, \cdots, m) \\ x_i \leqslant U_i \\ x_i \geqslant L_i (i = 1, 2, \cdots, n) \end{cases}$$

模型中变量 x_i 表示第 i 种产品的产量；Z 表示生产产品总利润；各个系数的含义如下：

C_i——每生产 1 件第 i 种产品所用成本；

r_i——每件第 i 种产品销售价格；

a_{ik}——每生产 1 件第 i 种产品所需使用 k 资源的量；

b_k——第 i 种资源的可供量；

U_i——生产第 i 种产品的能力；

L_i——生产第 i 种产品的最小批量。

4.2.5 订货型生产综合生产计划的制定

订货型生产的特点是完全按用户订单的要求，生产规格、质量、价格、交货期不同的产品。对于订货型生产，由于订单到达具有随机性，产品往往又是一次性需求，无法事先对计划期内的生产任务作总体安排，也就不能应用收入利润顺序法和线性规划进行品种和产量上的优化。但是，订货型生产仍需要编制综合生产计划。综合生产计划可以对计划年度内企业的生产经营活动和接受订货决策进行指导。一般来讲，编制计划时，已有部分确定的订货，企业还可根据历年的情况和市场行情，预测计划年度的任务，然后根据资源的限制进行优化。订货型生产的综合生产计划只能是指导性的，产品出产计划（主生产计划）是按订单做出的。因此，对订货型生产来说，根据生产能力限制和可获得的利润，选择是否接受订货成为十分重要的决策。

4.2.5.1　接受订货决策

当用户订单到达时，企业要做出接不接，接什么，接多少和何时交货的决策。

在做出决策时不仅要考虑企业所能生产的产品品种，现已接受任务的工作量，生产能力与原材料、燃料、动力供应状况、交货期要求等，而且要考虑价格是否能接受。因此，这是一项十分复杂的决策。其决策过程可用图 4-2 描述。

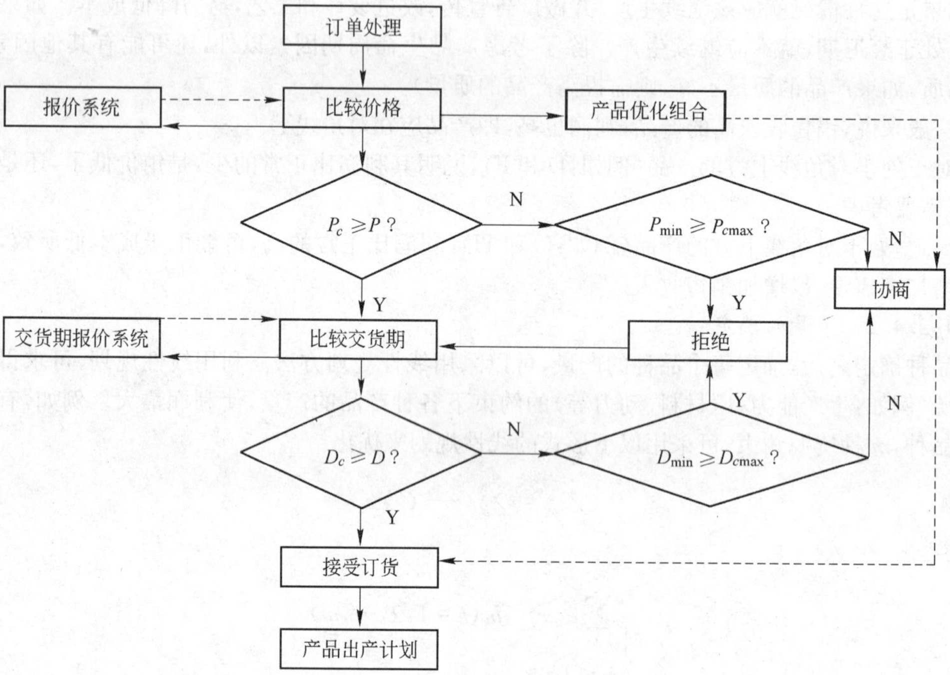

图 4-2　接受订货决策过程

用户订货一般包括要订货的产品型号、规格、技术要求、数量、交货时间 D_c 和价格 P_c。在顾客心里可能还有一个最高可以接受的价格 P_{cmax} 和最迟的交货时间 D_{cmax}。超过此限，顾客将另寻生产厂家。

对于生产企业来说，它会根据顾客所订的产品、顾客对产品性能的特殊要求以及市场行情等，运用它的报价系统（计算机和人工的）给出一个正常价格 P 和最低可接受的价格 P_{min}；也会根据现有任务情况、生产能力、生产技术准备周期和产品制造周期，通过交货期设置系统（计算机和人工的）设置一个正常条件下的交货期 D 和赶工情况下最早的交货期 D_{min}。

在品种、数量等其他条件都满足的情况下，显然，当 $P_c \geqslant P$ 和 $D_c \geqslant D$ 时，订货一定会被接受。接受的订货将列入产品出产计划；当 $P_{min} > P_{cmax}$ 或者 $D_{min} > D_{cmax}$ 时，订货一定会被拒绝；若不是这两种情况，需经双方协商解决，其结果是可能被接受，也可能被拒绝。

4.2.5.2 品种、价格与交货期的确定

对于订单的处理，除了前面讲的实时选择的方法之外，有时还可将一段时间内接到的订单累积起来再作处理，这样做的好处是，可以对订单进行优选。

A 品种的确定

对于小批生产也可用线性规划方法确定生产的品种与数量；对于单件生产，无所谓产量问题，可采用0—1型整数规划来确定要接受的品种。

［**例4-2**］ 已接到A、B和C三种订货，其加工时间和可获利润如表4-8所示，能力工时为40个时间单位，接受哪些品种最有利？

表4-8 A、B和C三种订货的加工时间和可获利润

产 品	A	B	C
加工时间	12	8	25
利 润	10	13	25

解：这是一个0—1型整数规划问题。决策变量取0，表示不生产该品种；决策变量取1，表示生产该品种。其数学模型为：

$$\max(10x_A + 13x_B + 25x_C) \tag{4-2}$$

满足：

$$\begin{cases} 12x_A + 8x_B + 25x_C \leqslant 40 \\ x_A, x_B, x_C = 0 \text{ 或 } 1 \end{cases}$$

0—1型整数规划的解法十分复杂，对于规模较大的实例，往往得不到最优解。一般需要采用启发式算法。有一种启发式算法是按（利润/加工时间）的值从大到小排序，即优先考虑单位加工时间的利润最大的任务。对本例：

产品A单位加工时间的利润 = 10/12 = 0.83

产品B单位加工时间的利润 = 13/8 = 1.63

产品C单位加工时间的利润 = 25/25 = 1

得到优选顺序为B、C、A。先选择B，余下能力工时为40 − 8 = 32；再选择C，余下能力工时为32 − 25 = 7，不足以加工产品A。只能选择B和C，结果获利13 + 25 = 38。

B 价格的确定

确定价格可采用成本导向法和市场导向法。

成本导向法是以产品成本作为定价的基本依据，加上适当的利润及应纳税金，得出产品价格的一种定价方法。这是从生产厂家的角度出发的定价法。其优点是可以保证所发生的成本得到补偿。缺点是忽视了市场竞争与供求关系的影响。这种方法在供求基本平衡的条件下比较适用。

市场导向法是按市场行情定价，然后再推算成本应控制的范围。按市场行情，主要是看具有同样或类似功能产品的价格分布情况，然后再根据本企业产品的特点，确定顾客可以接受的价格，按此价格来控制成本，使成本不超过某一限度，并尽可能小。

C 交货期的确定

出产期与交货期的确定对生产十分重要。产品出产后，经过发运，才能交到顾客手中。交货迅速而准时可以争取顾客。正确设置交货期是保证按期交货的前提条件。交货期设置过松，对

顾客没有吸引力，还会增加成品库存；交货期设置过紧，超过了企业的生产能力，造成误期交货，会给企业带来经济损失和信誉损失。

设置交货期不仅要考虑产品从投料到出产之间的制造周期，而且还要考虑包括设计、编制工艺、设计制造工装、准备大型铸锻件和采购供应原材料等活动所需的生产技术准备周期。然而，由于产品的独特性，生产技术准备周期和制造周期也难以估计。因此，统计方法一直是最广泛使用的方法。

4.3　主生产计划

如前所述，主生产计划确定了每一具体时间段内每一具体的最终产品的生产数量和日期。本节主要讨论主生产计划的编制。

4.3.1　主生产计划的制定程序

主生产计划是从综合计划开始的，是对综合计划的分解和细化，同时考虑现有产成品库存、客户的订货情况以及市场需求预测结果。当一个方案制定出来以后，需要与所拥有的资源（设备能力、人员、加班能力、外协能力等——能力计划）做对比，如果超出了资源限度，就须修改原方案，直至得到符合资源约束条件的方案，或得出不可能满足资源条件的结论。若得出了不可能满足资源条件的结论，则需要对综合计划做出修改，或者增加资源。最终，方案需要拿到决策机构去获得批准。下面结合实例介绍主生产计划方案的制定方法和程序。

［例 4-3］　设综合生产计划第三季度产品 A 的产量为 400 件，7 月安排生产 120 件，8 月安排生产 160 件，9 月安排生产 120 件，综合计划按周均匀分配，用户实际订货量如表 4-9 所示，期初库存（6 月末的库存）为 64，经济生产批量 $Q=70$，试排定 7、8 月的主生产计划。

表 4-9　已知数据

期初库存	7 月（执行计划）				8 月（预定计划）			
64	1	2	3	4	5	6	7	8
需求预测	30	30	30	30	40	40	40	40
用户订货（动态变化）	33	20	10	4	2			
现有库存量								
MPS								
待分配库存量								

主生产计划方案是根据综合生产计划（需求预测）和发生的用户实际订货量，确定各周的产量（MPS）、库存量（现有库存）和待分配库存量。

4.3.1.1　计算各周现有库存量 I_t 和产量 MPS

现有库存量是指每周的需求被满足之后手头仍有的、可利用的库存量。它等于上周末库存加本周 MPS 生产量，再减去本周的预计需求量或实际订货量（取其中的大数）。可用如下式子表示：

$$I_t = I_{t-1} + P_t - \max(F_t, CO_t) \tag{4-3}$$

式中　I_t——t 周末的现有库存量；

P_t——t 周的 MPS 生产量；

F_t——t 周的预计需求；

CO_t——t 周准备发货的顾客订货量。

表 4-10 中第一周的现有库存量

$I_1 = I_0 + P_1 - \max(F_1, CO_1) = 64 + 0 - \max(30, 33) = 31$

其中，I_0 为期初库存(6 月底库存)，

$I_1 > 0$，说明第一周库存量超过需求量，不必安排生产，$P_1 = 0$。

同理：

$I_2 = I_0 + P_2 - \max(F_2, CO_2) = 31 + 0 - \max(30, 20) = 1$

$I_3 = I_2 + P_3 - \max(F_3, CO_3) = 1 + 0 - \max(30, 10) = -29$

当现有库存量出现负数值，如表 4-10 第三周现有库存 $I_3 = -29$，说明该周库存量不能满足需求量，需要安排生产，产量确定方法如下：

如果出现负数的现有库存量的绝对值 $|-29| = 29$，小于等于经济生产批量 $Q = 70$，则产量为经济生产批量 Q；否则，产量为出现负数的现有库存量的绝对值。

表 4-10 现有库存量计算过程

期初库存	7 月(执行计划)				8 月(预定计划)			
64	1	2	3	4	5	6	7	8
需求预测	30	30	30	30	40	40	40	40
用户订货(动态变化)	33	20	10	4	2			
现有库存量	31	1	-29					
MPS								
待分配库存量								

生产时间包括交库时间和投产时间，交库时间为出现负数现有库存量的时间，投产时间 = 交库时间 - 生产提前期。

确定了 MPS 值后，重新计算 I_3 的值

$I_3 = I_2 + P_3 - \max(F_3, CO_3) = 1 + 70 - \max(30, 10) = 41$

然后顺序求出后面各周的现有库存量和产量，例 4-3 的计算结果如表 4-11 所示。

表 4-11 MPS 值计算表

期初库存	7 月(执行计划)				8 月(预定计划)			
64	1	2	3	4	5	6	7	8
需求预测	30	30	30	30	40	40	40	40
用户订货(动态变化)	33	20	10	4	2			
现有库存量	31	1	41	11	41	1	31	61
MPS			70		70		70	70
待分配库存量								

4.3.1.2 计算各周待分配库存

待分配库存是指，营销部门可用来答应顾客在确切的时间内供货的产品数量。对于临时的、新来的订单，营销部门也可利用待分配库存来签供货合同，确定具体的供货日期。

待分配库存的计算在第 1 周与以后各周略有不同。第 1 周的待分配库存量等于期初库存加本周的 MPS 量减去直至下一个 MPS>0 周期(不包括该期)的全部用户订货量。

例 4-3 第 1 周的待分配库存量 = 64 − (33 + 20) = 11

在以后的各周,只在 MPS 量大于 0 时才计算,计算方法为:该周的 MPS 量减去从该周至下一个 MPS>0 周期(不包括该期)的全部用户订货量。以后各周的待分配库存量计算中不再考虑现有库存。计算结果见表 4-12。

表 4-12　待分配库存量计算表

期初库存	7 月(执行计划)				8 月(预定计划)			
64	1	2	3	4	5	6	7	8
需求预测	30	30	30	30	40	40	40	40
用户订货(动态变化)	33	20	10	4	2			
现有库存量	31	1	41	11	41	1	31	61
MPS			70		70		70	70
待分配库存量	11		56		68		70	70

4.3.2　主生产计划编制过程中应注意的问题

4.3.2.1　MPS 与综合计划的连接

在上述 MPS 的基本模型中,我们并未考虑利用生产速率的改变、人员水平的变动或调节库存来进行权衡、折中。因为这些工作在综合计划编制过程中已经考虑了,因此,在实际的 MPS 制定中,是以综合计划所确定的生产量而不是市场需求预测量来计算 MPS 量。也就是说,以综合计划中的生产量作为上述 MPS 模型中的预测需求量。

4.3.2.2　MPS 的"冻结"

MPS 是所有部件、零件等物料需求计划的基础。由于这个原因,MPS 计划的改变,尤其是对已开始执行,但尚未完成的 MPS 计划进行修改时,将会引起一系列计划的改变以及成本的增加:当 MPS 量要增加时,可能会由于物料短缺而引起交货期延迟或作业分配变得复杂;当 MPS 量要减少时,可能会导致多余原料或零部件的产生,还会导致生产能力闲置。

为此,许多企业采取的做法是,设定一个时间段,使 MPS 在该期间内不变或轻易不得变动,也就是说,使 MPS 相对稳定化,有一个"冻结"期。常用的方法是:规定"需求冻结期",它可以包括从本期开始的若干个单位计划期,在该期间内,没有管理决策层的特殊授权,不得随意修改 MPS。例如,将 MPS 的冻结期设定为 8 周。在该期间内,没有特殊授权,计划人员和计算机(预先装好的程序)均不能随意改变 MPS。

4.3.2.3　滚动编制 MPS

在 MPS 的执行过程中,市场需求、生产能力(人员、设备)、资源(原材料、能源等)很有可能发生变化。为了保证 MPS 的严肃性,又要提高计划的适应性,许多企业采用滚动编制 MPS 的方法,很好地协调上述矛盾。

具体做法如图 4-3 所示,将整个计划分为几个阶段。第一阶段为执行计划,后几个阶段为预定计划。执行计划具体详细,要求按计划完成(计划的严肃性);预定计划允许调整(计划的灵活性)。经过一段时间,计划向前推进一个阶段,原预定计划中的第一阶段经调整修改后变为执行计划，而预定计划也向后延一个阶段。

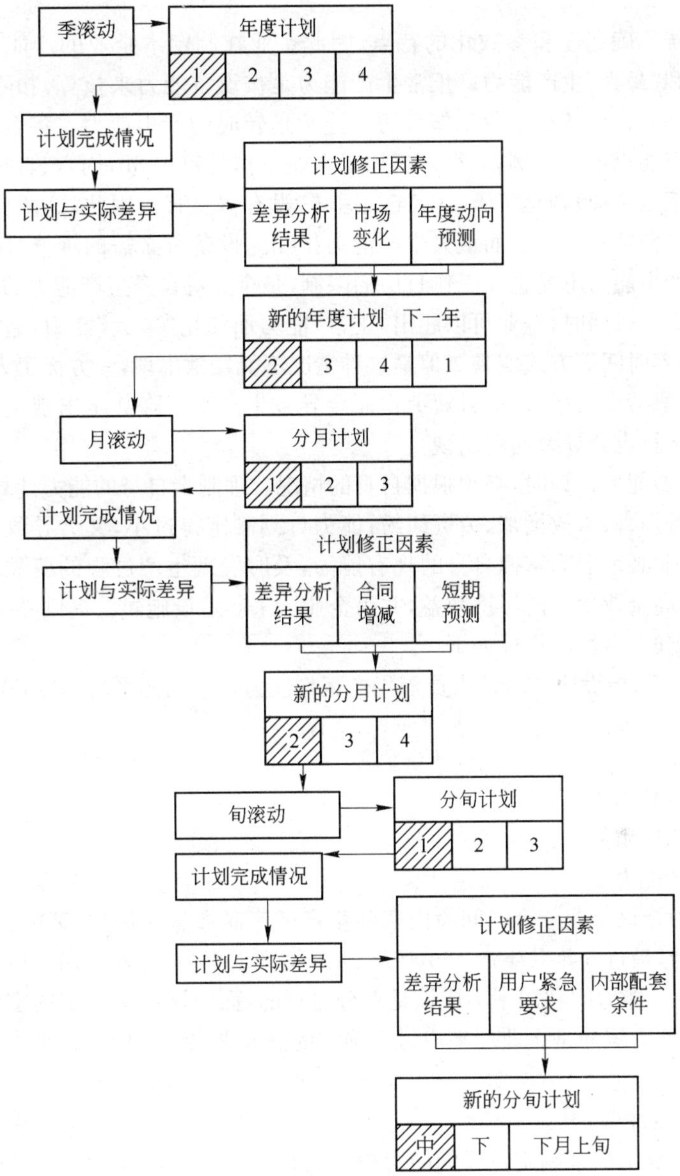

图 4-3 滚动编制 MPS

国内许多企业不仅对 MPS 实行滚动编制，对所有的生产计划都采用此方法。

4.4 产能规划

在编制主生产计划时，除了考虑市场需求外，还要考虑本企业的生产能力，一般要在总体上进行能力（即企业的产能）平衡核算。企业的产能从广义上说，是指人员的能力、设备能力和管理能力的组合。设备能力指设备的数量、水平、开动率和完好率等诸因素的组合；管理能力包括管理人员经验的成熟程度和应用理论、方法的水平。从狭义上说，企业产能主要指人员能力和设备能力，更多的是指设备能力。

4.4.1　能力计划

由于生产系统不确定性和参数化的特点，因此企业在制定本企业的产能规划时，常常考虑"正常"生产能力和"最大"生产能力。正常生产能力是按设备能力来核算，扣除设备正常运转所需的维修、保养时间后，设备在企业工作日历下连续运转时的产出能力。各企业工作日历不同，核算的设备正常产能也不同。例如，很多机加工企业工作日每天 8h，周六、日休息。而大部分流程型企业（例如，钢铁企业）则是每天 24h 连续运转，没有休息日。因此，这两种类型企业的正常生产能力的含义是截然不同的。而最大生产能力指扣除设备所必需的维修、保养时间外的最大产出能力。最大产出能力不受企业工作日历的限制，是企业对自身生产能力的极端度量。

在企业遇到商业机遇时，企业可以超出"正常"能力而使用"最大"能力，通过临时加班加点，增加倒班，减少保养时间等方式实现。但是这种情况不能经常出现，一方面工人不断加班会有怨言，企业所付出的酬劳也会增多，而且疲劳作业会导致生产率下降甚至出现生产事故；另一方面设备长期超负荷运行也会导致问题出现。

因此，企业在做能力计划时，必须根据自身的情况合理制定自身的能力计划。能力计划制定得过大会导致设备损害、事故增加、劳资纠纷；能力计划制定得过小，又会导致设备闲置、人员富余、资金浪费。企业必须准确掌握自身的现有能力，及时发现生产过程的瓶颈环节和富余环节，才能挖掘潜力，提高企业生产的经济效益，并为企业未来制定设施建设提供必要的数据。

制定能力计划时，常用的指标如下：

(1) 能力利用率，指设施、设备、人员等生产运作能力被利用的平均程度，其基本表达式为：

$$R_u = \frac{R_a}{A} \tag{4-4}$$

式中　R_u——能力利用率；

R_a——平均产出能力；

A——生产能力。

平均产出能力指该企业一个时间段内实际生产的产品数量。例如：某电视机厂的年正常生产能力为 100 万台，最近 5 年共生产 450 万台，则平均产出率为 90 万台，能力利用率为 90％。

(2) 能力缓冲。能力的利用率不应该是百分之百的，而应该留有一定的富余量，该富余量被称为能力的缓冲，能力缓冲是企业用来应付不确定的商业需求的。用公式来表示，即：

$$B = 1 - R_u \tag{4-5}$$

式中　B——能力缓冲率。

企业应根据自身情况来制定自己的能力缓冲目标。在资产密集型企业（例如：钢铁、电力企业），设备造价昂贵，设备资产占企业总资产比率较高，且顾客需求相对较为稳定，因此能力缓冲率通常较小，一般小于 10％；而对于一般的服务性企业，由于顾客需求是随机的，因此能力缓冲一般设置较大。

4.4.2　能力计划的决策方法

制定能力计划首先需要考虑的是市场预测，然后需要将市场预测转变为可与能力直接进行比较的度量。由于企业经常采用设备数来度量生产能力，因此管理人员必须把市场需求转化为所需的设备数。可通过下式计算每年所需的设备工时：

$$R = \sum_{i=1}^{n} D_i P_i + \sum_{i=1}^{n} \frac{D_i}{Q_i} S_i \tag{4-6}$$

式中 R——每年所需的全部设备小时数；

D_i——每年所需的 i 产品或服务的数量；

P_i——i 产品或服务所需的加工(处理)时间；

Q_i——i 产品每批的加工数量(即 i 产品或服务的批量)；

S_i——i 产品的标准的作业交换时间(在服务中,重换一种业务所需的准备时间)；

n——产品或服务的种类数。

然后计算每台设备可提供的工时。如下式：

$$N=\frac{H_w}{D}\times\frac{D_w}{Y} \tag{4-7}$$

式中 H_w——工作时数；

D——工作天数；

D_w——工作日；

Y——工作年数。

然后考虑实际的设备利用率,利用设备的能力缓冲进行调整,如下式：

$$H=N(1-C)$$

式中 H——某设备一年可提供的实际工作时数(已考虑缓冲),又称正常工作时数；

N——某设备一年的理论工作时数；

C——缓冲量,用百分比来表示。

最后根据设备工时来表示的市场需求和每台设备所能提供的实际工时,算得所需设备数。

$$M=\frac{R}{H} \tag{4-8}$$

［**例 4-4**］ 某写字楼内的复印中心为两个部门(A 和 B)复制各种业务报告。每份报告所需的复制时间根据其页数、装订方式等而不同。下面给出了每个部门复制需求的有关信息,如表 4-13 所示。该中心每年的工作日为 250d,每天工作 8h。复印中心认为,需要保持 15%的能力缓冲。该中心为两个部门进行文件复制,至少需要几台复印机?

表 4-13 A,B 部门复制需求有关信息

项目＼部门	部门 A	部门 B
年需求(需要制的报告种类数)	50	100
每种报告复印份数	40	60
每份复印时间/h	0.5	0.7
作业准备时间/h	5	8

解：

步骤 1:计算全年所需的复印机小时数：

$R=(50\times40\times0.5+100\times60\times0.7)+(50\times5+100\times8)=6250\text{h}$

步骤 2:计算一台复印机的年工时数：

$H=N(1-15\%)=8\times250\times85\%=1700\text{h}$

步骤 3:计算所需复印机数：

$M=6250\div1700=3.68\approx4$ 台

4.4.3 多种产品的产能平衡

生产能力平衡是指生产能力与计划产量之间的协调平衡。根据不同生产类型,其平衡的要求和方法也不相同。

大量生产是按产品生产节拍与工序的生产节拍进行平衡。成批生产按产量平衡,即以产量表示的生产能力与计划产量之间的平衡。单件小批量生产一般以台时进行平衡,即现有设备组能提供的有效台时与完成各种产量的计划产量所需要的台时之间的平衡。

多品种的成批生产条件下,在同类设备组或生产面积上生产多种产品,按照各种产品分别核算生产能力是有困难的,而且不能得到总的产量水平,所以应该采用代表产品或标准产品单位的时间定额。其具体核算方法是:首先,将产品分类,确定代表产品或标准产品,计算代表产品的台时消耗量,计算各设备组全年有效生产能力,按照生产计划中各种产品的劳动量在全部产品总劳动量中所占比重,换算为以具体产品单位表示的生产能力。

$$M = \frac{F_e \times S}{t} \tag{4-9}$$

式中　M——设备组的生产能力;

F_e——单台设备有效工作时间;

S——设备台数;

t——代表产品的单件工时。

下面举例解释以代表产品为计算单位确定设备组的生产能力。

设镗床组共有 8 台镗床,每台镗床全年有效工作时间为 4650h。在镗床组加工结构与工艺相似的四种产品 A、B、C、D 中,选择加工量最大的 B 产品为代表产品,其单位产品在镗床上的台时消耗定额为 50h,则以代表产品为计算单位表示镗床组生产能力 M 为:

$$M = \frac{4650 \times 8}{50} = 744 \text{ 台}$$

然后,根据计划产量和换算系数计算出各种产品产量在全部产量中所占比重,再按此比重,将以代表产品单位表示的生产能力换算为各具体产品单位表示的生产能力,计算结果如表 4-14 所示。

表 4-14　以代表产品为计算单位确定设备组的生产能力计算表

产品	计划产量/台	单位产品定额/时·台$^{-1}$	代表产品换算系数	换算为代表产品数量/台	各种产品占的比重	以代表产品为单位的生产能力	换算为具体产品单位的生产能力
(1)	(2)	(3)	(4)	(5)	(6)	(7)	(8) = (7) × (6) ÷ (4)
A	280	25	0.5	140	19.44	744	290
B	200	50	1.0	200	27.78		207
C	120	75	1.5	180	25.00		124
D	100	100	2.0	200	27.78		103
合计				720	100		724

计算工段生产能力时,首先应计算出各设备组或生产线的生产能力,然后确定主要设备组的生产能力。各设备组之间如果出现薄弱环节,则应采取有效技术组织措施,消除薄弱环节,以确定工段的生产能力。车间的生产能力是根据主要工段的生产能力来确定的。整个生产系统的生产能力,则要根据主要车间的生产能力来确定。

习　题

4-1　简述生产计划的层次、种类以及它们之间的关系。

4-2　简述综合计划编制策略及其区别。

4-3　何谓“滚动计划编制”?

4-4　年度生产计划规定，第1季度产品A的产量为600，1～3月的产量均为200，月产量作为需求预测的数量按周均匀分配，用户实际订货量如表4-15所示，期初库存(去年的库存)为120，经济生产批量$Q=100$，试排定1～3月的MPS。

表4-15　用户实际订货量

期初库存	1月				2月				3月			
120	1周	2周	3周	4周	5周	6周	7周	8周	9周	10周	11周	12周
需求预测	50	50	50	50	50	50	50	50	50	50	50	50
用户订货量	60	30	70	100	20	10						
现有库存量 MPS												
待分配库存量												

4-5　某厂有车床30台，该厂生产A、B、C、D四种产品，计划年产量分别为400件、1000件、600件、200件，各产品在车床加工的台时定额分别为18、60、30和90台时。全年工作306d，两班制生产，每班8h，设备停修率为10%，试确定车床组生产能力。

案例

[案例1]　日产公司的生产计划系统

丰田公司根据来自销售商的信息，制定生产计划大体上分为两个阶段。第一阶段是制定月度生产预定计划，这主要由编制成品车的基本生产计划和零部件供货内部指示表组成。第二阶段是确定每天的生产制表，也可以叫做确定逐日生产实施计划，主要由成品车的配送预定表和车种投入顺序计划表组成。

日产汽车公司的整个生产计划系统，基本上与丰田汽车公司一样，如图1所示。

它由内销产品生产计划和出口产品生产计划构成，下面以前者为中心加以说明。

首先，有所谓的“期间生产计划”，这是一年或半年的生产计划(例如，生产“蓝鸟”多少辆的总量计划)，按照公司的利润计划和销售计划编制。为了制定销售计划，销售预测就成了基础。

接着是“三个月生产计划”。这也是工厂(日产)方面在把握销售实绩和库存状况的同时，考虑到新技术、设备、人员、零部件厂的体制，以滚动的方式每月编制并修订的，也称为“基本日程No. 1”。但是，作为三个月生产计划的输入数据，还要加上来自销售商的预测订货。因为这个订货不是确定了的订货，所以每月要进行修订。

另外，生产不一定只按与当月预计销售量平衡的数量进行。例如，虽然汽车的畅销月份是3月(年度末的人事调动时期)和7月(发奖月)，但是在它们的前一个月，除了当月的预计销售量外，还必须生产为了下月销售的库存车。这种政策性库存也编入基本日程No. 1中。

将三个月生产计划中最初一个月(也就是下个月)的生产计划用该月的劳动天数除出来就是下面表示的“月度分日生产计划”(基本日程No. 2)(例如，一天生产多少辆“蓝鸟”这样的总分配额计划)，并根据它决定勤务休息制。这就决定人工(以由总作业时间得来的工作量为单位，一个人工指一个人在一天规定的作业时间里的完成量)总数(总工时)和加班体制，把劳动人员分配到

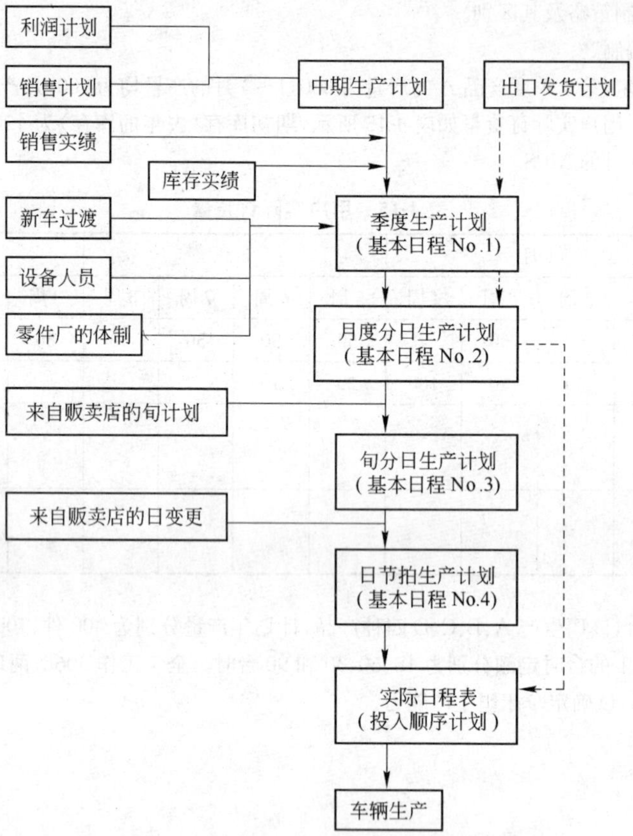

图 1　日产汽车公司生产计划系统

各工作日中去，这个计划一经确定，在当月就不能改变。这是因为要保证基本日程 No. 1 中的总量数。

以上三个生产计划主要是以日产方面的预测信息为基础的计划。在下一个步骤中，开始是来自销售商(贩卖店)的信息起重要作用，这就是“来自贩卖店的旬订货”，包括车颜色在内的最终规格(最后项目)的信息也在其中，它同时包含了销售商的销售预测和实际订货。

这个旬订货对三个月(未确定)预测订货具有修正的意义，与基本日程 No. 2 和 No. 3 没有太大的出入。

根据这个旬订货制定“旬内分日生产计划”(基本日程 No. 3)。

接着，是“来自贩卖店的日变更”信息。这就是每天来自贩卖店的日订货，是修正方才的旬订货信息的数据。对于旬订货，根据一般车种可以变更 2～5 成。但是，也有可以无限制地变更的车种。这一点，与丰田的生产方式相比，可以说具有更能反映销售市场上顾客的实际订货情况和更接近于订货生产的优点。发出日变更，要在该规格的汽车下线 4 天之前。

按照这个日变更信息，日产方面制定“日节拍生产计划”(基本日程 No. 4)。针对这个“日生产计划”，使用 MRP 的手法展开零部件，每天向零部件厂订货。这里可以看到，这一点可能是日产公司的生产计划系统与丰田公司的最大不同之处。

最后，每天要为装配生产线编制被称为“实绩日程”的车种投入顺序计划。

此外，关于出口产品的生产计划，如图 1 中虚线标明的那样，没有“旬内分日生产计划”和“日生产计划”，从“月份分日生产计划”直接跳到“顺序计划”是它的特点。

［案例 2］ NGC 公司的综合计划

NGC(new generation computers)公司的运作经理正在为生产电脑打印机制定一份 6 个月的综合生产计划。市场部门已对打印机做了半年期需求预测。公司生产多种型号的打印机，生产各种型号的打印机所需要的劳动量各不相同。虽然允许加班，但公司规定每月加班时间不能超过正规工作时间的 10%，加班工资也比平常高，并且 NGC 的工会还反对加班。NGC 实行终身雇佣制，这样，每月生产打印机的正常工作时间相同。公司即使实行三班倒的政策，每天最大产量也只有 2000 台。为了使每月收支平衡，NGC 不得不把当月发生的成本计入下月支出。综合生产计划的目标是充分利用劳动力，使机器不超负荷运转，快速响应客户订货，使加班费用和库存持有成本最小化。

［案例 3］ A 公司的生产能力计划

A 公司是一家提供照相洗印加工服务的大型公司。该公司根据订单，按照需求来提供服务。

生产能力计划制定团队(人事主管以及营业主管)提前几周制定生产能力计划。由于设备充足，所以计划只包括劳动力。每天所进行的调整包括合理的加班等。计划遵循以下步骤：

步骤一：根据顾客的类型以及冲洗类型，将订单总共分为两组：常规顾客订单以及商业性客户(商业性客户常常需要特殊的冲洗过程)的订单，它们在不同的地方被加工。衡量两组生产能力的标准均是订单的数量。但是在作计划时，首先满足第二类顾客。

步骤二：该团队根据现在几周的需求(即订单的数量)，对未来 8 周的需求做预测。

步骤三：表 1 为该企业的生产能力计划工作表。它包括最新的需求数据(第二列)以及两种生产能力计划(制定者非常重视成本)。在计划一中提供完成每周 1800 个订单的生产能力(比现在的平均需求 1900 少了 100)。所计算出的每周偏差在 + 700～ - 1000 范围内。因为负偏差意味着出现短缺，连续的负值将会累计到下一周，短缺累计到第 7 周时已达到 2100 个订单，在第 8 周将为 1500 个。在第 7 周的生产能力短缺甚至超过了计划的一周订单(2100 订单/1800 每周订单 = 1.17 周)，这对 A 公司是极其不利的。

计划二中每周的计划处理订单数比计划一多出了 300 个，这将会导致前 4 周出现生产能力过量的情况，但在后 4 周生产能力不足，缺货的订单在第 7 周已达到 1050 个。因为少于一周的计划量，因此计划制定小组考虑采取该计划。

表 1 A 公司的生产能力选择

当前需求		生产能力计划一：每周 1800 订单				生产能力计划二：每周 2100 订单			
周	实际需求	计划处理订单	偏差	累计缺货	过量生产能力	计划处理订单	偏差	累计缺货	过量生产能力
1	1800	1800	0			2100	+ 300		300
2	1100	1800	+ 700		700	2100	+ 1000		1000
3	1800	1800	0			2100	+ 300		300
4	1950	1800	- 150	- 150		2100	+ 150		150
5	2300	1800	- 500	- 650		2100	- 200	- 200	
6	2800	1800	- 1000	- 1650		2100	- 700	- 900	
7	2250	1800	- 450	- 2100		2100	- 150	- 1050	
8	1200	1800	+ 600	- 1500		2100	+ 900	- 150	
总计	15200								

平均需求 = 15200/8 = 1900

参考文献

1　刘丽文编著．生产与运作管理．北京:清华大学出版社,2006
2　罗锐韧,曾繁正编著．生产与作业管理．北京:红旗出版社,1997
3　陈荣秋,马士华主编．生产与运做管理．北京:高等教育出版社,1999
4　S. 阿尔特曼,瓦伦齐等著．管理科学与行为科学——组织行为学:实践和理论．北京:北京航空航天大学出版社,1990
5　齐二石等编著．生产与运作管理教程．北京:清华大学出版社,2006

5 库存管理

多数企业都面临资金短缺的问题，而库存往往是占用资金最大的项目，如何在保证均衡生产和满足顾客需求的前提下尽可能降低库存成为了企业管理的重点。本章讲述库存管理的基本概念、问题及独立需求库存系统控制的方法。

学习目标：

1. 熟悉库存及库存管理的基本概念。
2. 分析库存管理的基本问题，掌握 ABC 分类法。
3. 对于独立需求库存控制系统，掌握定量库存控制和定期库存控制等方法。

5.1 库存的基本概念

库存管理是企业很重要的行为，它们直接影响着企业提供产品服务的水平和成本。一般认为，库存一方面占用了企业大量的资金，减少了企业利润；另一方面能有效缓解供需矛盾，使生产尽可能均衡。本节将讨论什么样的库存是合理的，如何保持其合理性。

5.1.1 库存的定义

企业后勤管理中的一个核心问题是库存控制。从客观上来说，库存是企业用于今后销售或使用的储备物料（包括原材料、半成品、成品等不同形态）。但是对于管理者来说，库存这一概念的含义是复杂和广泛的。按照管理学上的定义，库存是“具有经济价值的任何物品的停滞与储藏”。在企业的财务报表上，库存表现为给定时间内企业的有形资产。持有库存的理由在不同情况下、不同企业内可能各有不同，各有侧重。但一般来说，主要是为了 3 个目的：预防不确定性的、随机的需求变动；为了保持生产的连续性、稳定性；为了以经济批量订货。但是，持有库存要发生一定费用，还会带来其他一些管理上的问题，因此，库存的作用及其弊端之间有一个折中、平衡的问题。这也就是库存管理所要研究和解决的问题。

5.1.2 库存的分类

从不同的角度可以对库存进行多种不同的分类。根据对物品需求的重复次数可将物品分为单周期需求与多周期需求。

5.1.2.1 单周期需求

单周期需求是指只建储一次的物料，这些物料消耗完了之后不再重新补充。单周期需求出现是偶尔发生的对某种物品的需求或经常发生的对某种生命周期短的物品的不定量需求。例如，奥运会组委会发行的奥运会纪念章和新年贺卡，那些容易腐烂的商品，其他生命周期短的商品和容易过失的商品。

5.1.2.2 多周期需求

多周期需求是指多次建储的物料，即前一批货物用完之后，还需把存货重新建立起来的物料。存货的数量和补充时间，可以根据对需求的响应水平而变动。多期存货所保存的大多是产成品和它们的零件，因而远比单期存货普遍。多期存货还有如下很多分类方法：

(1) 按其在生产过程和配送过程中所处的状态，库存可分为原材料库存（raw material

inventory)、在制品库存(work - in - process inventory, WIP)和完成品库存(finished goods inventory)。如图 5-1 所示,三种库存可以存放在一条供应链上的不同位置。原材料库存可以放在两个位置:供应商或生产商之处。原材料进入生产企业后,依次通过不同的工序,每经过一道工序,附加价值都有所增加,从而成为不同水准(以价值衡量)的在制品库存。当在制品在最后一道工序被加工完后,变成完成品。完成品也可以放在不同的储存点:生产企业内,配送中心,零售点,直至转移到最终消费者手中。图 5-1 所示的物流系统只是一个示意,现实中的系统可能比其更简单或更复杂。例如,对于一个零售业企业来说,其库存只有完成品一种形态。而对于一个大型制造业企业来说,生产工序较多,各种不同水准的在制品就会大量存在,使库存包括多种不同程度的中间产品。还有可能拥有自己的配送中心,从而完成品的库存也会大量存在,这样整个物流和库存系统就会相当复杂。

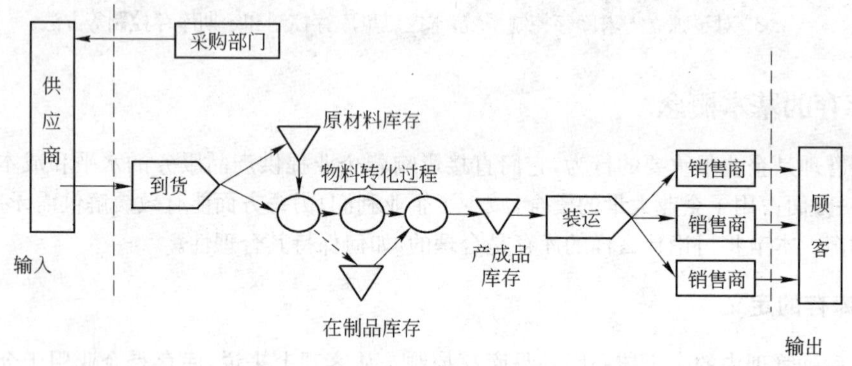

图 5-1　不同形态的库存及其位置

(2) 按库存的作用分,库存可分为周转库存、安全库存、调节库存和在途库存 4 种。

周转库存的产生是基于这样的思想:采购批量或生产批量越大,单位采购成本或生产成本就越低(节省订货费用或作业交换费用,得到数量折扣),因而每次批量购入或批量生产。这种由批量周期性地形成的库存就称为周转库存。这里有两个概念:一个是订货周期,即两次订货之间的间隔时间;再一个是订货批量,即每次订货的数量,这二者之间的关系是显而易见的。每次订货批量越大,两次订货之间的间隔也越长,周转库存量也越大。平均周转库存量为 $Q/2$,其中 Q 为订货批量。由于周转库存的大小与订货的频率成反比,因此,如何在订货成本和库存成本之间进行权衡选择是决策时主要考虑的因素。

安全库存是为了应付需求、生产周期或供应周期等可能发生的不测变化而设置的一定数量的库存。例如,供货商没能按预订的时间供货,生产过程中发生意外的设备故障导致停工等。设置安全库存的一种方法是,比正常的订货时间提前一段时间订货,或比交货期限提前一段时间开始生产。例如,假定从发出订单到货物到位需 3 周,企业可提前 5 周发出订单,这样安全库存量是 2 周的需要量。另一种方法是,每次的订货量大于到下次订货为止的需要量,多余部分就是安全库存。安全库存的数量除了受需求和供应的不确定性影响外,还与企业希望达到的顾客服务水平有关,这些是制定安全库存决策时的主要考虑因素。

调节库存是用于调节需求或供应的不均衡、生产速度与供应速度不均衡、各个生产阶段的产出不均衡而设置的。例如,季节性需求产品(空调、电扇等),为了保持生产能力的均衡,在淡季生产的产品置于调节库存,以备满足旺季的需求。有些季节性较强的原材料,或供应商的供应能力不均衡时,也需设置调节库存。

在途库存指正处于运输以及停放在相邻两个工作地之间或相邻两个组织之间的库存，这种库存是一种客观存在，而不是有意设置的。在途库存的大小取决于运输时间以及该期间内的平均需求。

(3) 按用户对库存的需求特性分，库存可分为独立需求库存与相关需求库存。

独立需求库存是指用户对某种库存物品的需求与其他种类的库存无关，表现出对这种库存需求的独立性。从库存管理的角度来说，独立需求库存是指那些随机的、企业自身不能控制而是由市场所决定的需求，这种需求与企业对其他库存产品所做的生产决策没有关系。例如，用户对企业最终完成品、维修备件等的需求。独立需求库存无论在数量上还是时间上都有很大的不确定性，但可以通过预测方法粗略地估算。

相关需求是指与其他需求有内在相关性的需求，根据这种相关性，企业可以精确地计算出它的需求量和需求时间，它是一种确定型需求。例如，用户对企业完成品的需求一旦确定，与该产品有关的零部件、原材料的需求就随之确定，对这些零部件、原材料的需求就是相关需求。

库存需求特性的这种分类构成了库存管理的两大部分：一部分是对相关需求库存的管理，这种需求实际上是对完成品生产的物料需求，与完成品的需求之间有确定的对应关系，其中的数量关系可用物料清单(bill of materials，简称 BOM，它说明完成品的所需零部件的构成)来表示，时间关系可用生产周期、生产提前期、运输时间等通过计算得出，这实际上也就是生产计划所要控制的对象，即相关需求的库存控制实际上是生产计划与控制系统中的一部分。关于这部分内容，将在其后的章节中再详细展开。另一部分是对独立需求库存的管理，由于其需求时间和数量都不是由企业本身所能控制的，所以不能像相关需求那样来处理，只能采用“补充、库存”的控制机制，将不确定的外部需求问题转化为对内部库存水平的动态监视与补充的问题。

5.1.3 库存利弊分析

关于库存，有这样一种说法：“库存是一个必要的恶魔”。也就是说，库存的存在有利有弊。因此，对库存究竟是大好还是小好，主要取决于哪些因素，会带来什么样的影响和作用，有必要加以分析。

5.1.3.1 库存的作用

库存的作用主要在于能有效地缓解供需矛盾，使生产尽可能均匀，有时甚至还有“奇货可居”的投机功能。具体而言，库存的作用包括以下几项：

(1) 改善服务质量。持有一定量的库存有利于调节供需之间的不平衡，保证企业按时交货，快速交货，能够避免或减少由于库存缺货或供货延迟带来的损失，这些对于企业改善顾客服务质量都具有重要作用。

(2) 节省订货费用。订货费用指订货过程中为处理每份订单和发运每批订货而产生的费用。这种费用与订货批量的大小无关。因此，如果通过持有一定量的库存增大订货批量，就可以减少订货次数，从而减少订货费用。

(3) 节省作业调整费用。作业调整费用是指生产过程中更换批量时调整设备所产生的费用。作业中频繁更换设备会耗费设备和工人的大量时间，新作业刚开始时也容易出现较多的产品质量问题，这些都会导致成本增加，而通过持有一定量的在制品库存，可以加大生产批量，从而减少作业调整次数，节省作业调整费用。

(4) 提高人员与设备的利用率。持有一定量的库存可以从 3 个方面提高人员与设备的利用率：减少作业更换时间，这种作业不增加任何附加价值；防止某个环节零部件供应缺货导致生产中断；当需求波动或季节性变动时，使生产均衡化。

5.1.3.2　库存带来的弊端

反过来,库存也会给企业带来不利的影响,这些影响主要包括:

(1) 占用大量资金。

(2) 发生库存成本。库存成本是指企业为持有库存所需花费的成本。库存成本包括:占用资金的利息,储藏保管费(仓库费用、搬运费用、管理人员费用等),保险费,库存物品价值损失费(丢失或被盗、库存物品变旧、发生物理化学变化导致价值的降低)等。

(3) 掩盖企业生产经营中存在的问题。例如,掩盖经常性的产品或零部件的制造质量问题。当废品率和返修率很高时,一种很自然的做法就是加大生产批量和在制品、完成品库存;掩盖工人的缺勤、技能训练差、劳动纪律松弛和现场管理混乱问题;掩盖供应商的供应质量、交货不及时问题;掩盖企业计划安排不当、生产控制不健全问题等。总之,生产经营中的诸多问题,都有可能用高库存掩盖。正因为如此,在JIT生产方式中,把库存当作"万恶之源",尽量通过减少库存来暴露生产经营中潜藏着的问题,从根本上解决问题,从而不断提高生产经营系统的"体质"。

5.1.4　库存管理策略的基本问题

由于库存有利有弊,在企业生产运作管理中,必须对库存加以控制,使其既能为企业经营有效利用,又不为企业带来太多的负面影响。因此,制定正确的库存管理策略就非常重要。这里讨论几个库存管理中的基本策略问题,在其后的几章中,尤其是生产计划与控制部分,还会涉及到库存管理的具体问题。

5.1.4.1　库存管理的衡量指标

管理学中有一种说法:管理是从衡量开始的。因此,在库存管理中,管理者也需要用一些指标对库存进行监控和衡量,使其保持在一个适当的水平。衡量库存的方法有多种,例如,库存物品的种类、数量和重量等。但是,在管理中具有重要意义的衡量指标有:平均库存值,可供应时间和库存周转率。

平均库存值指全部库存物品的价值之和。之所以用"平均"二字,是因为这一指标一般来说是指某一时间段内(而不是某一时刻)库存所占用的资金。这一指标可以告诉管理者,企业资产中的大部分是与库存相关联的。一般来说,制造业企业大约是25%左右,而批发、零售业有可能占到75%左右。管理人员可根据历史数据或同行业的平均水平来从纵横两方面评价本企业的这一指标是过高还是过低。但是,一个不可忽视的因素是市场需求。也就是说,必须从满足市场需求的角度来考虑库存管理的好坏。为此,下面的两个指标可能更重要。

可供应时间是指现有库存能够满足多长时间的需求。这一指标可用平均库存值除以相应时间段内单位时间(如每周、每月等)的需求来得到,也可以分别用每种物料的平均库存量除以相应时间段内单位时间的需求量来得到。在有些情况下,后者更具现实意义。例如,在有些企业,根据物料可获得性的不同,有些物料的库存量为两周的用量,而另外一些物料的库存量可能只是两三天的用量。

库存周转率可用下式表示:库存周转率=年销售额/年平均库存价值。

需要注意的是,上式的分子分母的数值均应指相同时间段内的数值。库存周转越快表明库存管理的效率越高。反过来,库存周转慢意味着库存占用资金量大,保管等各种费用也会大量发生。库存周转率对企业经营中至关重要的资金周转率指标也有极大的影响作用。但究竟库存周转率多大为最好是难以一概而论的,很多北美制造业企业为一年6~7次,而有些日本企业,可达一年40次之多。在中国,有的企业一年仅周转两次。

5.1.4.2　库存的放置位置

库存的放置位置需要分两种情况来考虑。

A　成品的放置位置

在这种情况下，是要决定在成品制造完毕后、送到消费者手中之前，成品的库存置于何处。

成品的放置位置是配送管理中的一个重要问题。有两种基本选择：向前放置和靠后放置。向前放置是指尽量把成品库存储放在靠近用户的仓库或配送中心，或放置在批发商或零售商处。靠后放置是指将成品储放在生产厂家的仓库内或不保持成品库存。向前放置的两个优点是快速交货和降低运输成本。前一个优点是显而易见的，因为成品放置的位置距用户越近，对用户要求的响应时间越短。后一个优点是指，在向前放置中，产品出厂后不是零散地送往各个用户，而是集中送到几个配送中心，这样运费可以用整车，而不是零担费用来计。尤其是企业产品品种较多的情况下，如果分别送往各个用户，可能全部需要以零担费用来计，但如果送到配送中心，配送中心可把不同工厂送来的、给同一用户的产品再集中起来，以整车方式运送。这种前置的优点在连锁商店、超市等批发、零售业中得到了最好的体现。

但前置放置在有些情况下也不一定适用。例如，当竞争策略是把重点放在产品顾客化、多样化上时，就不应该保持有大量的库存。又如，一个地区的需求可能是时高时低的，而且这种变化难以精确预测，在这种情况下，如果把几个地区的需求品种集中放置在靠后的中心仓库里，而不是向前放置在各个地区。地区之间的不同需求就会有一种互补效应，使总需求的不确定性变小，还有可能使总库存量降低(即中心仓库的库存量可小于各地区库存量之和)。并避免需求变化较大时从一个地区向另一个地区的重复运输。

B　制造业企业内的标准品库存的放置位置

在这种情况下，要决定把原材料、在制品预先制造成什么水平(距最终产品完成所需的加工时间)的标准品。

与成品的放置位置类似，制造业企业内也需要考虑把库存置于什么样的半成品位置上，即标准品的放置位置。所谓标准品是与特殊品相对应的概念，特殊品是指按照用户的特定要求生产的产品，通常只是有了订单才生产，没有现成的库存。标准品是指常备品，库存中常有，随时可以利用。显然，标准品大多指各种不同程度的半成品，可用来加工或装配成用户所需的特殊品。接收一个订单以后，供货周期的长短取决于从库存中的标准品制成用户所需的特殊品的生产周期，而生产周期的长短与标准品的放置位置有很大关系，如图 5-2 所示。

图 5-2a 所示是某产品 A 的物料清单和形成不同程度的标准品所需的生产周期。例如，D 本身的生产周期为 5 周，由 D 和 C 装配成 B 需要 11 周，由 B 和 E 装配成 A 需要 1 周。如图 5-2b 所示，标准品的放置位置可有 6 种不同的选择，每一种选择之下的供货周期各有不同。例如，如果把 B 和 E 作为标准品放置，一个订单接收以后，一周之后即可交货。而把 C 和 D 作为标准品放置的情况下，则 12 周以后才可交货。可见，标准品库存越前放置，满足用户需求的时间也越短。但反过来，标准品库存越靠前，因其附加价值也越大，所占用的库存金额值也就越大。

5.1.4.3　如何降低库存

企业总是不断地寻求降低库存的方法。下述要谈到的库存论模型和后面章节的 JIT 生产方式中的若干方法，以及 MRP 等生产计划模式，其目的都是为了降低库存。这里，仅从库存作用的角度出发，讨论降低库存的基本策略和具体措施。基本策略指降低该种库存所必须采取的行动，具体措施指如何降低由于采取基本策略可能带来的成本增加，以及如何减少对该种库存的需求。

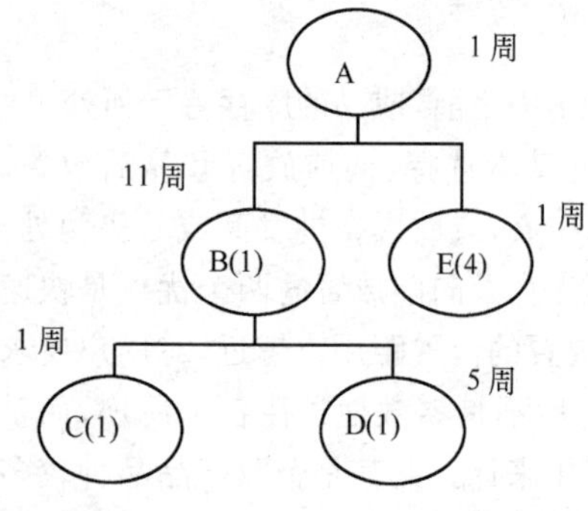

(a)

标准品位置	最长路径	供货时间/周
无	D→B→A	5+11+1=17
D	C→B→A	11+1+1=13
C&D	B→A	11+1=12
B	E→A	1+1=2
B&E	A	1
A	—	0

(b)

图 5-2　标准品放置位置

a—标准品各工序所需的生产周期；b—各种工序下标准品所需的总生产周期

A　周转库存

由于平均周转库存等于 $Q/2$，所以降低周转库存的基本策略很简单，即减小批量 Q。现在有一些日本企业可以做到周转库存只相当于几个小时的需求量，而对于大多数企业来说，至少是几周，甚至几个月。但是，单纯地减小 Q 而不在其他方面做相应的变化将是很危险的，有可能带来严重的后果，例如，订货成本或作业交换成本有可能急剧上升。因此，必须再采取一些具体措施，寻找使订货成本或作业交换成本降低的办法。在这方面，日本企业有很多成功的经验，如“快速换模法”等。利用一人多机、成组技术或柔性制造技术，即尽量利用“相似性”来增大生产批量、减少作业交换，其是另一种可以考虑的途径。此外，还可尽量采用通用零件等。

B　安全库存

如前所述，安全库存是为了防止意外情况发生而比需要的时间提前订货，或订货量大于需求量而产生的。降低这种库存所必须采取的行动也很显然：订货时间尽量接近需求时间，订货量尽量接近于需求量。但是与此同时，由于意外情况发生而导致供应中断、生产中断的危险也随之加大，从而影响到为顾客服务，除非有可能使需求的不确定性和供应的不确定性消除，或减到最小限度。这样，至少有 4 种具体措施可以考虑使用：(1) 改善需求预测。预测越准，意外需求发生的可能性就越小。还可以采取一些方法鼓励用户提前订货；(2) 缩短订货周期与生产周期，这一周期越短，在该期间内发生意外的可能性也越小；(3) 减少供应的不稳定性。其中途径之一是让供应商知道你的生产计划，以便他们能够及早做出安排。另一途径是改善现场管理，减少废品或返修品的数量，从而减少由于这种原因造成的不能按时按量供应。还有一种途径是加强设备的预防维修，以减少由于设备故障而引发的供应中断或延迟；(4) 增加设备、人员的柔性。这可以通过生产运作能力的缓冲、培养多面手人员等方法来实现。这种方法更多地用于非制造业，因为对于非制造业来说，服务无法预先储存。

C　调节库存

降低调节库存的基本策略是尽量使生产速度与需求变化吻合。但这是一件说起来容易做起来难的事情。一种思路是想办法把需求的波动尽量“拉平”，针对性地开发新产品，使不同产品之间的需求“峰”、“谷”错开，相互补偿；另一种思路是，在需求淡季通过价格折扣等促销活动转移需求。

D 在途库存

影响在途库存的变量有两个：需求和生产配送周期。由于企业难以控制需求，因此，降低这种库存的基本策略是缩短生产配送周期。可采取的具体措施：一是前面所述的标准品库存前置；二是选择更可靠的供应商和运输商，以尽量缩短不同存放地点之间的运输和存储时间。还可利用计算机管理信息系统来减少信息传递上的延误，以及由此引起的在途时间的增加。此外，还可以通过减小批量 Q 来降低在途库存，因为 Q 越小，生产周期越短。

从上面可以看出，这 4 种库存的不同降低策略实际上是相互关联，相互作用的。因此在实际的库存管理中需要全盘统筹，综合考虑。

5.1.4.4 库存分析与控制

从理论上讲，库存的存在是一种资源、资金的浪费；从现实来看，库存的存在又是不可避免的，甚至是有利于生产经营活动正常进行的。因此，一方面人们应该不断改善经营管理，为最终实现库存而奋斗；另一方面又应该面对现实，使库存维持在某一特定水平，做到浪费最少而又能保证生产经营正常进行，这就是库存分析与控制的目标。

库存分析与控制包括出入库的管理、订货管理、库存水平的确定、库存品的管理（如维修、盘存）等内容。其中的每一部分内容都十分重要，各部分实施的好坏直接影响到整个分析与控制的效果。本章将围绕库存分析与控制的以下四个中心问题展开讨论：(1) 采用什么样的分析与控制方法？即物料分类的问题；(2) 每次订购多少？即批量问题；(3) 何时订购？即订货点问题；(4) 应该维持多少库存？即库存量（周转库存和安全库存）问题。

对于问题(1)，将在下面专门讨论。而问题(2)、(3)、(4)则将在 5.2 节里按不同的订货系统分别讨论。

5.1.5 ABC 分类法

在有些公司中，有 10 万种以上的存货，如果对每种存货的有关因素都彻底检查一遍，那是很花时间的。通常采用 ABC 分类法对存货进行分类。根据年使用费的多少来分类，对于年费用支出高的物料，可以给予最大的注意。这些物料，采用永续盘存法（见 5.2 节）来保证精确地控制存货。因为，对物料来说哪怕是多 1 个月的存货，都会增加不少开支。而价廉且用量较小的物料，多保持 3 个月的存货，也不如精确控制它们所需要的费用大。

ABC 分类方法的步骤如下：

(1) 把未来一年中每项物料的年采购金额求出来；

(2) 按递减序列把物料排序；

(3) 把物料种类变成累积百分比，比如 1000 种物料中，有 280 种即为 28%的累积百分比；

(4) 从高到低把物料年总开支累加起来；

(5) 决定物料种类累积百分比所对应的累加年总开支占总开支的比例。

通常情况下，少数几种最贵的物料开支之和占相当高的总开支百分比。占 20%的 A 类物料的合计年使用金额可能占总金额的 80%，而占 30%的 B 类物料的年使用金额可能占 15%，剩下的 C 类物料的年使用额只占 5%。一般情况下，A 类物料通常采用固定批量存货系统的永续盘存法。C 类物料采用时间间隔较大的最大最小系统 S－s 控制存货（见 5.2 节）。

ABC 分类法的基本原理是：按照所控制对象价值的不同或重要程度的不同将其分类，分别采取不同的管理方法。这种方法对很多问题都具有普遍指导意义，对大量聚合体的分类研究有共同的指导作用，尤其是在库存管理中，它是一个重要的管理手段。因为，企业的库存种类往往很多，但其价值并不一样，有的很昂贵，有的很便宜，所以，可以如表 5-1 所示，把它们分成 ABC

三类(或根据情况的不同,分成两类或四类),分别进行管理。表5-1中的A类物品应尽可能从严控制,保持完整和精确的库存记录,给予最高的处理优先权等,而对于C类物品,则可以尽可能简单地控制。

表 5-1　ABC 分类表

品种种类	A	B	C
所占比例/%	约 20	约 30	约 50
所占金额/%	约 80	约 15	约 5

ABC分类法的操作十分简单,实践证明,应用这种方法可取得显著的效果。这种方法在库存管理中应用很普遍。但需要注意的一个问题是,在库存管理中,ABC分类法一般是以库存价值为基础进行分类的,它并不能反映库存品种对利润的贡献度、紧迫性等情况,而在某些情况下,C类库存缺货所造成的损失也可能是十分严重的。因此,在实际运用ABC分类法时,需具体、灵活地根据实际情况来操作。

[例 5-1]　某公司要用12种物料,其中各物料的有关资料如表5-2所示,请对这些物料进行ABC分类。

表 5-2　物料信息表

编　号	年用量/件	单价/元	年使用金额/元
4837	6850	1. 20	8220. 00
9261	371	8. 60	3190. 60
4395	1292	13. 18	17028. 56
3521	62	91. 80	5691. 60
5223	12667	6. 40	81132. 80
5294	9625	10. 18	97982. 50
61	7010	1. 27	8902. 70
4321	5100	0. 88	4488. 00
86	258	62. 25	16060. 50
9555	862	18. 10	15602. 20
2926	1940	0. 38	737. 20
1293	967	2. 20	2127. 40
合计			261164. 06

解: 计算过程如表5-3所示。

表 5-3　物料 ABC 分类表

编　号	年使用金额/元	支出比例	累计百分比/%
5294	97982. 50	37. 52	37. 52
5223	81132. 80	31. 0	68. 59
4395	17028. 56	6. 52	75. 11
86	16060. 50	6. 15	81. 26

续表 5-3

编　号	年使用金额/元	支出比例	累计百分比/%
9555	15602.20	5.97	87.23
61	8902.70	3.41	90.64
4837	8220.00	3.15	93.79
3521	5691.60	2.18	95.97
4321	4488.00	1.72	97.69
9261	3190.60	1.22	98.91
1293	2127.40	0.81	99.72
2926	737.20	0.28	100.00
合计	261164.06	100.00	

从表中可以看出，前三项的累计百分比为75.11%，前六项的累计百分比为90.64%。后六项的累计百分比不到10%。所以，可以取前三项为A类，后六项为C类，中间三项为B类。

5.1.6 单周期存货的边际分析

对于单周期需求库存问题，分析与控制的关键是确定订货批量。一般地，订货量就等于需求预测量。

实际上，由于预测误差的存在，根据预测量确定的订货和实际需求不可能一致。如果需求量大于订货量，就会由于没有足够的时间补充库存，而失去潜在的销售机会，导致机会利润的损失。这种由于供不应求导致的损失被称为机会(欠储)成本。相反的，如果需求量小于订货量，所有未销售出去的物品将可能以低成本的售价出售，甚至可能报废而全部损失。这种由于供过于求导致的损失被称为陈旧(超储)成本。显然最理想的情况是需求量等于供给量。

为了确定最佳的单周期订货量，需要考虑各种由订货引起的成本。由于只发生一次订货和只发生一次订货费用，所以进货成本是一种沉没成本，与决策无关。储存成本也可视为一种沉没成本，因为单周期需求物品的现实需求无法准确预料，而且只有一次订货。所以即使有储存，其费用的变化也不会很大。相反，机会成本和陈旧成本对最佳订货量的确定起着重要的作用。

设想某种商品每年只在销售季节之前订货一次，而且每年的流行款式不同，这种商品的存货就可作为单期存货来处理。问题是本期订货以多少为宜，订得少而销路好则可能少赚钱，订得多可能销不完而出现积压。采用边际分析法，如果积压(卖不出去)一件所产生的陈旧成本为C_O，少进货(不够卖，少销售)一件的机会成本为C_U，如果D件可以销售出去的概率为$P(D)$，则由于少进货D件，即少销售D件的机会成本期望值为$P(D)C_U$；如果D件积压，由于多进货的陈旧成本期望值为$[1-P(D)]C_O$。

现在的问题是愿意多订一点而承担陈旧损失？还是愿意少订一点而承担机会损失？既然损失是不可避免的，显然应该择其轻者，但实际上孰轻孰重是不可预料的，是由实际需求决定的。因而，为了避开实际需求的影响，选择使$P(D^*)C_U=[1-P(D^*)]C_O$，则$P(D^*)=C_O/(C_O+C_U)$。这里，$P(D^*)$为临界概率，其含义是，实际需求的概率$P(D)$等于$P(D^*)$时的订货量D就是最佳的订货量D^*。若不存在一个D，使得$P(D)=P(D^*)$成立，则满足条件$P(D)>P(D^*)$，且$P(D)-P(D^*)$最小的D就是D^*，即最优的订货量。

[例 5-2] 某批发商准备储存一批圣诞树供圣诞节期间销售。由于短期内只能供应一次订

货，所以他必须决定订购多少棵圣诞树。该批发商对包括订货费在内的每棵圣诞树要支付 2 美元，树的售价为 6 美元。未售出的树只能作为柴火按 1 美元出售。节日期间圣诞树需求量的概率分布如表 5-4 所示(批发商的订货量必须是 10 的倍数)。试求该批发商的最佳订货量。

表 5-4 圣诞树需求信息表

需求量/棵	概 率	$P(D)$
10	0.10	1.00
20	0.10	0.90
30	0.20	0.80
40	0.35	0.60
50	0.15	0.25
60	0.10	0.10

解：$C_O = 2 - 1 = 1$(美元)

$C_U = 6 - 2 = 4$(美元)

则：$P(D^*) = C_O/(C_U + C_O) = 1/(1 + 4) = 0.20$

查上表可知，实际需求大于 50 棵的概率为 0.25，再结合求 D^* 的条件可以求出最佳订货量 D^* 为 50 棵。

5.2 独立需求库存控制系统

独立需求库存控制系统可分为两大类：定量控制系统，定期控制系统。对于这两种不同的库存控制系统，分别有经济批量的基本模型和经济订货周期模型。两种不同的模型基于不同的条件，分别适合不同的物料库存。

5.2.1 独立需求库存的控制机制

如前所述，独立需求不是企业本身所能控制的，所以不能像相关需求那样来处理，只能采用“补充库存”的控制机制，将不确定的外部需求问题转化为对内部库存水平的动态监视与补充的问题，通过保持适当的库存水平来保证对外界随机需求的恰当服务水平。这种“补充库存”的控制模型可以形象地用图 5-3 加以描述。可以将它想像为一个水池，右下端是用户使用的水管开关，左上端是自来水公司。右下端用户对水池中水的需求完全是随机的，要达到对用户的一定服务水平，就要维持一定的库存量，这便构成了两项任务：

(1) 监视库存状态——何时需要补充库存；

(2) 设置库存量——每次补充到多少。

解决了这两个问题便可以达到库存管理的基本目标，保证服务且节约费用。

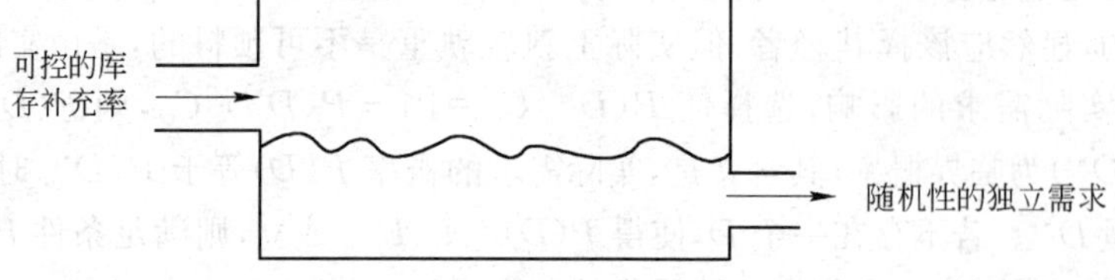

图 5-3 独立型需求库存的控制模型

从图 5-3 的模型可以看出，独立需求库存问题的解决取决于两个方面，即如何对现有库存量进行监视以及如何使补充库存活动达到优化。其中采用什么方式进行监测是设计库存控制系统首先应该明确的方面，在此基础上才可能对现有库存进行补充并使其达到优化。在库存管理中对独立需求库存的监控主要分为两大类：一类是定量控制系统，通过观察库存是否达到重新订货点来实现；另一类是定期控制系统，它通过周期性的观测实现对库存的补充。

5.2.1.1 定量控制系统

定量控制系统的图解模型如图 5-4 所示，其中 a,c,e 点为订货点的日期，b,d,f 点为库存为零的日期；B 点为库存补充的重新订货点；每次的订货量为 Q；库存周期中的平均库存量为 $Q/2$；库存订货间隔期为 $ac=ce$；订货提前期（备运时间）为 $ab=cd=ef$。这种系统的工作原理是：连续不断地监视库存余量的变化，当库存余量下降到重新订货点 B 时，就要向供货厂商提出订货，经过一段备运时间，新订货到达，补充库存。为了实现这种补充过程，需要为系统事先确定两个参量：(1)重新订货点 B，它需考虑备运时间中的库存消耗量；(2)订货量 Q，它可以根据下述的经济订货批量（economic order quantity，简称 EOQ）模型来决定。

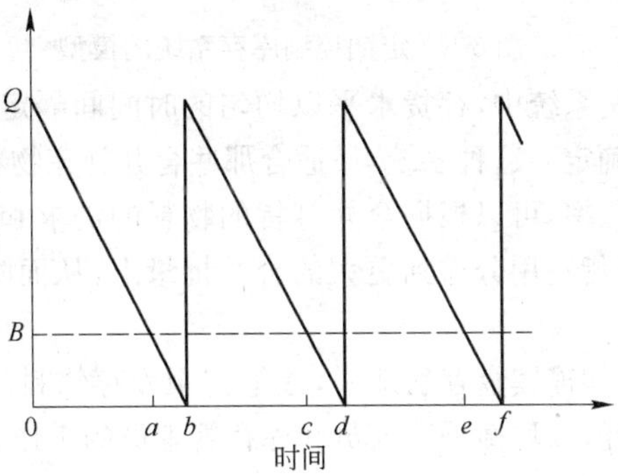

图 5-4 定量控制库存系统的模型

在定量控制库存系统中，每次补充存货的数量是相同的，即是经济订货批量。这个批量的确定方法在下面详细讨论。发出订单时，公司应当持有的存货为订货点。订货点是根据订货提前期和日需求量推算的。当库存等于订货点时发出订单，是期望在库存刚好用完时收到所订货物。采用固定批量系统时，相邻两次存货补充之间的间隔，在需求不均衡时可能是不相同的。而且，最高存货水平也会因订货提前期中的实际需求不同而不同。

固定批量系统，对需求基本均衡的物料是适合的。这类系统中，需要有一定的监视系统，在存货水平降到订货点时能及时报告。对于单价较高的物料，可以设立明细账户逐笔记录物料的收发，求出库存。这种记账方法，也称为永续盘存法，可以用计算机，也可以用手工来完成。条形码或者其他数据输入方法，可以用于库存增减的数据采集。当库存余额等于订货点时，计算机可以打印出所需的采购订单。

对于单价较低的物料，为避免反复对物料点数，常常采用比较粗略的订货点。“双箱法”是常用的方法之一：当物料进仓时，分别装入两个箱子，先使用一个箱子中的物料，当一个箱子中的物料已用完开始用第二个箱子时，就认为订货点已经到了。

5.2.1.2 定期控制系统

定期控制库存系统的图解模型如图 5-5 所示，是一种以定期检查和订货为基础的库存控制法。在这个系统中，按规定周期 T 检查库存量并随即提出订货，将库存补充到目标库存量 E。所以定期控制系统不存在固定的订货点，而有固定的订货周期 T；每次订货没有固定的订货量，而需要补充到固定的目标库存量 E。因此目标库存量 E 与订货周期 T 是建立该系统之前必须确定的主要参数。其中 E 的确定主要需考虑订货周期与订货提前期(即:$T+LT$)期间的库存消耗量。而订货周期 T 的确定可以通过下述经济订货周期(economic order interval,简称 EOI)模型来求得。

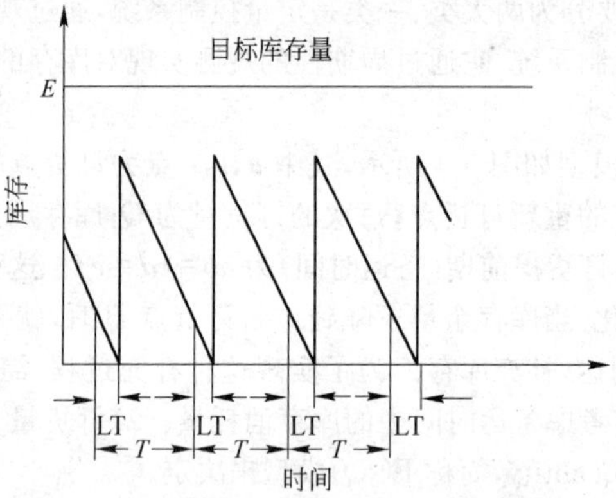

图 5-5 定期控制库存系统的模型

在固定订货间隔期存货系统中,存货水平以均匀的时间间隔定期盘点。订货量根据目标存货定额与盘点金额的差来确定。这种系统,最适合那些合并补充物料,即若干种物料同时向同一来源采购的情况。其采购频率,可以根据合并订货的物料的需求和订货费用的分析来确定。多种物料合并订货,可以把订货费用分摊到更大的合并批量上,从而降低成本。同时,也有利于获得价格折扣。

采用定期盘存法,不必如连续盘存法那样,逐笔记录库存物料的进出,只要在订货时清点存货即可。订货日期可以错开,以均衡采购人员和库存管理员的工作。

5.2.1.3 最大最小系统

固定间隔期法,有时可能导致很小的采购批量。而最大最小存货系统(有时也称为 S-s 系统),可以避免发生订货量过小的情况。

其思路是:设定最大目标存货水平 S 和最小目标存货水平 s,存货水平每隔一个固定时间间隔 t 盘点一次。如果,盘点时存货水平小于最小目标水平 s,就发出订单。如果,盘点时存货水平大于最小目标水平,表示存货可以用到下次盘点,则不必订货。采用 $S-s$ 系统的订货量,必然在 $(S-s)$ 以上。这种方法也适用于单价不太昂贵的物料。如图 5-6 所示,当经过固定的检查时期到达 A 点时,此时库存已降低到订货点水平线 s 之下,因而发出一次订货,订货量的大小为最大库存量 S 与当时的库存量 I_1 的差 $(S-I_1)$。经过一定的订货提前期后在 B 点订货到达,库存补充到 C 点。在第二个检查期到来时,此时库存位置在 D 点,库存量高于订货水平,无须订货。第三个检查期到来时,库存点在 E,正位于订货点水平线上,又发出一次订货,订货量为 $(S-I_3)$,如此循环进行下去,实现周期性补给。

5.2.1.4 预算配置法

预算配置存货系统与其他精确的作业规则相比只是一种一般的指导方针。这个总则是用于零售商业的存货控制。

预算配置的方法,是根据经理人员的判断力来确定每项存货的数量。总预算在各类商品上的一般配置,可以保证顾客有一个平衡的选择余地。在这些资金范围内,公司经理根据商品畅销程度向分销商订购补充的品种。如果,他觉得某个产品可以卖,他就会决定采购现在没有库存的商品。有些公司还会同他们的供应商达成协议,供应商据此定期派代表访问商店,检查存货水

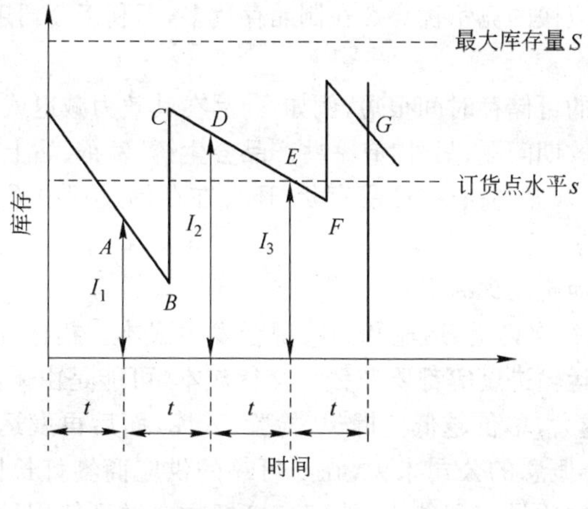

图 5-6 最大最小库存系统模型

平，把存货补充到目标水平。总之，本方法适用于买方在选择产品方面有某些自由的情况。

5.2.2 库存费用分析

保持存货是要花费成本的，但是，没有一定量的存货也要花费成本。随着公司的存货的增加，一些成本上升了，另一些成本下降了，还有一些成本没有受到影响。那些不受影响的成本，可以在存货决策分析中不予考虑。受决策影响的成本，我们称为相关成本。如果，其总量不是小到可以忽略不计，则在决策时必须予以考虑。现在，我们先来考虑随平均存货水平增加而增加的成本。

5.2.2.1 存货使某些成本增加

（1）资金占用的成本。公司必须为存货所占有的资金，支出利息或者机会成本。股份公司的自有资金，不论这些资金投向何方，是必须支付红利的，存货所占用的资金也不例外。存货所占用资金的机会成本，相当于这笔资金用于其他可以获利的场所所能获得的利润。

（2）存储空间的成本。保持存货的另一项成本是仓库或其他用于存储的设施的成本。一座建筑物建成了，它的建筑成本应该在整个使用寿命中分摊。另外，建筑物内空调、采光、打扫、修理及设施的其他维护也需要开支成本。还有，仓库职员、搬运工和用于搬运的设备也是要花费成本的。同成品和原材料的库存与仓库成本一样，在制品存货也有由于占用额外的生产空间所引起的成本。

（3）税收与保险。不少国家或地方政府开征从量税或财产税，存货作为一种资产，有时也作为征税对象。存货越多，公司应缴的税也越多。保险也是如此，需保险的存货价值越大，应付的保险费就越多。

（4）质量成本。如果在生产批量很大的公司中，在某一道工序上发生质量问题，则要等很长时间，才能在下一道工序中发现不合格的工件。而在生产批量小的公司中，不合格品可以很快被发现，不合格品发生的个数也会更少。因此，如果公司生产批量大，不但会增加存货，而且还可能因为质量差而支出更多的成本。

（5）协调成本。生产批量越大，每批生产时间越长，则生产周期也越长。生产批量越大，生产过程中的在制品越多，所需要的跟踪、计划和协调的工作也越多。如果减少在制品的存货则意味着这些协调工作也将减少。当在制品的存货减少到一定程度时，在所有的在制品生产线上，一切处理在制品的中间仓库工作都将消失，这些工作与生产过程中其他工作的协调也就不再需要。

（6）响应慢的成本。由于在制品存货少，可以使生产周期缩短，因而，采用少存货生产的公司,可以有对顾客需求响应快的竞争优势。在制品存货多,不利于公司迅速更新产品或迅速响应顾客对品种需求的改变。

另外,有些食品品种的可储存时间很短,例如,药品在其效力减退或纯度被认为有问题时,必须停止销售,进而存在有效期问题;另外,有一些产品会生锈、发霉、沾上灰尘或油漆褪色;有的产品会发生霉变或在搬运中被碰伤;有些产品存货,还会在存储过程中丢失和被窃。因此,存货减少,上述成本也会减少。

5.2.2.2　因存货增加而减少的成本

(1) 订货成本。公司每次订货、运输和验收都会发生成本。招标与评标、价格谈判、准备订单、催货和查询生产以及运输进度等都要花钱。交货成本,可能是由采购方支付,而且存在规模经济的问题。亦即批量越大,单价越低。拆包、检验、入库,而后再发运到使用地点通常是必需的。对于采用准时制生产概念的公司来说,在与可靠的供应商签订长期供货方面,已经取得成功。这些供应商,有很高的质量工程能力,他们直接把物料送到使用地点,免去了检验和开箱。因而,采购数量大到一定程度以上,成本反而下降得更多。

(2) 设备调整成本。向公司内部的车间订货引起的成本为设备调整成本(setup - cost)。在制造业公司中,每变换一次产品,就要花费一定的设备调整成本。当从生产一种零件转换成另一种零件时,往往必须更换夹具、刀具等工艺装备。由于这些工作需要较高的专业技能,通常由专门的调整工完成。然而,在设备调整期间,设备及该设备的操作工常常是空闲的。调整过程中的试生产的生产率,比稳定生产时要低,且更易出废品,还需要增加额外的人工,这些都应包括在设备调整成本中。如果公司的生产批量增大,每次调整之后生产的零件数就多,每年所需要的调整次数就会相对减少。生产批量增大,存货也会增加,但年度花在设备调整上的成本会因而减少,分摊在每个零件上的设备调整成本也会减少。过去,许多公司都倾向于把每次调整的成本看成是不变的,年度的调整成本支出只能通过调整生产批量来控制。近年来,特别是在采用准时制生产的制造业中,降低调整成本的努力已经获得很大的成功,因而生产批量已经可以大大缩小。从系统的观点出发,使有关存货的所有成本之和最小,要比为保持较多存货而单单节约调整成本显得更为重要。因而,在准时制生产中,采用缩小批量与每次调整成本下降相配合。

(3) 批量折扣。有些物料,可以因采购批量增大而获得价格优惠。物料单价,可以因批量折扣的获得而降低。如果不存在批量折扣,物料的单价就成为与批量无关的成本因素。

(4) 缺货成本。持有存货,可以缩短顾客等待供应的时间。在存货是标准化产品时,可以做到随到随买。由于需求预测很难完全精确,所以公司额外持有的存货,可以满足没有预见到的需求。顾客不愿意因为产品延期交付而等待,并且通常不能容忍违约而推迟交货。在没有现成的存货时,顾客可以改变需求,也可以去向公司的竞争者采购该项物料,最终结果,公司会因此而失去这次销售机会,也同时失去了赚钱的机会。有时候,顾客会因为不满意而从此不再与该公司有业务往来。这种由于失去商业信誉而引起的损害,是非常可观的。缺货成本由于商业信誉损失的不确定性而难以估计。由于缺货通常都是在一批存货告紧,而另一批存货尚未补充到位时发生。因此,批量增大,年度存货的补充次数减少,缺货的概率也会因而减小。

5.2.2.3　为减少存货成本的管理

生产管理的目标,在于使总的相关成本降到可以实现的最低点。与存货相关的成本,自然也不例外。公司通常可以为降低对存货的需求而努力,进而减少我们已经提到过的某些成本。拥有可靠的供应伙伴的公司,由于这些供应伙伴能对订货做出迅速的反应,因此,可以在只有少量原材料存货的条件下运行。一个公司可以与它的顾客保持紧密的伙伴关系,通过数据共享可以了解顾客的采购计划,提高需求预测的精确性,从而可以减少对保险存货的需求。如果一个公司能缩短生产周期，则它就可以用较少的在制品存货来及时完成顾客的订单。某些公司以很大的批量采购某些物料，是因为一次订货的订货成本和验收成本十分高昂，只能通过分摊到一个很大的批量上，方能使物料的单位成本可以被接受。类似地，一些公司的生产批量很大，是因为其设备调整成本太大。如果，这些公司能在降低订货成本和设备调整成本方面取得成绩，它们就能小批量地多次采购或生产，既做到减少存货又做到降低成本。如果，一个公司生产率的柔性得以发展，则它至少可以跟随顾客的需求变动去组织生产，而不必用保持存货来满足旺季的顾客需求。

有时候，一些公司可以与供应伙伴签订长期协议，进而大大减少对存货的需求，同时也减少了相关成本。存货种类 ABC 分类，并对 A 类和某些 B 类物资进行严格的管理，可以获得最大的竞争优势。对于 C 类物资，即使多贮相当于两三个月的供应量的存货，所多占用的资金也是很有限的。许多公司用于 A 类物资上的年开支很大，因而，这些公司致力于将 A 类物资的存货保持在低水平，而供应伙伴也愿意得到这些物资的订货。

一个公司，在寻求能供应几种相互类似的 A 类物资的供应商时，可能遇到的几种情况是，买方可以问供方：如果它与供方订一个为期一年的供应某项物资的合同，供方是否愿意每月交货一次。假如供方同意这样的安排，买方可以进一步问供方："很好，既然你对一种物资可以每月供货一次。我们把四种大宗物资的采购订货给你方，你方是否可以做到每周都能根据我们电话通知的数量向我们发货？"其答案也许是肯定的。如果供应商的工厂位置就在附近，通常供应商是用自己的卡车交货，那么这种协议将不需要太多的谈判就可以达成。妥协的结果可能是买方公司可以每两周从供方得到一次供应；也可能是买方公司最后将 20 种大宗物资的订单交给一个供应商而得到供方更频繁的、批量更小的供货。

更频繁、批量更小的交货，对买卖双方可能都是有利的。一个供应商，如果每月交货一次，它也许必须增出一部分仓库面积，花一定的资金把这项物资积累起来。而当这批物资交给买方之后，买方又必须用一大块仓库面积来保存它，在一个月内慢慢地用完它，因而也多占用资金。如果，卖方每月生产这种物资多次，每生产一次就交货一次，则卖方可以节约仓库面积和成品资金，买方也可以减少存货成本。这就是为什么一个公司通常乐于与他的供应商结成长期伙伴关系的原因。如上所述，公司应该设法保持低的存货水平。同时也应当尽力降低那些因存货水平降低而升高的成本，例如，设备调整成本。即使公司在设备调整成本等方面做了较多的工作，公司仍然需要保持某些物资的存货，同时承担由此引起的成本。这样，公司需要存货管理系统，即何时发出订单，每次应订多少的制度。这些决策，常常要在批量加大所造成的存货占用资金的增加和批量缩小引起的设备调整成本的增加之间折中。接下来，通过最基本的经典存货模型来说明某些成本之间如何折中。

5.2.3 独立需求库存的基本模型

对于定量控制和定期控制两种不同的库存控制系统来说，分别有两个非常重要的经济订货量（economic order quantity，简称 EOQ）和经济订货周期（economic order interval，简称 EOI）的基本模型。

5.2.3.1 经济订货批量的基本模型

如前所述，随着存货的增加，有些成本会上升，有些成本会下降。因而，无论是存货过多或存货太少，都不是使总成本降低的策略。经济订货批量模型（EOQ），提供了在一定条件下，确定使存货相关成本最低的订货量的决策方法。经济订货批量模型可用于公司向外部订货的批量，并基于如下条件或假设：

（1）物料需求均衡且需求量已知；

(2) 物料的单价不因订货批量的大小而变动；

(3) 一份订单所订的物料都在同一时间内一次交清，不发生交货时间的延误；

(4) 提前期十分确定，物料正好在存货用完时到达，不发生缺货，最低存货恰好为零；

(5) 发订单和物料验收成本不因订货量大小而变动；

(6) 物料的保存成本正比于物料的平均存贮量。

在这些假设下，问题是确定性的。这些假设，有的与实际的典型情况不同，但是，这些假设可以使建立在其上的订货量模型的形式简化。我们先在这些假设的基础上，推导出基本的订货时的模型，然后再来讨论几种放弃某些假设之后所得的修正模型。

经济订货批量的目标，是要使所考虑的物料的相关年总成本最小。由于上述假设，物料库存的变动如图 5-7 所示。图中 Q 为最大库存水平，LT 为订货提前期，RL 为订货点。设年需求量为 D，LT 的单位是年，则 $\mathrm{RL} = D \cdot \mathrm{LT}$。因为，图 5-7 中每次补充的批量相同，都是使存货从零到最大存量 Q。所以，图 5-7 所示的存货变动情况，可以代表固定批量系统存货的变化趋势。因为需求均衡，每次存货补充量相同，一次进货可以使用的时间也相同。图 5-7 所示的存货变动情况也可以代表固定间隔期系统的存货变化趋势。在补充时，存货为零，并不发生缺货，所以补充间隔期也相同。

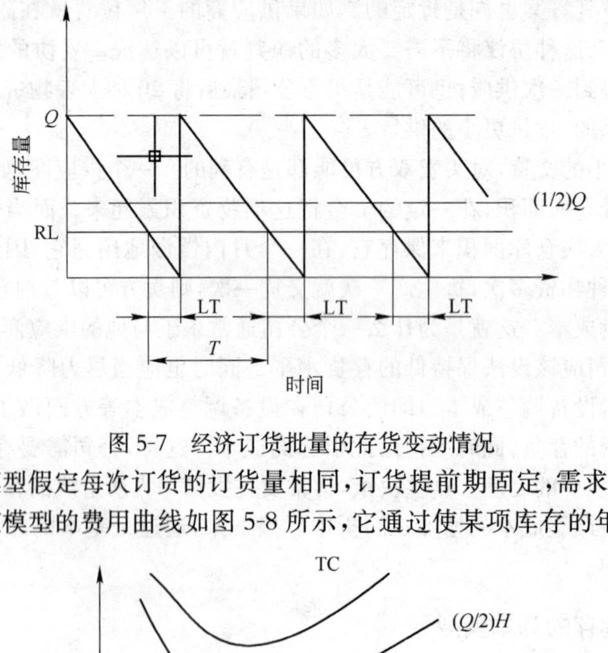

图 5-7 经济订货批量的存货变动情况

经济订货批量模型假定每次订货的订货量相同，订货提前期固定，需求率固定不变，是一个理想的抽象模型。该模型的费用曲线如图 5-8 所示，它通过使某项库存的年费用达到最小来确

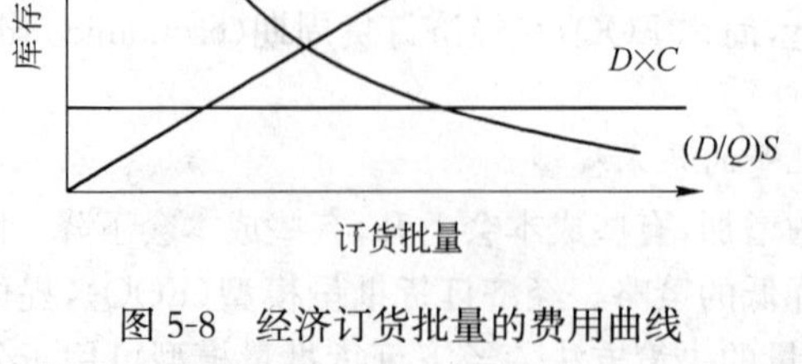

图 5-8 经济订货批量的费用曲线

定相应的订货批量。库存的年度总费用可表示如下：

库存项目的年度总费用 = 库存保管费用 + 订货费用 + 购买费用

即：$TC=\frac{Q}{2}\times H+\frac{D}{Q}\times S+D\times C$

$$H=C\times h \tag{5-1}$$

式中 Q——某库存项目每次订货批量，件；

H——某库存项目每单位年库存保管费用，元/件·年；

D——某库存项目的年需求量，件/年；

S——某库存项目每次订货费用，元/次；

C——某库存项目每单位购买费用，元/件；

h——每单位年库存保管费用与产品单价之比。

求上式的最小值，即令$\frac{dTC}{dQ}=0$即可得经济订货批量如下：

$$Q^*=\sqrt{\frac{2DS}{H}} \tag{5-2}$$

［**例 5-3**］ 根据下列数据求经济订货批量与总费用。

某库存的年需求量 $D=1000$ 件

订货费用 $S=5$ 元/次

单件库存平均年库存保管费用 $H=1.25$ 元

订货提前期 $LT=5$ 天

单件库存购买费用 $C=12.5$ 元

解：(1)经济订货批量为：

$Q^*=\sqrt{\frac{2DS}{H}}=\sqrt{\frac{2\times1000\times5}{1.25}}\approx89$ 件

(2) 全年库存总费用为：

$TC=\frac{Q}{2}\times H+\frac{D}{Q}\times S+D\times C=89\times1.25/2+1000\times5/89+1000\times1.25=12311.81$ 元

注意，由于经济订货量应为整数，故取 $Q^*=89$ 件。

5.2.3.2 经济订货周期模型

按照库存总费用最小的方法确定的订货间隔期称为经济订货周期(EOI)。这种方法与通过EOQ来最后确定每年平均订货间隔期的方法不同，其主要原因在于这种方法适用于独立需求库存的定期控制系统。EOI的计算过程如下：

总费用

$$TC=D\times C+m\times S+\frac{D\times H}{2m} \tag{5-3}$$

式中 m——每年订货次数，$\frac{1}{T}$；

T——订货间隔期，年；

其他符号的含义与EOQ模型符号相同。

同理，经求导数，令$\frac{dTC}{dQ}=0$，可得经济订货周期 T^* 为：

$$T^*=\sqrt{\frac{2S}{D\times H}} \tag{5-4}$$

根据以上公式确定的天数在实际操作中一般都被转化为周、旬、月、季等易于管理的整数期。

5.2.4 独立需求库存的其他模型

上述两种不同的独立需求库存模型实际上是非常理想化的、便于数学上的处理设定的模型，现实中的独立需求库存系统呈现出更复杂的形态，这里再简述其他几种。

5.2.4.1 传统的生产批量模型

A 模型的导出

导出 EOQ 公式的假设，并不是每一种情况下都成立的。对这些假设中的一部分进行修正，可以导出适用于其他情况的批量确定模型。首先，放松每一次存货补充都是整批一起到达的假设，代之以存货是公司内部以均匀的生产率 p 生产；当然，生产率 p 大于消耗率 r，否则，公司不可能靠公司内部生产建立这种物料的存货。在生产过程中存货水平关于时间的变化曲线如图 5-9 所示。

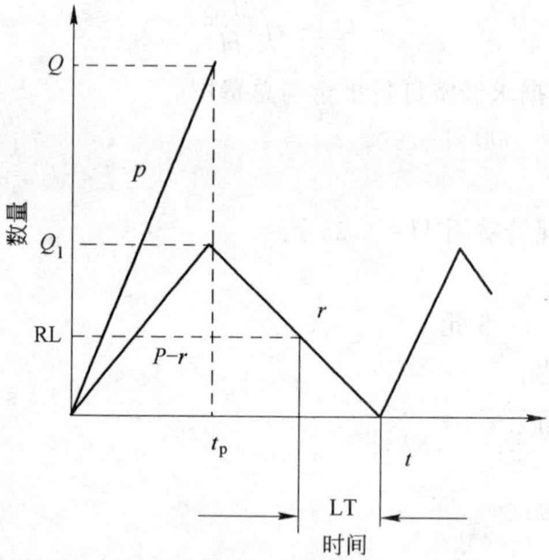

图 5-9 生产情况下的存货水平变动曲线

图中，存货变化曲线也是呈一系列三角形，只是，代表存货补充的那段直线段，不是垂直于时间轴。由于在建立存货时是一边生产一边消耗，因而，在生产时间内存货增加的速率为 $p-r$。如果，公司每天可以生产某种中间产品 100 个单位，同时每天消耗这种中间产品 20 个单位，则在生产这种中间产品时，存货将以(100－20)＝80(单位/天)的速度增加。在分析时，p 和 r 的量纲必须是相同的，比如生产率 p 如果以每天的产量作单位，则消耗率 r 也必须是以每天的消耗量作单位。如果，一次生产的批量为 Q，则生产一个批量所需的时间为 Q/p。比如，生产批量 $Q=500$ 单位，生产率 $p=100$ 单位/天，则这个批量需要生产 500/100＝5(天)。由于生产存货的增加速率为$(p-r)$，生产时间长度为 500/100＝5(天)，按假设，开始补充存货时的存货水平为零，所以最高存货水平 $Q_1=Q(p-r)/p$。仿照 EOQ 模型的成本函数的建立方法，总相关成本函数可写成：

$$\mathrm{TC}=\frac{Q(p-r)}{2p}\times H+\frac{D}{Q}\times S+D\times C \tag{5-5}$$

其中，S 在这里不再是订货成本而是设备调整成本，C 为单位生产成本，H 和 D 的含义仍与 EOQ 模型相同。如果 D 为年需求，则 H 应是存货的边际年保存费用。对上式两边关于 Q 求导，取导数为 0，经济生产批量为 EPL，则有：

$$\mathrm{EPL}=\sqrt{\frac{2SDp}{(p-r)H}} \tag{5-6}$$

只要求出了 EPL，参数 t_p，RL 等便很容易求出。

［例 5-4］ 某标准件厂每天可以生产 M5 标准螺丝 10t，近年来，每年销售这种螺丝 500t，年工作日为 250 天，销售无明显的季节性差异，每吨螺丝的制造成本为 1 万元，年保存成本为制造成本的 20%，为生产这种螺丝每次设备调整费用为 1000 元。求经济生产批量。

解：根据题意可知：$p=10$t/天，$r=500/250=2$t/天，$S=1000$ 元，$D=500$t/年，$H=10000\times0.2=2000$ 元/t·年。代入 EPL 公式：

$$\text{EPL}=\sqrt{\frac{2SDp}{(p-r)H}}=\sqrt{\frac{2\times1000\times500\times10}{(10-2)\times2000}}=25\text{t}$$

答：经济生产批量为 25t。

B 缩小设备调整成本的重要性

对于每次都按经济生产批量生产的企业，如果其实际情况与导出 EPL 公式的条件近似，其年存贮成本应当与年设备调整费用在总量上相等。这一点是 EPL 公式和 EOQ 公式的相同之处。如同降低订货成本，可以同时收到降低订货批量的好处那样；降低设备调整成本，也可以同时收到降低生产批量的好处。在经济生产批量公式中，设备调整成本 S 是作为常数的。这在短期内可能是正确的，但是从长期来看，随着设备的改进和调整工技术熟练程度的提高，每次调整所需要的工时与成本都是可以下降的。另外，在存贮费用的估计中，我们通常只计算随生产批量变化的变动费用，而把短期内不受生产批量影响的费用，如仓库的折旧，照明等，作为固定费用看待。但是事实上，当设备调整费用降到一定水平之下时，情况就可能发生质的变化。比如，由于批量减少而引起的存货最高水平的降低，使仓库面积的需要量大大下降。原来的一部分仓库可以移作他用。这时，仓库折旧、照明等费用，应当作为存贮费用 H 的一部分。其他如质量问题、物料搬运、生产调度也有类似的情况。这些因素，又可以进一步使生产批量减小。这就是要不断改进设备调整技术和缩小生产批量的理由。

5.2.4.2 有价格折扣的经济批量模型

在经典的经济批量模型中，有一个假设是：外购货物的单价不受订货批量大小的影响。批量折扣是在外购物质的报价单中经常出现的价格条款。在内部生产中，由于生产的规模经济性，生产批量不同，也可以使零件的单位成本不同。本节将考虑如何处理报价单中如下形式的报价：批量小于 Q_1，单价为 C_1；批量在 Q_1 到 Q_2 之间，单价为 C_2；批量在 Q_2 以上时，单价为 C_3。

在这种报价条件下，订货量相关的成本曲线就不再是连续的。其相关总成本函数可以写成：

$$\text{TC}=\frac{Q}{2}\times H_i+\frac{D}{Q}\times S+D\times C_i \tag{5-7}$$

其中，H_i 是对应于采购物资报价 C_i 的存贮费用；C_i 是 Q 所在范围的报价。

在这个相关总成本函数中，单位存货的年存储费用是与物资的单价相关的，这也符合实际情况。因为，存贮费用中，所占用资金的利息占了相当重要的比重。物资单价变动，也会使同样数量存货所占的资金量不同，进而使单位数量存货的年存储费用不同。

对于上式的相关总成本函数，简单地采用求导的方法求其最小值是行不通的。因为，在 $Q=Q_i$ 处，相关总成本曲线不连续，如图 5-10 所示。而相关总成本的最小值，既可能在相关总成本所代表的曲线的切线斜率为零的点上取得，也可能是在其曲线的间断点上取得。而整条相关总成本曲线是由若干段光滑曲线组成，每一段光滑曲线是 EOQ 模型中的相关成本曲线的一部分。

求解每一光滑曲线段的最低点可以用 EOQ 公式，即：

$$\text{EOQ}_i^*=\sqrt{\frac{2DS}{H_i}} \tag{5-8}$$

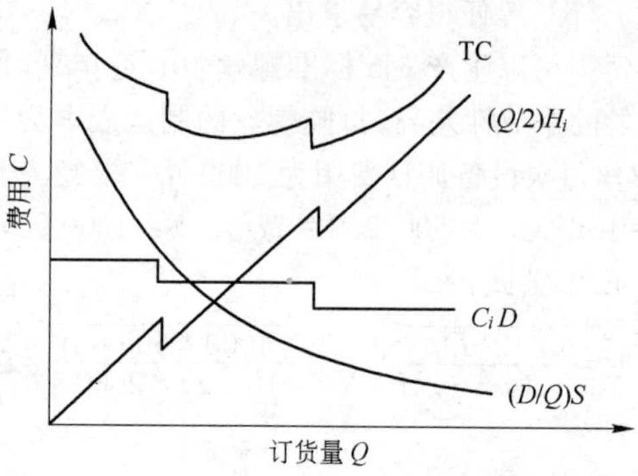

图 5-10 有数量折扣的费用曲线

但这样求有两个问题：

第一，EOQ_i 对于报价 C_i 不是可行的，即使采用 EOQ_i 作为订货批量，卖方不会同意以 C_i 的单价供货；

第二，即使 EOQ_i 对 C_i 可行，也存在这样的可能性：把采购的批量再加大一些，而获得更大的价格折扣，来降低总成本。

为解决这两个问题，可通过如下过程：

(1) 取最低价代入基本 EOQ 公式求出 EOQ，若 EOQ 可行(即所求点在曲线上，用 EOQ_i 作为订货量，卖方会同意以 C_i 价格供货)，即为最优订货批量。若 EOQ 不可行，则进行下一步；

(2) 取次低价代入基本 EOQ 公式中，求 EOQ，如果 EOQ 可行，计算订货量为 EOQ 时的总成本和所有大于 EOQ 数量折扣点(曲线间断点)所对应的总成本，其中最小的总成本所对应的数量为最优订货量。如果 EOQ 不可行(采用 EOQ 作为订货量，卖方不会同意以 C_i 的价格供货)，重复(2)直到找到一个可行的为止。

[例 5-5] 某医院每月平均使用大约 100 个急救包，每日的使用量之间没有明显的差异。采购批量小于 75 个时，每个急救包的进价为 35 元；采购批量大于或等于 75 个时，每个急救包的进价为 32.5 元。每次采购的费用为 8 元，存储费用值考虑资金的占用成本。设医院资金的年利用率为 12%，试求该医院急救包的最佳采购批量。

解：(1) 取 $C_2 = 32.5$ 元，$H_2 = 0.12 \times 32.5 = 3.9$ 元，$S = 8$ 元，$D = 12 \times 100 = 1200$ 个，代入 EOQ 公式：

$$EOQ_2^* = \sqrt{\frac{2DS}{H_2}} = \sqrt{\frac{2 \times 1200 \times 8}{3.9}} = 70 \text{ 个}$$

因为 70<75(当订货量≥75 个时，才能享受 32.5 元的优惠价)，显然不能享受这种优惠价。即订货批量为 70 个是不可行的。

(2) 求次低单价 $C_1 = 35$ 元，$H_1 = 35 \times 0.12 = 4.2$ 元，$S = 8$ 元，$D = 1200$ 个，

$$EOQ_1^* = \sqrt{\frac{2DS}{H_1}} = \sqrt{\frac{2 \times 1200 \times 8}{4.2}} = 68 \text{ 个}$$

因为 68<75，符合批量小于 75 个时，价格为 35 元的条件，即为可行解。

(3) 总成本为：

$$TC_{68} = \frac{68}{2} \times 4.2 + \frac{1200}{68} \times 8 + 1200 \times 35 = 42283.98 \text{ 元}$$

本例中，订货量大于 EOQ 的数量折扣点只有 75，其总成本为：

$$TC_{75}=\frac{75}{2}\times3.9+\frac{1200}{75}\times8+1200\times32.5=39274.25\text{ 元}$$

显然，$TC_{75}<TC_{68}$，所以 75 为最优订货批量，即享受价格折扣。

5.2.5 订货点和保险存货

5.2.5.1 定量控制系统订货点的确定

经济批量模型及其他几种在本章讨论过的修正模型，都是假设单位时间的需求量是确定的。根据这种假设，订货点可以根据日需求量和订货提前期来确定，而且当所订货物到达时，该项存货水平刚好为零。设订货点为 RL，订货提前期为 LT，耗用率为 r（也即单位时间内的耗用量），则：

$$RL=r\times LT \tag{5-9}$$

例如，如果一个公司每天耗用某种零件正好是 20 个，订货提前期为 3 天，则这个公司的订货点为 RL = 3×20 = 60 个。

订货点所表示的不但是已经在库内的存货水平，也包括在订货提前期内将到达的货物。但是，在通常情况下，一份订单发出时，很少会出现尚有以前发出的同一物料的订单还没有到货的情况。因而，订货点在大多数情况下，都是根据手头拥有的存货水平来确定的。当订货批量很小而订货点很高时，往往会出现在前一份订单所订的物料还没有到达的时候，就有可能需要发另一份订购同一物料的订单的情况，如果不把将在订货提前期内到达的订货考虑在内，就有可能出现存货水平大于最大控制水平。接下来将考虑在需求是随机的情况下的订货点问题。由于在提前期中实际的需求量是不知道的，因而采用上式所确定的订货点，在实际情况下并不能保证存货一定能用到订货到达时。为了避免缺货，通常都是在根据上式确定的水平上，再加一部分保险存货作为订货点。

5.2.5.2 保险存货

如同在经济生产批量公式推导过程中讨论的，保持存货的原因之一是为了生产批量的凝聚。生产批量所确定的是周转库存，也即随生产过程周而复始地补充和耗减的库存。保持存货的另一个原因，是为了满足不确定的需求。在本章前一段的讨论中，我们假设提前期和需求都是确定的。订货点的确定，可以根据存货刚用完时，补充的货物也正好达到来估算。在独立需求情况下，提前期中每天有多少需求，实际上是难以精确预见的。另外，从订单发出到货物到达的时间间隔（即实际的订货提前期）也是变动的。在订货提前期中的实际需求，可以认为是一个随机变量。这个随机变量，可以用期望值和标准差来描述。如果什么时候存货用完可以什么时候补充，就能在瞬间获得所需要的物资来补存货，也就没有理由去关心需求的不确定性。如果，从发出订单到物料的到达之间有一个提前期，就有可能出现需求大于原来估计的情况，从而引起缺货损失。如果缺货的损失很高，需求的估计十分困难，而保持存货的财务风险又是有限的，则采用保持保险存货或缓冲存货的方法，就是克服缺货风险的可行手段。保险存货，是存货补充时手头存货的平均值。有时，在提前期内的需求低于期望值；存货补充时，手头存货高于平均值。有时，在提前期内的需求高于期望值；存货补充时，手头存货低于平均值。从全年平均来说，存货补充时的库存平均水平，就是保险存货水平。保险存货（ss）可以简单地通过提高订货点来建立，包括保险存货在内的订货点可以用下式表达：

$$RL=r\times LT+ss \tag{5-10}$$

式中 r——日平均需求；

LT——订货提前期，天；

ss——保险存货。

例如，某文具商店要在胶版纸上保持保险存货 25 令，胶版纸的日销售量平均为 5 令，而提前订货期为 6 个工作日，在这种情况下下，订货点为：5×6 + 25 = 55 令。

A 影响保险存货的因素

保险存货的最合适的水平，应根据情况而定。因为，保持保险存货的成本，应当与保险存货带来的好处相当。下列因素趋向于鼓励多保留保险存货；

(1) 由于缺货引起的成本或损失很高。如果存贮的是原料，缺货可以引起停产，使昂贵的劳动力和设施空闲，进而失去许多销售机会。某些产成品的缺货，可以引起交货延误，从而影响公司的信誉。当缺货的损失巨大时，为保持适当的保险存货，支付成本是明智的。

(2) 保持保险存货的成本较低。如果一个公司有适当的存贮空间和现成的资金，保持存货的成本可能不会很大。如果情况确实如此，扩大对缺货的防止程度，可能是资金的一种明智的应用。

(3) 需求的变动的范围和不确定性很大。这个条件涉及存货水平和预测精确性之间的关系。如果预测精确性提高，则所需要的保险存货就可以减少；反之，则要增加。有时候，保持存货要比花钱改善预测精度更为经济。

(4) 订货批量减少可以使缺货的机会增加。这个因素是有关订货量和缺货风险之间的关系。一个公司，只有在补充存货之前，才会有缺货的风险。如果全公司的供应每年只采购一次，那么它的缺货机会也只有一次。然而，这样的存货策略，会使存货保持的成本非常高。小批进货，可能会使公司以很高的频率面临缺货风险，进而可能导致额外的缺货成本。

从上述分析可以说明，批量公式和保险存货应当统一起来加以分析，同时求出订货量和保险存货的最佳值。然而，为了使分析比较简洁，许多情况下都采用先求订货量和保险存货量，而忽略两者之间的关系。

B 确定保险存货水平的方法

上面，我们讨论了存货水平的变动对公司所面临的缺货风险的影响因素，这些因素在确定订货点时是必须加以考虑的。接下来将介绍直觉经验法、服务水平策略法和最优期望成本法等确定保险存货的方法，在这些方法中已考虑了上面我们列举过的因素。当需求是随机的，存货到达订货点的时间也会有早有迟，从而使两次存货补充之间的时间间隔也变得不确定。在存货从最大存货水平降到订货点之间的这段时间内，公司并没有缺货的风险。即使在这段时间需求变动很大，也没有关系。只有在到了订货点之后到存货得到补充的这段时间内，需求的变动才有可能引起缺货。因而，分析订货提前期内的需求，定义这段时间中合理的最大需求，对于确定保险存货水平是有很大意义的。

(1) 直觉经验法。有时，物资部门的经理可以设定一个指导订货点和保险存货的比例。如果，他们在手头的存货相当于提前期正常需求的若干倍(比如 1.5 倍或 2 倍)时发出订单，就可以避免由于供方延迟交货、提前期需求上升或者两者同时发生而可能造成的缺货。然而，这个方法并没有正式考虑缺货概率、存货成本或缺货水平。对于过去的延期交货、相当于提前期长度时期内的需求期望值和波动的观察，使经理们在没有确定缺货概率和成本的条件下，得以确定订货点和提前期期望需求之间的比例。

(2) 服务水平和存货保持成本的分析。服务水平是公司所控制的存货满足需求的有效程度的度量。服务水平的定量有几种表示方法，人们常用订货提前期中需求完全能满足的概率来表示服务水平。这也是在存货周转中不发生缺货的概率。

为了确定服务水平，我们必须有提前期内需求的概率分布资料。提前期的实际长度的波动和提前期中日需求的波动，都应当包括在服务水平的策略分析中。提前期中的需求可以通过对以往的需求资料的分析来估计。设提前期中的需求为 D_L，可以根据以往的资料画出 D_L 的概率分布密度曲线，如图 5-11 所示。在图上，可以确定在一定服务水平下的订货点。

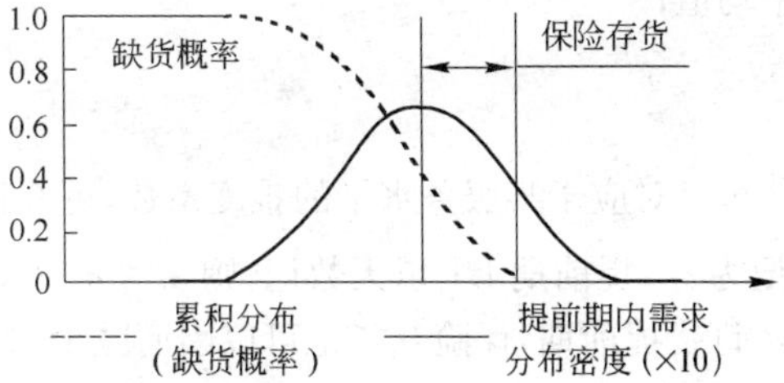

图 5-11 提前期需求分布和保险存货的确定

在提前期需求的概率分析中，重要的不是提前期中发生某种需求水平的概率是多少，而是发生高于某种水平的概率是多少。因此，采用累积分布曲线进行分析，应当更为方便。累积分布曲线的含义，在于直接表示提前期需求大于特定水平的概率，对应的累积分布曲线也是当订货点为 D_L 时，所对应的缺货概率的描述。如果缺货概率为 α，则服务水平是 $1-\alpha$。

从图 5-11 中可知，订货点越高，缺货概率越低。保险存货的水平越高，保持存货的成本也越高，可以把一个公司的服务水平和对应的存货水平画成一条曲线。根据这条曲线，经理们可以根据竞争形势和公司资金的富余程度来决定服务水平。如果，公司资金富余而竞争又较激烈，经理们可以选较高的服务水平。因而，服务水平的选择还是凭经验的。只有当缺货成本已知时，才有可能对服务水平的选择进行定量分析。

(3) 缺货成本分析和服务水平确定。通常情况下，随着服务水平的提高，存货成本也会显著提高。100%的服务水平，可能是一个非常昂贵的目标。但是，在某个合理的服务水平上，存货成本会低得多，因而缺货的损失也可以承受。将增加保险存货的成本和缺货的机会成本相比较，为求最优保险存货水平，可以求保险存货保持成本和缺货的机会成本的最小总和，也可以求增加保险存货引起的边际成本上升和缺货的机会成本的减少相等。前者是从总量来求最优，后者是从边际分析来求最优。

从边际分析的角度来看，根据存货成本的线性假设，每增加一份保险存货，其年存储费用就会增加 H。也就是说，保险存货增加的边际成本是一个常数。而增加保险存货所得到的边际效益(缺货成本下降)的期望值，却是随订货点的高低而变动的。随着订货点上升，缺货概率下降。因而，缺货的期望成本也下降。

年度的缺货成本的期望值可以做如下表述：设提前期内需求大于 D_L(订货点)的概率为 $P(D_L)$，假定每次缺货的单位机会成本为 C_S，则当订货点为 D_L 时，每次存货循环的边际缺货成本的期望值为 $P(D_L)\times C_S$。设年需求为 D，订货量为 Q，则每年的存货补充为 D/Q 次。因而，对于订货量为 Q，订货点为 D_L 时的年边际缺货成本的期望值为 $P(D_L)\times C_S\times(D/Q)$。可以注意到，随着订货点的上升，年边际缺货成本的期望值呈下降趋势。当增加存货所增加的成本等于增加存货减少的年边际缺货成本的期望值时，也就是最优的订货点。亦即：

$$H=P(D_L)\times C_S\times(D/Q) \tag{5-11}$$

解之可得：

$$P(D_L{}^*)=\frac{HQ}{C_S D} \tag{5-12}$$

式中 $P(D_L{}^*)$——最佳订货点 $D_L{}^*$ 所对应的缺货概率。

如果提前期需求服从已知的概率分布，则在 $P(D_L{}^*)$ 及其分布已知的情况下，$D_L{}^*$ 是可以求得的。如果提前期 LT 为常数，则：

$$RL = r' \times LT + Z\sigma_L \tag{5-13}$$

式中 r'——日需求量的平均值；

σ_L——D_L 的标准差；

RL——订货点；

Z——波动呈正态分布时对应于某服务水平的难度系数，可查正态分布表获得。

设日需求量的标准差记为 $\sigma_{r'}$，提前期 LT 以天数记，则 $\sigma_L = \sigma_{r'} \times \sqrt{LT}$。这就是说，如果可以通过电子数据交换系统缩短订货提前期，保险存货也可以因而减少。

［例 5-6］ 某商店年销售牛肉罐头 16640 瓶，每瓶罐头的年储存成本为 1.68 元，每周平均销售 320 瓶，标准差为 40 瓶，每次订货费用为 14 元，缺货成本为 2 元，订货提前期为 1 周，求订货点和经济批量。

解：$EOQ = \sqrt{\dfrac{2DS}{H}} = \sqrt{\dfrac{2 \times 16640 \times 14}{1.68}} = 527$ 瓶

$P(D_L{}^*) = \dfrac{1.68 \times 527}{2 \times 16640} = 0.0266$（缺货概率）

则服务水平，即满足需求的概率为：$1 - 0.0266 = 0.9734$，查正态分布表得：$Z_{1-0.0266} = 1.93$

$RL = r' \times LT + Z_{1-0.0266}\sigma_L = 320 \times 1 + 1.93 \times 40 = 397$ 瓶

答：每次订货量为 527 瓶，订货点为 397 瓶。

5.2.5.3 定期控制系统订货量的确定

定期控制系统是订购的时间预先固定，而每次订购的数量则不固定，订购量根据库存情况确定。可按下式确定：

$$Q = E - I - S_t \tag{5-14}$$

$$E = r' \times (T + LT) + ss \tag{5-15}$$

式中 Q——订购量；

r'——平均每日需用量；

T——订购间隔期；

LT——订购提前期；

ss——保险存货量；

I——实际库存量；

S_t——在途订货量；

E——目标库存量。

习 题

5-1 什么是库存，怎样认识库存的作用，不同种类的库存问题各有什么特点？

5-2 某公司每年出售 750 台音响，销售量无明显的季节性变化，每台音响的进价为 1650 元，年储存费用是进价的 22%，订货费用每次为 15 元，求：

(1) 最优订货量；

(2) 年订货费用和年总储存费用。

5-3 某医院平均每天使用 400 个一次性注射器，一次性注射器的进价有批量折扣：订货量为 1～1999 个时，单价为 1.20 元；订货量为 2000～4999 个时，单价为 1.00 元；订货量为 5000 个以上时，单价为

0.90元。平均一个注射器保存一年的存储费用为进价的20%，每次订货费用为60元，不考虑保险存货，采购批量应多大？

5-4 某自行车公司计划下年度生产特种轮胎40000只。生产率为每天200只，一年按250天计算。生产准备费用为一次200元，提前期为5天。单位生产成本为15元，储存成本为11.50元。试求经济生产批量、经济生产间隔期和订货点。

5-5 某物质分销中心每月平均销售500个油路过滤器，订货提前期为1个月，提前期内的销售量服从正态分布，标准差为100个，订货成本每次为60元，存储费用为：1.20元/(年·个)，缺货成本为：40.00元/个。求：

(1) 订货量；

(2) 年订货次数；

(3) 最优缺货概率；

(4) 订货点；

(5) 与上述决策相关的年存储费用。

5-6 某商店出售挂历，进价 $C=50$ 元，售价 $P=80$ 元。若一个月内卖不出，则每月按 $S=30$ 元卖出。挂历需求信息如表5-5所示，求该商店进多少挂历？

表5-5　挂历需求信息表

需求量/张	概率	$P(D)$
0～10	0.05	1.00
10～20	0.20	0.95
20～30	0.20	0.75
30～40	0.35	0.55
40～50	0.15	0.20
50以上	0.05	0.05

案例

詹姆(JAM)电子是一家生产诸如工业继电器等产品的韩国制造商企业。公司在远东地区的5个国家拥有5家制造工厂，公司总部设在汉城。

美国詹姆公司是詹姆公司的一个子公司，专门为美国国内提供配送和服务功能。公司在芝加哥设有一个中心仓库，为两类客户提供服务，即分销商和原始制造商。分销商一般持有詹姆公司产品的库存，根据顾客需要供应产品。原始设备制造商使用詹姆公司的产品来生产各种类型的产品，如自动化车库的开门装置。

詹姆电子大约生产2500种不同的产品，所以这些产品都是在远东制造的，产成品储存在韩国的一个中心仓库，然后从这里运往不同的国家。在美国销售的产品是通过海运运到芝加哥仓库的。近年来，美国詹姆公司已经感觉到竞争大大加剧了，并感受到来自顾客要求提高服务水平和降低成本的巨大压力。不幸的是，正如库存经理艾尔所说："目前的服务水平处于历史最低水平，只有大约70%的订单能够准时地交货。另外，很多没有需求的产品占用了大量的库存。"

在最近依次与美国詹姆公司总裁和总经理及韩国总部代表的会议中，艾尔指出了服务水平低下的几个原因：

(1) 预测顾客需求存在很大的困难。

(2) 供应链存在很大的提前期。美国仓库发出的订单一般要6～7周后才能交货。存在这么长的提前期主要是因为:一是韩国的中央配送中心需要1周来处理订单;二是海上的运输时间比较长。

(3) 公司有大量的库存。美国公司要向客户配送2500种不同的产品。总部给予美国子公司较低的优先权。美国的订单的提前期一般要比其他地方的订单早1周左右。

为了说明预测客户需求的难度,艾尔向大家提供了某种产品的月需求量信息。但是,总经理很不同意艾尔的观点。他指出,可以通过空运的方式来缩短提前期。这样,运输成本肯定会提高,怎么样进行成本节约呢?最终,公司决定建立一个特别小组来解决这个问题。

假如你是这个特别小组的人员,如何来解决以下几个问题?

(1) 对JAM公司来讲,什么是有效的库存管理策略?

(2) JAM公司应如何平衡服务水平和库存水平之间的关系?

(3) 提前期和订货点的变动对库存有什么影响,JAM公司该如何处理?

参考文献

1 威廉.J.史蒂文森.运作管理.北京:机械工业出版社,2005

2 Richard B. Chase 等.运营管理.北京:机械工业出版社,2004

3 陈荣秋,马士华.生产运作管理.北京:高等教育出版社,1999

4 陈荣秋,马士华.生产运作管理.北京:机械工业出版社,2004

5 张国有.生产经营.北京:经济日报出版社,1997

6 物料需求计划

物料需求计划(materials requirement planning,MRP)是在产品结构的基础上,运用网络计划原理,根据产品结构各层次物料的从属和数量关系,以每个物料为计划对象,以完工日期为时间基准倒排计划,按提前期长短区别各物料下达计划时间的先后顺序。

物料需求计划产生于制造业,是为组装过程中组成产品的各层次物料的批量生产而制定生产计划和时间进度安排的技术。它是一个基于计算机的信息管理系统,主要用于确定产品生产中构成最终产品的各种物料的需求量与需求时间。

本章将详细介绍 MRP 的相关内容。

学习目标:

1. MRP 方法的发展历程。
2. 掌握 MRP 的工作逻辑。
3. 掌握 MRP 时间参数的构成、决定批量的方法、安全库存量的计算方法。
4. 了解产品结构描述方法,零件清单的展开处理方式。
5. 了解能力需求计划的编制过程。
6. 了解 MRPⅡ的应用。

6.1 概 述

MRP 是由 IBM 的 Joseph Orlicky 和 Oliver Wight 顾问在 20 世纪 60 年代和 70 年代提出并完善的,MRP 是决定相关需求(相关需求的概念见 5.1 节)物料的数学建模工具。这些相关需求物料有制造、库存、配送中的原材料、部件、子装配件。

MRP 克服了以往库存理论解决独立需求问题的局限,能够很好地解决相关需求的问题,计算机技术的发展使得其得到广泛的应用。MRP 系统在计算机大力发展的条件下得以充分的应用,企业或公司可以开发自己的系统或从众多商业软件包中购买适合自己的软件包。

MRP 解决相关需求物料的计划和控制问题,其目标如下:

第一,在考虑现有库存的前提下,决定订购物料的类型和量。

第二,在考虑现有库存的前提下,决定内部制造的物料类型和量。

第三,在考虑物料提前期的前提下,确定合同完成是从外面购买还是内部制造。

作为计划工具,MRP 为运作提供了精确控制,涉及由 MPS 制定的生产最终产品必需的物料量及运送时间,这样的控制有助于避免仓库缺货、降低库存水平,最优利用人和机器。它还可以应用于配送系统,即配送需求计划。图 6-1 清楚地表明 MRP 在运作系统计划的各个阶段所处的位置。

MRP 经历了若干个发展阶段,即初期 MRP、闭环 MRP、制造资源计划 MRPⅡ、企业资源计划 ERP 等阶段,得到了广泛的应用和完善。

6.1.1 初期 MRP

初期 MRP 处理过程如图 6-2 所示。它是根据产品结构,各种物料(产成品、零部件、在制品)的库存、在途情况等数据,自动地计算出构成这些成品的部件、零件,以至原材料的相关需求量,生产进度日程或外协、采购日程。

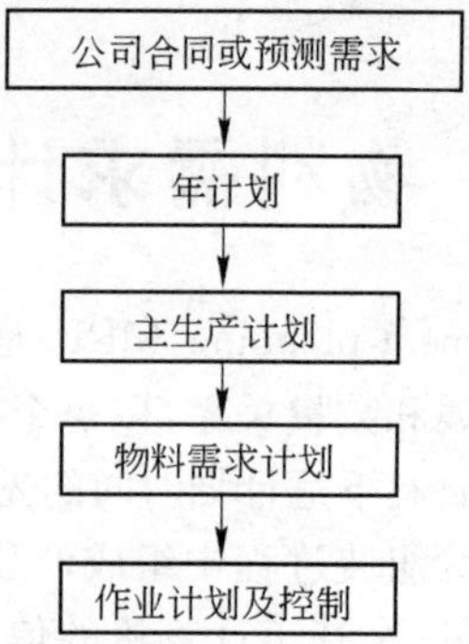

图 6-1　运行系统计划的各个阶段

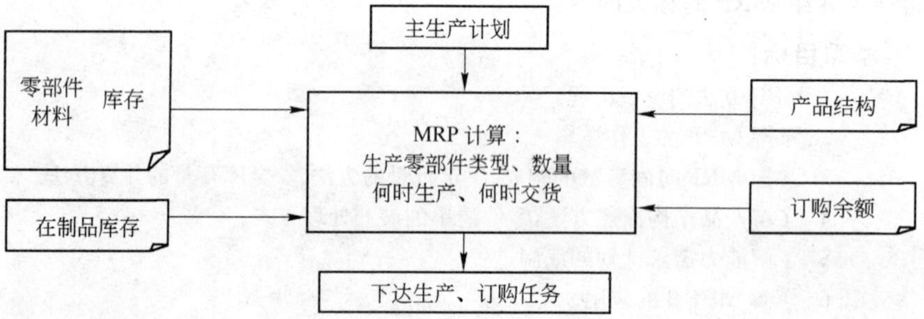

图 6-2　初期 MRP 示意图

初期 MRP 能根据有关数据计算出相关物料需求的准确时间与数量。但它没有解决如何保证零部件生产计划成功实施的问题，缺乏对完成计划所需的各种资源进行计划与保证的功能，也缺乏根据计划实施情况的反馈信息对计划的调整功能。因此，还深入不到企业生产管理的核心。

6.1.2　闭环 MRP

在闭环 MRP 中，主生产计划及物料需求计划计算完成以后，要通过粗能力计划、详细能力计划（即能力需求计划）等模块进行生产能力平衡。若生产能力不能满足计划要求，应根据能力调整相应的计划。同时，它还通过车间控制与采购，收集生产、采购活动的执行结果，及时反映在库存变化中。根据这些反馈信息，制定或调整下一周期的作业计划。由于增加了上述功能，闭环 MRP 形成了“计划——执行——反馈”的生产管理循环，可以有效地对生产过程进行计划与控制，如图 6-3 所示。

6.1.3　制造资源计划 MRPⅡ

在闭环 MRP 基础上，进一步扩展，将其与经营、财务相结合，形成制造资源计划。其具有模拟功能，不仅能对生产过程进行有效控制，还能对整个企业计划的经济效果进行模拟，为企业高级管理人员进行决策提供有力的支持，如图 6-4 所示。

6.1.4　企业资源计划 ERP

ERP 融合了离散型生产和连续型生产的特点，面向全球市场，协调企业各个管理部门围绕市场导向，更加灵活或“柔性”地开展业务活动，进一步提高企业的竞争力。

ERP 包含的功能除 MRPⅡ外，还包括工厂管理、质量管理、实验室管理、设备维修管理、仓

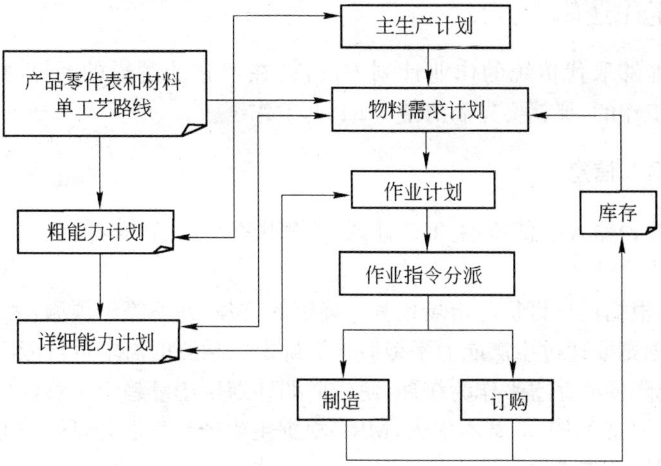

图 6-3 闭环 MRP 示意图

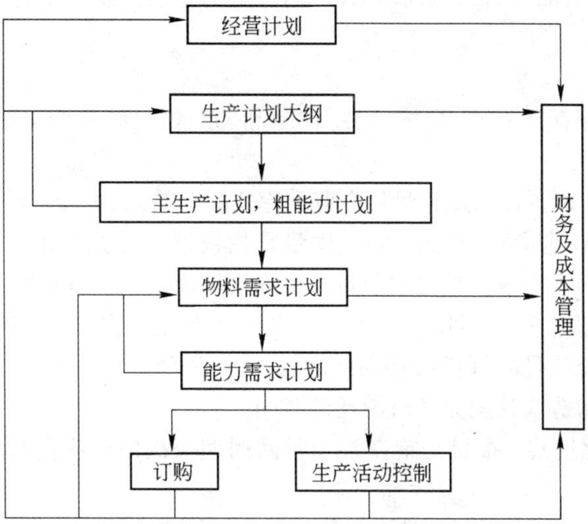

图 6-4 制造资源计划示意图

库管理、运输管理、过程控制接口、数据采集接口、电子通信(EDI、电子邮件)、法律法规标准、项目管理、金融投资管理、市场信息管理等。它将重新定义各项业务及其相互关系，在管理和组织上采取更灵活的方式，对供应链上供需关系的变动(包括法规、标准和技术发展造成的变动)，同步、敏捷、及时地做出响应。在掌握准确、及时、完整信息的基础上，做出正确决策，能动地采取措施。

作为商业软件，有各种类型与制造或服务活动相关的辅助管理软件系统，一般分为各个模块，每个模块负责相应的功能。例如：销售、制造、统计、工资、库存、配送、运输、项目管理等。

ERP 目前仍处在发展过程中。市场上主要有美国的 J. D. Edwards，Oracle，Peoplesoft，Baan，SSaGlobal 和欧洲的 SAP。SAP 的主要模块有：销售、配送、物料管理、生产计划管理、质量管理、工厂维护、人力资源、财务管理、项目管理。

我国的用友、金碟、联想等软件公司也在市场上占有少量份额。

6.2　MRP 的工作逻辑

MRP 之所以能够取代传统的作业计划方法，就在于它的逻辑的严密性。因此，如果要问 MRP 系统是怎么工作的，那就要先搞清楚 MRP 的工作逻辑。

6.2.1　MRP 的输入信息

MRP 系统有三种输入信息，即主生产计划、库存状态与产品结构信息。

6.2.1.1　主生产计划

主生产计划是根据用户订货与市场预测来确定的，但它并不等于预测，因为预测未考虑企业的生产能力，而计划则要通过生产能力平衡后才能确定。预测的需求量可能随时间起伏变化，而计划可通过提高或降低库存水平作为缓冲，使各周期计划生产量趋于一致，以达到均衡稳定生产的目的。主生产计划是 MRP 的基本输入，MRP 根据主生产计划展开，导出构成这些产品的零部件与原材料在各周期的需求量。

有些企业除生产成品外，同时还生产（销售）用于维修或试验用的备件、部件，它们属于独立需求。这些备件、部件的品种、数量、需求时间等，也应通过预测及用户订货来确定，并输入 MRP 系统中。

6.2.1.2　库存状态信息

库存状态信息应保存所有产品、零部件、在制品、原材料（统称为“项目”）的库存状态信息。主要包括如下内容：

(1) 计划库存量 $I(t)$。计划库存量指企业仓库实际存放的、可计划的库存量。

(2) 计划入库量（在途量）$S(t)$。计划入库量是指根据正在执行中的采购订单或生产订单，在未来计划周期项目的入库量。在这些项目入库的周期内，把它们视为可计划库存量。

(3) 提前期 LT。提前期是指执行某项作业从开始到完成所需用的时间。对采购件来说，是从向供应商提出对某个项目的订货，到该项目到货入库所消耗的时间；对于制造或装配件，是从计划下达工作任务到制造或装配完毕所消耗的时间。

(4) 订购（生产）批量 Q。批量是指在某个时间周期一次向供应商订购（或要求生产部门生产）某项目的数量。

(5) 安全库存量 S。安全库存量是为了预防需求或供应方面不可预测的波动，在仓库中经常应保持的最低库存数量。

(6) 已分配库存 A。已分配库存指库存中已分配给客户的量。它不能作为可计划库存。

(7) 期初库存 I。期初库存指在计划期已有的所有库存，包括已分配库存和安全库存。

(8) 期初可用库存 $I(0)$。期初可用库存指除去已分配库存和安全库存以外的库存，即：$I(0)=I-S-A$。

此外，还需输入和保存组装废品系数、零件废品系数、材料利用率等信息。

6.2.1.3　产品结构信息

产品结构信息又称为零件（材料）需求明细，如图 6-5 所示。以字母表示部件组件，数字表示零件，括号中数字表示装配数。从图 6-5 可见，最高层（0 层）的 M 是企业的最终成品，它是由部件 B（每件 M 产品需用 1 个 B）、部件 C（每件 M 产品需用 2 个 C）及部件 E（每件 M 需用 2 个 E）组成的。而第一层次的 B 部件，又是由部件 C、零件 1、2 各一件组成，依此类推，这些部件、组件和零件中，有些是工厂自己生产的，有些可能是外购件。如果是外购件，如图 6-5 中的 E 则不必再进一步分解。

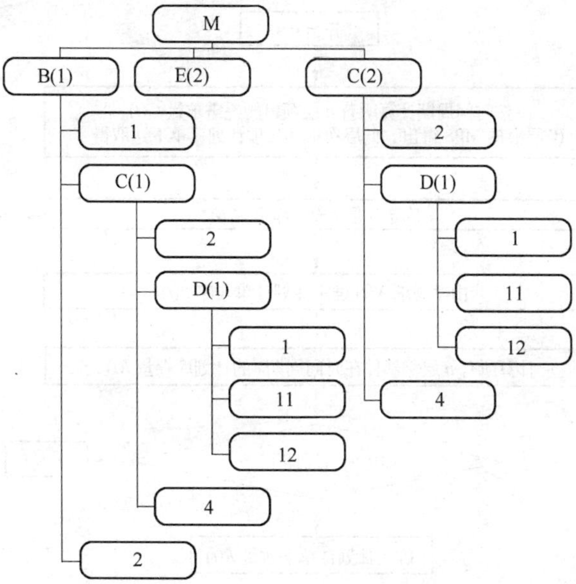

图 6-5 产品 M 的结构示意图

当产品结构信息输入计算机后，计算机根据输入的结构关系，自动赋予各部件、零件一个低层代码。低层代码概念的引入，是为了简化 MRP 的计算。当一个零件或部件出现在多种产品结构的不同层次，或者出现在一个产品结构的不同层次上时，该零(部)件就具有不同的层次码。例如：图中的部件 C 既处于 l 层，也处于 2 层，即部件 C 的层次代码是 1 和 2。在产品结构展开时，是按层次代码逐级展开。相同零(部)件处于不同层次就会产生重复展开，增加计算工作量。因此，当一个零部件有一个以上层次码时，应以它的最低层代码(其中数字最大者)为其低层代码。图中各零部件低层代码如表 6-1 所示。

表 6-1 产品低层代码表

件 号	低层代码	件 号	低层代码
M	0	1	4
B	1	2	3
E	1	4	3
C	2	11	4
D	3	12	4

一个零件的需求量为其上层(父项)部件对其需求量之和，按低层代码在做第二层分解时，每件 M 直接需要 2 件 C，B 需要 1 件 C，因此生成 1 个成品 M 共需 3 件 C。部件 C 的全部需要量可以在第二层展开时一次求出，从而简化了运算过程。

6.2.2 MRP 的工作逻辑

MRP 的工作逻辑如图 6-6 所示。其中各个计算量分述如下：

(1) 毛需求 $G(t)$。毛需求指项目的需求量，0 层项目的毛需求由其对应的 MPS 量得出，其他层项目的毛需求由其父项计划订单下达量得到。

(2) 净需求 $N(t)$。净需求指项目的纯需求量，由本期毛需求扣除上期计划库存及本期计划入库量得到，即：

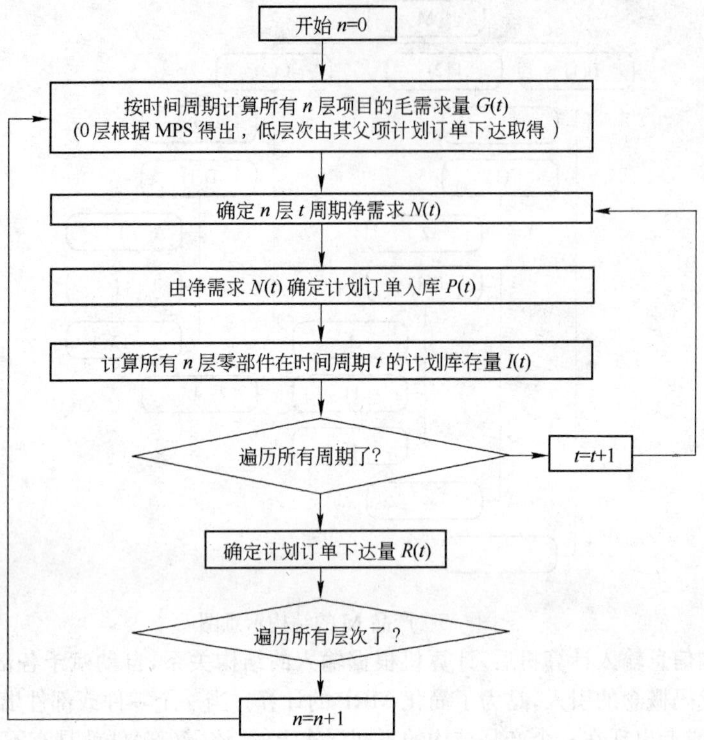

图 6-6　MRP 工作逻辑示意图

$N(t)=G(t)-I(t-1)-S(t)$,若 $N(t)<0$,取 $N(t)=0$

(3) 计划库存量 $I(t)$。计划库存量指库存中可计划的库存量,应由前期计划库存量加本期计划入库量和本期计划订单入库量扣除本期毛需求得到,即:

$I(t)=I(t-1)+S(t)+P(t)-G(t)$

(4)计划订单入库量 $P(t)$。计划订单入库量指按净需求并考虑批量要求所计划的本期入库量,即:

当 $N(t)<Q, P(t)=Q$;

当 $N(t)=0, P(t)=0$;

当 $N(t)<Q$,且有批量整数倍要求时,$P(t)=nQ$;

当 $N(t)>Q$,且无批量整数倍要求时,$P(t)=N(t)$;

若无批量要求,则 $P(t)=N(t)$。

(5) 计划订单下达量 $R(t)$。计划订单下达量指在考虑生产或采购提前期的前提条件下,满足计划订单入库量所需下达的各期计划订单量。本期的计划订单下达量为本期向后推移该项目提前期个周期所对应的计划订单入库量,即:

$$R(t-\mathrm{LT})=P(t)$$

在计算机中 MRP 的计算,是以矩阵形式展开的,典型的 MRP 参数和矩阵如表 6-2 和表 6－3 所示。

表 6-2　典型 MRP 参数表

批　量	提前期	期初库存	安全库存	已分配数量	低层代码	件　号

表 6-3 典型 MRP 矩阵表

	周期								
	期初可用库存	1	2	3	4	5	6	7	8
毛需求									
计划入库									
计划库存									
净需求									
计划订单入库									
计划订单下达									

MRP的计算是根据反工艺路线的原理,按照主生产计划规定的产品生产数量及期限要求,利用产品结构、零部件和在制品库存情况、各生产(或订购)的提前期、安全库存等信息,反工艺顺序地推算出各个零部件的出产数量与期限,由于它采用电子计算机辅助计算,因此具有以下三个主要特点:

第一,根据产品计划,可以自动连锁地推算出制造这些产品所需的各部件、零件的生产任务。

第二,可以进行动态模拟。不仅可以计算出零部件需要数量,而且可以同时计算出它们生产的期限要求;不仅可以算出下一周期的计划要求,而且可推算出今后多个周期的要求。

第三,计算速度快,便于计划的调整与修正。

下面结合实例说明 MRP 编制生产作业计划的过程。图 6-7 是产品 A 的结构及结构中各项目的提前期,表 6-4 和表 6－5 显示部分计算过程。

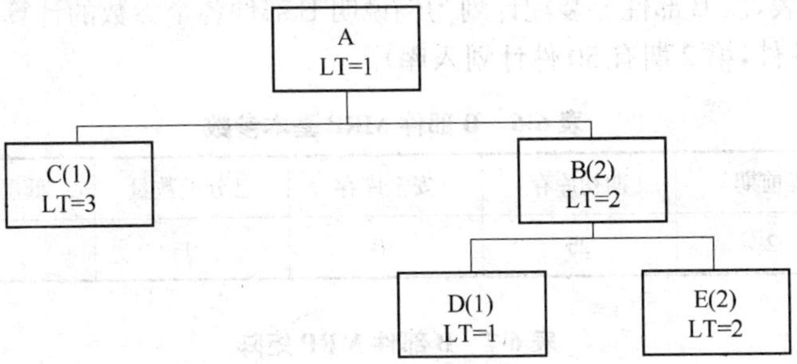

图 6-7 产品 A 的结构示意图

表 6-4 A 产品 MRP 基本参数表

批 量	提前期	期初库存	安全库存	已分配数量	低层代码	件 号
20	1	5	2	0	0	A

表 6-5 A 产品 MRP 矩阵表

	周期								
	期初可用库存	1	2	3	4	5	6	7	8
毛需求		10	12	13	10	12	10	11	10
计划入库(在途)		20							
计划库存	3	13	1	8	18	6	16	5	15

续表 6-5

	期初可用库存	1	2	3	4	5	6	7	8
		周	期						
净需求				12	2		4		5
计划订单入库				20	20		20		20
计划订单下达			20	20		20		20	

首先，编制产品 A 的总装计划，总需要量即 A 的出产任务。它由主生产计划确定，按生产周期分列。期初库存 5 件、安全库存 2 件及批量 20 件由库存文件提供，第 1 周期，计划入库 20 件由在制品文件取得，其余数据由计算机算出。第 1 周期计划产出 20 件，成品库中有 5 件，需用量为 10 件。因此到第 1 周期末，库存还有 15 件。第 2 周期，无计划产出，需用 12 件完全从成品库提取，故第 2 周期末，计划库存为 3 件。第 3 周期，需求量 13 件，仍无计划产出而成品库存已不够用，因此第 3 周期必须要有计划订单产出。由于批量为 20 件，计划订单产出量应为 20 件，期末库存为 10 件，依此类推。表中的计划订单投入量则是根据计划订单产出量及总装生产周期来决定的。从表 6-5 中看出，第 3 周期应产出 20 件。总装提前期为 1 周期，故这批 20 件就应在第 2 周期投入。同理，表中第 3、5、7 周期的计划订单投入量，是为满足第 4、6、8 周期计划订单产出的需要。

根据表 6-5 中的计算，最终可以算出各种部件的需用量，如第 2 周期总装投入 20 件，也就是：B 部件第 2 周期需要 40 件，C 部件第 2 周期需要 20 件（每件 A 产品需 B 部件 2 件、C 部件 1 件）。

之后，可进一步计算各个部件分装配和部件作业计划，表 6-6 和表 6-7 分别为 B 部件 MRP 基本参数表和矩阵表，以 B 部件分装配计划为例说明 B 部件各个参数的计算方法（B 部件由于外售需要，每期增加 5 件，第 2 期有 50 件计划入库）。

表 6-6　B 部件 MRP 基本参数

批　量	提前期	期初库存	安全库存	已分配数量	低层代码	件　号
50	2	25	10	0	1	B

表 6-7　B 部件 MRP 矩阵

	期初可用库存	1	2	3	4	5	6	7	8
		周	期						
毛需求		5	45	45	5	45	5	45	5
计划入库（在途）			50						
计划库存	15	10	15	20	15	20	15	20	15
净需求		0	0	30		30		30	
计划订单入库				50		50		50	
计划订单下达		50		50		50			

按上述算法可由计算机自动完成全部零部件作业计划的编制。

6.3 MRP的决策参数

由MRP工作逻辑的分析可以看到,要运行MRP系统除需要主生产计划、产品结构以及项目的库存状况等反映生产情况的信息外,还涉及一系列的参数,例如:时间参数(计划展望期、周期)、提前期、批量、安全库存量等。这些参数应该如何选取和确定,是MRP系统必须考虑的问题。

6.3.1 时间参数

6.3.1.1 计划展望期

系统生成物料需求计划所覆盖的未来时间区间,称为计划展望期。在计划展望期内,又分为许多时间段或周期(例如,前面列举的几个MRP矩阵,计划展望期为8周期)。MRP计划展望期的长度,要足以覆盖计划中物料的最长累计提前期,最长累计提前期是产品结构各层次上最长提前期之和。通过层层提前期求和,找出最长路径,才能决定计划展望期。

表6-8中的计划展望期为11周,比最长累计提前期(13周)短。如果采用这个展望期,将无法对最低层项目安排计划投入日期。因此表中的计划展望期,至少应扩展至13周,使之覆盖最长累计提前期。计划展望期愈长,预测最终产品的需求量愈困难。

表6-8 计划展望期

1	2	3	4	5	6	7	8	9	10	11
采购5周(欠2周)			制造3周			分装3周			总装2周	

6.3.1.2 时间段

计划展望期被分成若干个时间段,把各项目的需要量、预计到货量、可利用库存量、生产指令下达等一系列活动的连续时间,分割成时间段,按时间段来组织生产作业。规定各时间段的生产活动,一定要在该时间段内完成。对生产活动的调整,也要在时间段交界处进行。

在整个计划展望期内,通常采用相等的时间段。从理论上说,时间段长短可任意选择,但据统计约有70%的用户取一周为一个时间段。一些新的系统以日为时间段,使计划更为精确,同时可无限制地扩展计划展望期。这样的系统称为无时间段(buckless)MRP系统。

6.3.1.3 提前期

提前期是执行某项任务由开始到完成所消耗的时间。表6-9和表6-10描述了采购件与制造件提前期的组成内容。

表6-9 提前期的组成(订购件)

计划员工作时间	与供应商谈判时间	供应商提前期	验 收

表6-10 提前期的组成(制造件)

计划员工作时间	工作准备与检出时间	制造提前期							
		移动	排队	准备	加工	移动	排队	准备	加工

在表6-9和表6-10中,订单下达之前的时间段称为管理提前期,用来计划和准备订单。如果需求紧急,管理提前期可以降低为零。采购件的提前期由管理提前期、供应商提前期与验收时间等组成。制造件的提前期是管理提前期和制造工艺路线中每道工序的移动、排队等待、准备、加工时间之和。

计算 MRP 矩阵所用的提前期是计划提前期，而不是实际提前期。它的精确性并不是十分重要，在自动化程度不高的机械制造业里，零件等待加工的时间，占总生产提前期的 90%。而等待加工时间与任务的优先级有关，优先级高的等待时间大为缩短。因此追求计划提前期的“精度”是没有实际意义的。MRP 中所用的计划提前期，可凭经验公式估算。常用的经验公式是：

$$LT = 2N - 6$$

其中，N 为工序数。

6.3.2　批量

在 MRP 计算中，计划订购的数量并不一定正好等于净需求量，经常要用一些方法来进行调整。在实践中，常用的决定批量的方法，分为静态方法和动态方法两类。

6.3.2.1　*静态方法*

它是保持订货数量为一常数的方法。一般由下列因素确定：

(1) 经济订货批量。

(2) 受制造过程生产能力限制。例如：一炉钢生产量为 100t 或热处理炉能力为 200kg。批量低于生产负荷能力，经济效益会受影响。因而将生产能力定为固定批量。

(3) 运输能力及包装容器大小的限制。

(4) 物理尺寸和重量限制。

(5) 逻辑上的订货倍数。例如：打、箱等。

6.3.2.2　*动态方法*

前述 MRP 计算采用的是静态法，批量为固定值。在不同周期订货数量可能变动，常用的动态方法有：

(1) 直接批量法。直接批量法是最简单的动态批量方法。它将每个时期对项目的净需求量，直接用作订货批量。

直接批量法最适用于价格昂贵的项目，因为它不保存无用的批量库存，订货量恰好等于净需求量，随每次净需求的变化而改变，如表 6-11 所示。

一般来说，直接批量法不适用于标准件和通用件。

表 6-11　直接批量法计算表

周　期	1	2	3	4	5	6	7	8
净需求量		25	15	10		25	10	20
计划订单入库		25	15	10		25	10	20

(2) 固定周期批量法。固定周期批量法是动态批量方法之一。它生成订单的订货量等于固定的几个周期的净需求量之和。

表 6-12 中所使用的固定周期为 2，第 1 周期的净需求量，已由前 1 周期的计划订单入库来满足。

使用固定周期批量法，订货的间隔期保持相对固定，但订货量可能随需求的不同而变化。

表 6-12　固定周期批量法计算表

周　期	1	2	3	4	5	6	7	8
净需求量	20	15	30	20	30	25	30	10
计划订单入库		45		50		55		

以上各种方法计算出的批量,有时要根据实际情况作一些调整。例如,考虑运输或生产能力取整倍数、考虑报废系数等。

6.3.3 安全库存

为使生产经营活动正常进行,防止因需求或供应的波动引起缺货或停待料,仓库中各项目经常需要保持一定数量的计划库存量,称之为安全库存。安全库存是消除制造过程中不可预见变化的重要方法,但是,安全库存必然会增加库存费用。因此,需要确定一个适当的安全库存水平。

安全库存水平常用安全库存量来表示,当计划周期的计划库存量达到或低于安全库存量时,该周期就应该有计划订单入库,例如:部件A安全库存量为2件,当计划库存低于2件时就需有计划订单入库量。

确定安全库存的常用统计分析法的计算步骤如下:

(1) 利用历史数据求出平均预测误差。根据历史的各周期计划需求量与实际需求量的差别,计算预测误差如表6-13所示。

表6-13 预测误差计算表

预测周期	实际需求量	预测需求量	预测误差	绝对误差
1	31	25	6	6
2	20	25	-5	5
3	41	25	16	16
4	30	25	5	5
5	19	25	-6	6
6	20	25	-5	5
7	34	25	9	9
8	21	25	-4	4
合计				56

$$MAD = 56/8 = 7$$

(2) 选择服务水平,确定安全因子值。安全库存量的大小,将影响服务水平及成本。提高安全库存,从而使缺货概率减少,服务水平提高,但同时库存费用也随之升高。根据所选择的服务水平,可查阅有关书籍的安全因子表,找出与服务水平相应的安全因子值,如表6-14所示,计算安全库存量。

表6-14 服务水平与安全因子表

服务水平 (不缺货的订货周期)/%	安全因子
50	0.00
75	0.84
80	1.05
90	1.60
94	1.95
95	2.06
96	2.19
98	2.56
99	2.91

计算安全库存量的公式为：

$$安全库存量=MAD\times安全因子$$

如上例选择服务水平为95%，对应的安全因子值为2.06，MAD=7，求得：

$$安全库存=7\times2.06=14.42\approx15件$$

由公式可看出，减少安全库存量有两个途径：

1）降低不可预测的变化，即降低MAD。

2）承担较高的风险，即降低安全因子。

6.4　生产数据库

MRP系统的运行，需要大量生产方面的数据，因此，生产数据库的建立，是实施MRP的基础。

生产数据库统一管理（组织、维护）和提供生产管理所需数据库子系统，是生产管理系统的数据中心。它集中建立和维护生产经营活动所必需的基本数据资源，为生产经营各部门所共享。通过生产数据库对数据集中组织管理的主要优点是：

第一，可减少生产管理各部门间数据相交部分的重复存储，从而节省存储空间；

第二，减少更新重复数据项的操作，避免了冗余数据引起的不一致性；

第三，数据逻辑结构合理，适应系统功能扩展的需要；

第四，能以合理的组织和灵活的通信满足各种生产活动的要求。

6.4.1　生产数据库的基础数据

在生产数据库中集中组织与管理的基础数据主要有：产品定义数据、产品结构数据、加工工艺数据、工作中心数据等。

（1）产品定义数据。对企业的产品加以定义，称为“项目”。所谓项目可以定义为一种产品、一个部件或者一个零件，有时也可以将原材料、消耗品等定义为项目。由于管理习惯和数据描述方面的差异，许多系统不将原材料、消耗品等定义为项目，而将其归入物资供应子系统集中管理。产品定义数据是企业管理信息系统中最基本的数据集合，企业的每一产品、部件或零件都有唯一的定义和数据描述，例如：项目号、项目名称、类型（产品、部件、零件、标准件等）、计量单位、批量、安全库存、提前期（安全提前期）、制造或采购代码、存放位置、低层代码、工艺路线号、所用材料标准及价格等。

（2）产品结构数据。用以定义产品的结构，描述产品、部件、零件之间的装配关系与数量要求。关于产品结构在计算机中的描述方式，将在产品结构及零件清单中做介绍。

（3）加工工艺数据。可以分两级建立与维护，即工艺阶段数据和工艺路线数据。制造过程按物流顺序可以划分为若干工艺阶段。阶段的划分一般以工艺或车间为准，工艺阶段数据描述包括所在车间、提前期、起止工序、价格（或成本）增值及其他有关数据，为计划编制、车间之间的生产衔接及经济核算提供依据。工艺路线数据包括：工序号、工序描述、完成该工序的工作中心号、可替代的工作中心号、有无工装、工装号、工序准备时间、到达工作中心作业或批量的运输时间、工时定额、工序提前期等项内容。随着管理水平的提高，系统还可以对替换工艺、返修工艺、检验测试工艺等其他类别的工艺信息进行管理并为生产服务。

（4）工作中心数据。能力资源主要指人力资源及设备资源。为编制作业计划和进行能力平衡，需要按加工工艺特征，将能完成相同或相似工序的一组设备和（或）劳动力，划为一个工作中心，作业计划和能力平衡都围绕着工作中心进行。

工作中心数据包括：工作中心号、工作中心描述、每班可用机器数（或操作人员数）、工作中心利用率、工作中心效率、每班排产小时数、每天开动班次、工作中心一般排队时间、单位工时成本、单位台时成本、单位时间管理费等内容。

(5) 工具数据。有些生产数据库中还包括工具数据，其主要内容是：工具号、工具名、工具描述、在工具库中的位置、工具状态、可替代工具号、工具寿命、已使用的时间累计值、工具寿命计量单位等。

(6) 工厂日历。工厂日历是用于编制计划的特殊形式的日历，它是由普通日历除去每周双休日、假日、停工及其他不生产的日子，并将日期表示为顺序形式而形成的。表 6-15 表示普通日历与工厂日历的对应关系（按每周工作五天计）。

表 6-15 普通日历和工厂日历

一月

			1	2 001	3 002	4
5	6 003	7 004	8 005	9 006	10 007	11
12	13 008	14 009	15 010	16 011	17 012	18
19	20 013	21 014	22 015	23 016	24 017	25
26	27 018	28 019	29 020	30 021	31 022	

工厂日历文件将这种对应关系存入计算机中，通常作业计划按工厂日历编制，可以消除节假日、停工检修等因素干扰，提高作业计划的准确性。

6.4.2 产品结构及零件清单

6.4.2.1 产品结构

产品结构列出构成成品或装配件的所有部件、组件、零件的组成、装配关系和数量要求。它是物料需求计划产品拆零的基础。

制造业一般都有产品结构复杂、品种繁多的特点。许多企业在基本型产品的基础上，做一些更改（例如：增加或减少某些零部件）而形成许多变型产品。产品基型少而变型品种多，既能满足社会多方面的需要，又能减轻企业生产的工作量，提高经济效益。表 6-16 为 C620－1 车床基本型及变型产品的产品结构组成对比，在表中，用下划线标示出变型产品与基本型之间的区别。如果在数据库中对每种产品的产品结构都进行完整的描述，必然会造成大量的数据重复，例如，对表中的床头箱、走刀箱等的组成就要描述多次，当它们的组成结构有变化时，又要在多处进行修改。

表 6-16 C620-1 型（基本型）、C620-1M 型（变型Ⅰ）、C620-1B 型（变型Ⅱ）对比

<table>
<tr><td rowspan="2">C620－1 型</td><td rowspan="2">床头箱</td><td>主 轴</td><td rowspan="2">走刀箱</td><td>挂轮及挂轮架</td><td rowspan="2">溜板箱</td><td>联动丝杠机构</td><td rowspan="2">床 身</td></tr>
<tr><td>变速机构</td><td>变速机构</td><td>联动光杠机构</td></tr>
<tr><td rowspan="2">C620－1M 型
（变型 I）</td><td rowspan="2">床头箱</td><td>主 轴</td><td rowspan="2">走刀箱</td><td>挂轮及挂轮架</td><td rowspan="2">溜板箱</td><td>联动丝杠机构</td><td rowspan="2">带马鞍床身</td></tr>
<tr><td>变速机构</td><td>变速机构</td><td>联动光杠机构</td></tr>
<tr><td rowspan="3">C620－1B 型
（变型 II）</td><td rowspan="3">床头箱</td><td rowspan="2">主 轴</td><td rowspan="3">走刀箱</td><td rowspan="2">挂轮及挂轮架</td><td rowspan="3">溜板箱</td><td>联动丝杠机构</td><td rowspan="3">床 身</td></tr>
<tr><td>联动光杠机构</td></tr>
<tr><td>变速机构</td><td>变速机构</td><td>连锁防过载机构</td></tr>
</table>

为满足设计和生产情况不断变化的要求，适应变型产品增加的趋势，BOM 必须设计得十分灵活，使用户既能从 BOM 取得与每种产品相对应的零件清单，又不致在计算机中存储大量重复的数据。因此在计算机中采用将项目描述与结构描述分开。产品结构使用单级描述方法，如图 6-8 所示。图 6-8b 表示产品 A 和 K 的完整结构；图 6-8a 为这两种产品结构在计算机中的存储方式。由图可见，在计算机中对每种成品、部件只描述其直接下层，即产品结构数据按单级零件清单存储，每个单级零件清单只出现一次。每种零部件，无论它在多少种产品中出现，在计算机中只存储一次有关它的信息。例如，部件 D 在多个产品中要使用，而且在 A 产品中有两处用到 C 部件，C 是由 D 及其他零件组成的。但在描述中，只对 D 描述一次。若 D 部件的组成有变化，只要改变它在计算机中的单级零件清单，在各产品中它的结构也随之更改。在图 6-8 中，项目数据（根段）的存储内容如前面有关产品定义数据所述，产品结构数据部分存储内容为：父项件号、每个子项的件号、需求数量（装配一个父项所需的数量）等。

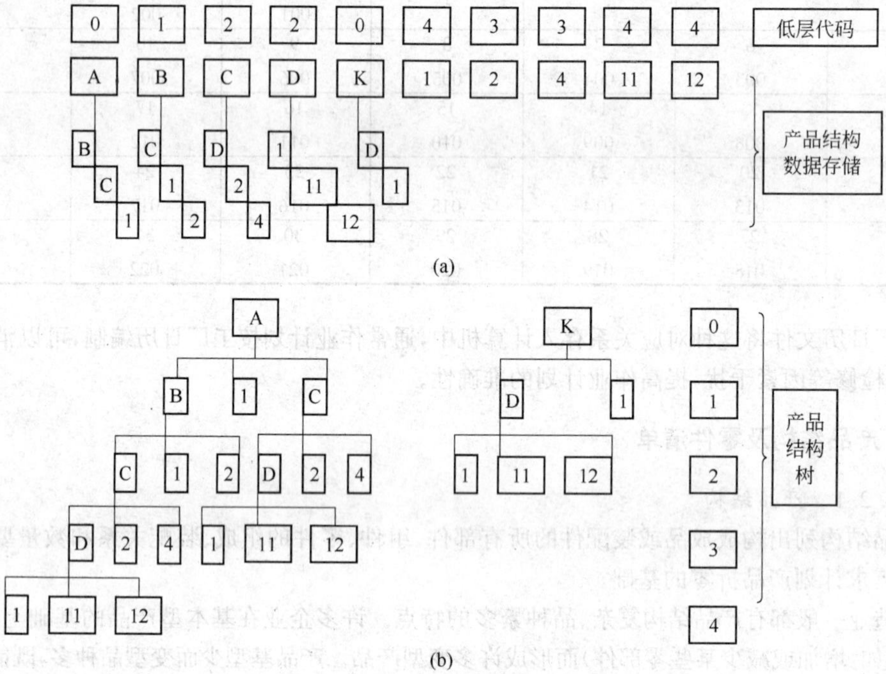

图 6-8　项目数据

a—产品结构数据存储、低层代码示意图；b—产品 A 和 K 的结构示意图

利用以单级清单为基础的产品结构数据，通过程序处理，可以生成不同形式的零件清单来满足生产经营管理的不同要求。

6.4.2.2　零件清单

提供给用户的零件清单，分为展开和反查两种处理方式。展开处理方式又称为拆零或分解，它通过分解产品或部件，求出其组成成分及每组分的数量。反查处理方式则与之相反，它采用追踪各零部件在哪些上级装配件中使用及使用数量多少的方式。每种处理方式又有不同的输出形式。例如：展开型清单有以下三种输出形式：

（1）单级展开，即按水平分层顺序分拆一个装配件，求出它的直接组成部分，如图 6-8a 所示。

（2）层次展开，即按产品、部件的装配形态自上而下分解装配件，直到最基本的零件为止。

(3) 综合展开，即按产品汇总列出一个产品所需各种零部件总需要量的清单。

类似于展开型零件清单，反查型零件清单也有单级反查、层次反查、综合反查等输出形式。

6.4.2.3 产品结构描述的几点说明

在产品结构描述中有一些应考虑的共性问题，主要有：

(1) 固定零件清单。如果企业生产的产品是由固定的零件清单构成，不存在变型或选择件，产品间通用件很少，那么就没有必要采用单级展开的形式描述，可以使用固定型零件清单。

(2) 大量变型产品和任选件处理。在一般情况下，采用上述的单级零件清单展开方式，对每种变型或选择组合产品，分配一个项目号就能准确地提供有关基本型和变型产品的结构信息。如果产品有大量选择组合、变型产品太多时，可能造成太多数据重复。不宜采用分配新项目号的办法，而是根据情况采用下面两种处理方法：

第一，当众多的变型是由几种基本部件按不同的选择组合形成时，采用产品结构模块方法。例如，卡车生产厂，有不同类型的发动机、底盘、栏板、颜色可供用户选择。若有 10 种发动机、4 种底盘、2 种栏板、30 种颜色进行不同组合，便可能形成 10×4×2×30 = 2400 种产品。如图 6-9 所示，如果按产品结构存储，就要存入 2400 种结构，从而使 MRP 展开复杂化。

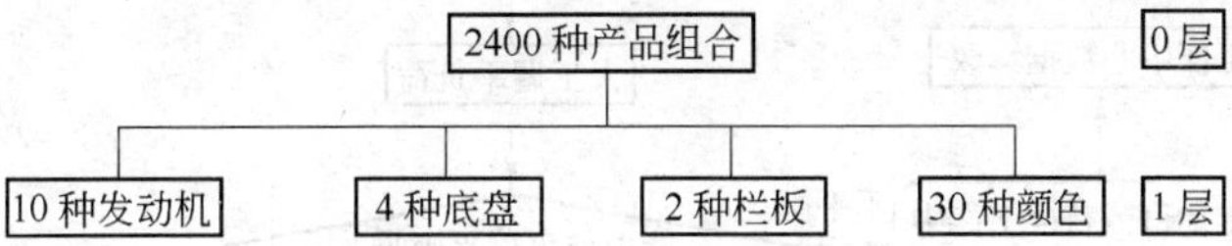

图 6-9 产品结构模块示意图

解决上述问题可采用结构模块方法，即去掉产品层(0 层)，代之以部件层(1 层或更低层次)作为最终状态。上例若以第 1 层为最终状态，总共只有 10 + 4 + 2 + 30 = 46 种结构，比 2400 种少得多。产品的预测也可预测到第 1 层，采用时间序列分析法，由过去用户订货可以推测出各类部件选择的比例。例如，过去销售状况表明 75%的用户需要 A 栏板；25%的用户需要 B 栏板。如果每期生产 100 辆卡车，将计划订购 75 个 A 栏板、25 个 B 栏板。

第二，当众多的变型是由于某些项目的取舍(例如：轿车中是否装空调、是否装保险带等)而形成时，可以采用在产品结构记录中增设数据项的方法，用来识别这些项目的选择属性，在零件清单生成时决定取舍。

6.5 能力需求计划

在编制主生产计划时，一般要在总体上进行能力平衡核算，即粗能力计划工作。但是，对于多品种小批量生产的企业，生产的产品品种、数量每月各不相同，生产能力需求经常变化。当总负荷核算平衡时，每个生产周期、每个工作中心可能并不平衡。所以还要按照较短时间周期、更小的能力范围(加工工作中心)进行详细负荷核算与能力平衡，称为能力需求计划。能力需求计划的处理过程如图 6-10 所示。

它是根据 MRP 的零部件作业计划、生产数据库中的工作中心文件、工厂日历、工艺路线文件以及车间在制任务文件等信息，进行以下处理：

第一，编制工序进度计划；

第二，根据工序进度计划，计算出对每个工作中心在计划期间内的能力需求(即负荷)；

第三，查定各工作中心实际可用能力；

第四，进行负荷与能力分析，分析结果以负荷与能力直方图、负荷分析报告表示；

第五，负荷与能力调平。

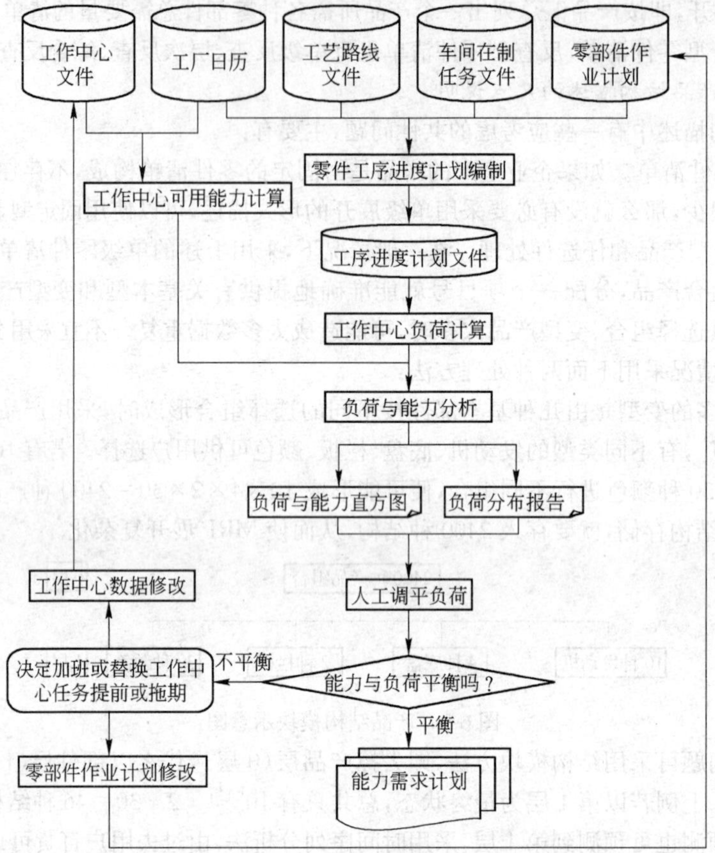

图 6-10　能力需求计划处理过程示意图

6.5.1　编制工序进度计划

通过 MRP 展开，已获得各零部件计划订单下达（即投入）日期（开工日期）、计划订单入库日期（完工日期）以及数量。利用上述两个日期，产生两种编制零（部）件工序进度计划的方法：

（1）倒序编排法。它由零件的最晚完工日期开始按反工艺路线的顺序，往前推出各道工序的开始与完工日期。

（2）正序编排法。它是由零件的订单下达日期（最早开工日期）开始按工艺路线顺序向未来推移，计算出各工序的开始和完工日期。

两种编排方法如图 6-11 所示。按倒序排出的订单下达（开工）日期是最晚开工日期，如果晚于此日期开工，零件就不可能按期完工。按正序编排的订单下达日期是最早开工日期，在此之前零件加工条件尚不具备。两个开工日期之差是订单下达的松弛时间。

由此可见，正序编排法编出的进度计划，留有一定富裕时间，以防因任务拖期影响按期交货，其缺点是增加了在制品和延长了制造提前期。倒序编排法没有富裕时间，可减少在制品及缩短制造提前期，其缺点是有因任务拖期而延期交货的风险。

6.5.2　编制负荷图

当所有订单都编制了工序进度计划以后，以工作中心为单位编制负荷图。首先，计算工作中心负荷。对每个工作中心，按周期将各订单所需的负荷定额工时累加，获得各工作中心各周期的

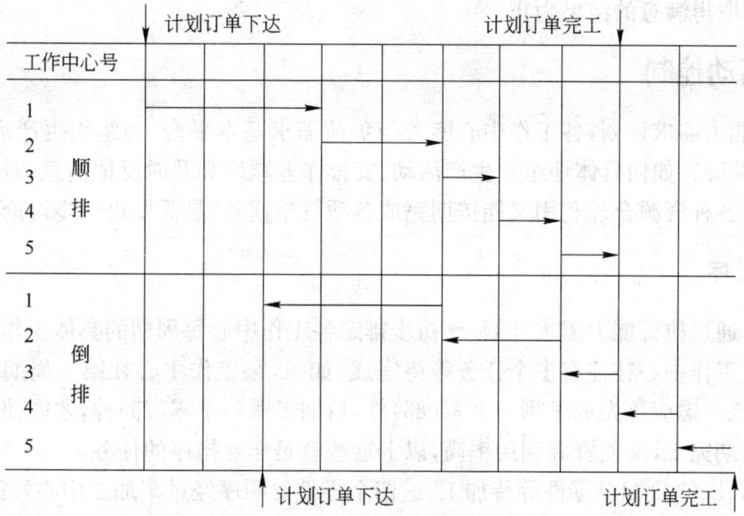

图 6-11 排序法对比示意图

计划负荷需求。同时,计算工作中心可用能力。每周期工作中心可用能力可按下式计算:

可用能力=机器数或操作人员数×班工时×日班数×周期工作日数×利用率×效率

公式中计算所需数据可由工作中心文件及日历文件获得。然后,根据工作中心负荷及工作中心每周期可用能力,确定各工作中心的负荷与能力直方图和负荷分布报告,如图 6-12 所示。

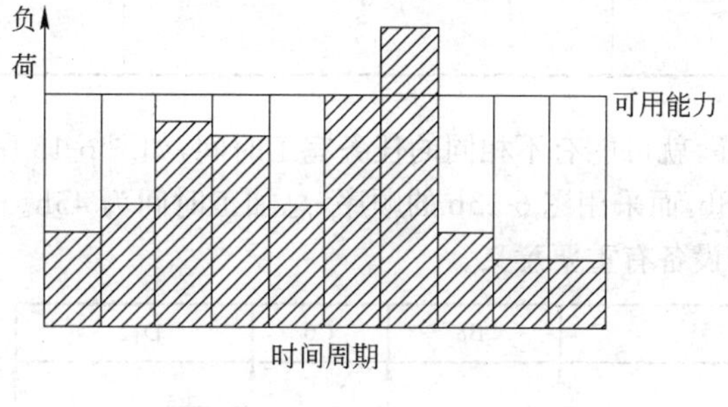

图 6-12 负荷与能力直方图

6.5.3 负荷与能力调平

如果大多数工作中心表现为超负荷或欠负荷,而且超欠量比较大,说明能力不平衡。引起能力不平衡的主要原因有:主生产计划不全面,例如,维修件订单未列入主生产计划中;能力数据不准确;粗能力计划中未进行“瓶颈”工作中心的能力平衡;提前期数据不准确等。对上述各种引起能力问题的因素进行分析,找出原因,逐个纠正。

纠正上述存在问题以后,能力和负荷仍不平衡时,就要通过增加或降低能力;增加或降低负荷;同时调整能力或负荷等方法,将能力与负荷调平。

调整能力的主要措施有:安排加班,采用可替换工作中心,购买可选用件代替自制件,改善设备利用率和效率。

调整负荷的主要措施有:订单的提前或拖后安排,减少准备时间,实行交叉作业或分批作业等。

采取上述调平负荷与能力的措施后,应修改相应的数据。例如:加班、改善设备利用率和效率等应反映在工作中心文件中,减少准备时间应反映在工艺文件中。根据新数据,重复运行能力需求计划,直到取得满意的结果为止。

6.6　生产活动控制

通过编制能力需求计划,各工作中心能力与负荷需求基本平衡,为组织生产活动、安排作业(派工)打下了基础。如何具体地组织生产活动、安排作业顺序和及时反馈信息,对生产活动进行调整与控制,使各种资源合理利用又能按期完成各项订单任务,是需要进一步讨论的问题。

6.6.1　作业排序

如前所述,通过执行能力需求计划,已初步排定各工作中心每周期的具体工作任务。但是在同一周期,一个工作中心往往有多个任务等待完成,如果,某工作中心在第 1 周期有几项任务需完成。这时就该考虑应该先加工哪一个零(部)件,后加工哪一个零(部)件,才能使整个任务加工时间短、保证按期完工,又使资源利用率高,以上这些就是作业排序的任务。

例如,有 A、B、C、D 四个零件等待加工,这四个零件要顺序经过车加工中心和铣加工中心,各零件工时定额如表 6-17 所示。

表 6-17　工时定额列表

零件名称	车加工定额/h	铣加工定额/h
A	15	4
B	8	10
C	6	5
D	12	7

采用不同的加工顺序,就可能有不相同的任务完工时间,如图 6-13 所示。若采用图 6-13a 所示顺序,总加工时间为 48h,而采用图 6-13b 的顺序,总加工时间为 45h。由此可见作业排序对缩短总加工时间,有效利用设备有重要意义。

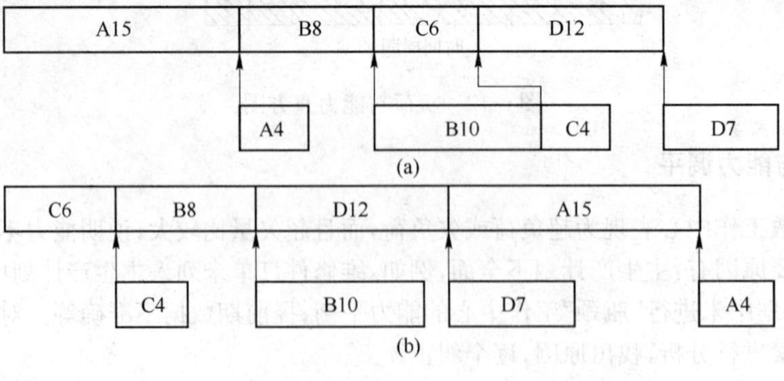

图 6-13　加工顺序

a—第一种加工顺序;b—第二种加工顺序

如何进行作业排序,许多生产管理研究人员进行了大量的研究工作,一些人试图用数学方法寻求最优解,但至今仍没有一个最优解的有效算法。目前,对于大规模的排序问题,按优先规则进行计算机模拟是最有效的方法。它是根据不同的目标确定优先规则,按优先规则算出各任务的优先数,优先数小的(有的系统采用优先数大的)优先级别高应先加工,由此排定加工顺序。

优先规则很多,据统计,约有 200 多种。优先规则随追求的目标不同而异,常见的有以下几类。

6.6.1.1　追求加工时间最短采用的规则

追求加工时间最短应采用的规则如下：

(1) 最短加工时间规则，即作业优先数等于工序占用时间。

(2) 最小剩余工作时间规则，即作业优先数等于未完工序的工序占用时间总和。

(3) 最少未完工序数规则，即作业优先数等于还未完成的工序数。

(4) 总加工时间规则，即作业优先数等于该任务全部工序占用时间总和。

6.6.1.2　为了满足事先规定的交货日期采用的规则

为了满足事先规定的交货日期应采用的规则如下：

(1) 任务完工日期规则，即作业优先数等于任务完工日期。

(2) 富余时间规则，即作业优先数等于剩余时间与剩余加工时间之差。

(3)富余时间与剩余工序数之比规则。

(4) 工序最晚完工日期规则，即作业优先数等于最晚完工日期。

上述优先数小者其优先级高，应优先安排加工。

除上列规则外，还有为填平负荷、使设备利用率高而采取的优先规则，以及兼顾各目的的组合优先规则等，可根据作业的目标选取。

6.6.2　任务下达

任务的下达，按以下三步进行。

(1) 按工作中心建立可排序的作业集合。这些作业是生产作业计划规定的该周期的任务，且具备作业下达条件，即具备作业所需材料、零部件、工具、能力。

(2) 计算各作业的优先级。按前面介绍的优先规则及算法，计算作业的优先数(或优先级)。

(3) 下达任务。作业分配过程如表 6-18 所示。在工作中心可排序的作业集合中，将最高优先级的作业分配给第一台可利用的机器，下一个最高优先级的作业分配给第二台机器……如此继续，直到工作中心的每台可利用机器都分配一个作业。用同样的方法分配下一个工作中心的作业。当全部工作中心可利用的机器都安排了一个作业之后，模拟时钟增加一个步距，在第一个工作中心再次开始分配，直到时间达到规定时间为止。

根据作业分配的结果，输出作业分配表。现场操作人员根据作业分配表进行生产活动。

表 6-18　作业分配过程表

工作中心		优先级				
工作中心 1	机器 1 机器 2 机器 3	A	B	C	D	E
		59	60	99	28	50
工作中心 2	机器 1 机器 2	F	G	H	I	
		50	100	70	40	

工作中心 1：机器 1：C，E

机器 2：B，D

机器 3：A

工作中心 2：机器 1：G，F

机器 2：H，I

6.6.3　信息反馈与生产控制

任务下达以后，理想的情况是完全按照所制定计划的要求，执行分配工作，按时完成订单。但是，在实际计划执行过程中，很可能出现工作中心的生产落后于原计划或提前于原计划的情况，例如：机器出现故障、人员缺勤、工件在转移过程中出现错误、出现次品等，均会使实际生产进度偏离计划要求。因此，必须监视每个工作中心的活动，及时反馈实际生产情况的信息，以便采取相应的对策进行控制。

6.6.3.1　输入/输出报告

它由工作中心的计划日产量与实际生产量记录信息组成。内容包括：计划的与实际的输入负荷，计划的与实际的产出，结果偏差等。

利用输入/输出报告可以分析生产中存在的问题，采取相应的措施。

将计划输入与实际输入进行比较的目的是监视作业订单进入工作中心的情况。当某工作中心计划输入大于实际输入时，通常表明作业任务拖期到达这个工作中心，应采取的措施是检查前序工作中心，以确定产生拖期的原因；如果计划输入小于实际输入，通常表示作业任务提前到达工作中心，需采取的措施是检查前序工作中心定额，是否低估了该工作中心的能力。

将计划输出与实际输出进行比较，可以表示出每个工作中心是否完成了进入该中心的全部加工任务。

6.6.3.2　状态报告

反馈的状态报告主要有：

(1) 拖期任务报告，它将计划工序排产日期与当前状态相比较。

(2) 物料短缺报告，它说明短缺物料号及数量。

(3) 设备状态报告，它给出由于计划外维修、故障等所造成的不可用设备信息。

上述各反馈信息是现场管理人员调度、控制生产的依据。若实际情况与计划偏离较大，或通过本周期的调整偏差仍超过允许范围，则应将信息反馈给系统，作为下周期制定计划的依据。

6.7　MRPⅡ的应用

MRPⅡ是解决现代化生产管理的有效方法，是整个生产经营管理的通信和决策支持系统，对生产组织一体化有很大的帮助。但在MRPⅡ的具体应用中，需了解以下问题。

6.7.1　MRPⅡ与现行计划方式的主要区别

6.7.1.1　计划对象不同

现行计划多是按工号(台套)下达生产任务，而MRPⅡ在安排零部件作业计划过程中，打破了产品的界限，汇总各时间周期对各个部门的总需求量，按照批量准则组织计划订单下达，实现按零部件组织生产。它将各时间周期中各产品生产任务的特点抹去，将多品种、小批量的需求在零部件一级统一安排，实现按适宜的批量生产，从而使成本降低，生产周期缩短。

6.7.1.2　计划时段不同

现行计划方式多数按月、旬下达生产任务，MRPⅡ的计划时段则可根据需要精细到按周、天直到按小时安排生产。这样做的好处是：

第一，容易做到均衡、准确、及时地组织生产。

第二，目前常见的月初松、月末紧的现象导致物流不畅、设备和人力等资源利用不善，资金占用多，这也是成本高的原因之一。计划时段越短，越容易做好能力平衡，实现均衡生产。

第三,市场是不断变化的,计划也应随市场需求变化而变化。时段越短,应变能力就越强。

6.7.1.3 计划编制方式不同

现行计划方式往往由销售、生产、供应、财务等部门分头计划,各部门间沟通不够。MRPⅡ则做到计划体系统一、各级计划能及时、准确地反馈,可以进行动态调整。

计划是管理中最重要的职能,是企业管理中的"龙头"。企业的各种生产、经营活动都是在计划的指导下进行的。MRPⅡ就是突出"计划"这个最重要的职能,以计划管理作为系统的主线,遵循计划管理的客观规律,使用计算机为工具辅助处理大量的数据,科学地解决了生产制造的计划与控制问题。

6.7.2 MRPⅡ实施的基本条件

实施MRPⅡ除需要计算机硬件、软件以外,还需要以下基本条件。

6.7.2.1 客观需要是企业实施MRPⅡ的第一推动力

企业要实施MRPⅡ系统必须有明确的目的,必须对MRPⅡ的功能、特点有足够的了解。以下情况下会产生开发MRPⅡ系统的需求:

第一,企业产品品种增加,批量减少,信息量增大,原信息系统满足不了变化的需求,提供不了或不能及时提供管理所需的信息。

第二,企业的管理系统不能适应市场竞争,以销定产的机制,不能满足用户需求。

企业力求在国内外市场竞争中取胜,有提高生产管理水平、提高生产率、降低库存、缩短提前期、改善用户服务水平的强烈愿望,因而才会认真开发系统并坚持实施。

6.7.2.2 组成以企业主管领导为首的决策机构,是实施成功的重要条件

MRPⅡ系统成功的关键所在是"人"。高层管理人员的参与程度,各级管理人员的积极性,以及公司职工对MRPⅡ实施工作的态度,已被公认为是成功实施MRPⅡ最重要的条件。

实施MRPⅡ在企业各层次,都遇到与传统管理模式相抵触的矛盾,需要在整个企业内组织和调配人力、物力和财力,必须按照系统工程的方法进行协调开发。这就决定了厂长(经理)在开发MRPⅡ中的重要地位。由于涉及部门多、关系复杂、习惯势力大,因而需要主要领导的参与和推动。主要领导的直接参与领导,不仅可以增加MRPⅡ开发过程中每一个行动步骤的权威性,而且对培养全体职工的参与意识、提高职工对计算机应用重要性的认识都将起到巨大作用。

国内外经验证明,组成以主管领导为首的MRPⅡ实施领导小组作为项目的决策机构,站在企业经营战略的高度指导MRPⅡ的实施,这种做法是十分必要的。领导小组的主要职责是:提出系统的目标、开发策略和开发计划;组织协调MRPⅡ系统与其他计算机应用系统,例如:计算机辅助设计(CAD)、计算机辅助工艺(CAPP)、计算机辅助制造(CAM)等的接口与系统集成问题;调动与组织有关管理部门和信息管理机构,逐步实施系统;组织调整不合理的、与新系统不相适应的机构、体制与制度;在系统实施的主要阶段,组织方案审批和成果技术鉴定。

6.7.2.3 完整和准确的数据是MRPⅡ实施的基础

MRPⅡ系统实施需要大量的数据,这些数据可分为两类:

(1) 相对稳定的固定数据,其包括项目(产品、零部件、毛坯、原材料)定义、产品结构、工艺路线、工作中心数据等。

(2) 动态数据,例如:库存文件、生产统计等,这些数据有一定的时效性。

所有信息都应力求准确,为保证数据正确性,美国生产管理专家菲利浦·奎克利(Philip Quigley)在美国工业工程杂志上提出检验数据正确性的三个抽样检查测试:

第一,将已装箱和准备发货的最终产品拆散,并将之与BOM相核对。必须做到100%的准确。

第二,从库中取出两种样本零件,查其实际库存量,与库存记录相对照,偏差应在 1%～2% 之内。

第三,由生产调度部门取得当前生产状况报表(例如:本周期下达任务、下周期(或厂月份)计划),并由物料控制与装配部门取得相应信息。从不同部门取得的信息误差应在允许范围之内。

在这些测试中,第一个和第二个是用来证实 MRPⅡ系统输入信息的正确性,第三个则是为了保证管理部门与生产第一线的协调。奎克利指出,为使 MRPⅡ成功运行,必须周期性地进行这些检测工作。

6.7.2.4　教育培训提高职工队伍素质,是实施 MRPⅡ的重要保证

MRPⅡ的实施,要求企业全体员工的支持,工程师应提供准确的物料单和工艺路线;仓库管理人员要保证库存准确性在 95%以上;生产操作者应及时反馈生产信息等。因此,实施 MRPⅡ系统应对全体管理人员及生产操作者进行教育,使他们了解 MRPⅡ管理思想和方法与传统管理思想和方法的区别,了解实施 MRPⅡ的意义与作用。应对不同人员进行专门培训,例如:对开发人员培训生产管理知识,对工程技术人员培训 MRPⅡ知识,对管理人员和操作人员培训现代化管理理论、手段以及 MRPⅡ知识,吸收他们参与系统分析、系统设计和 MRPⅡ的实施工作,使他们积极参与和支持 MRPⅡ工作;对具体操作工人(例如:数据整理员、录入员等)进行专门培训。

通过教育与培训,使企业从领导到基层管理人员,从开发人员到用户,齐心协力、互相配合,保证系统的顺利实施。

6.7.3　我国传统的管理模式与 MRPⅡ实施条件的差距

MRPⅡ是一种组织现代化大生产的技术,一种科学的管理工具,它的应用有其特定的背景及应用条件。我国工业企业要应用 MRPⅡ,则应该正视其背景因素,积极创造适合于国情的应用条件,才能发挥 MRPⅡ之功能。

我国传统企业有其特定的背景,它基于我国国土面积大,资源丰富,劳动力充足的估计,受几千年"自给自足"小农经济思想的影响,在追求以产值为目标的外延式扩展模式时,以高于发达国家三倍以上的能源及原材料消耗,来维持庞大的"大而全"、"小而全"的工业生产体系,使整个经济处于投入多、产出少,消耗高、效益低的粗放型发展状态。

改革开放后,我国企业的经营机制由生产型向生产经营型转变,目前正处于向市场经济体制转变过程中。改革是一个相当长的过程,因此工业企业中许多情况与 MRPⅡ条件和假设相矛盾。现将我国企业管理现状与 MRPⅡ应用条件的差距列于表 6-19 中。在我国实施 MRPⅡ的过程,就是要逐步缩小表中所列差距,这样将有助于企业从计划经济向市场经济转变,由粗放管理方式向集约化方式转变。

表 6-19　我国企业管理现状及 MRPⅡ应用条件

项　目	应用条件	企业管理现状
物料及原材料供应	能及时从市场买到	尽可能多订货,代用料、件多
与供应商关系	从多个供应商中选择物美价廉的产品	国家或上级管理,依靠关系,质量得不到保证
库　存	每件物料入库、出库有记录,统一编码、货位,库存准确	库存积压严重,没有固定货位记录,账物不符

续表 6-19

项　目	应用条件	企业管理现状
在制品	正常时取消等待加工队列	在制品积压多，对缺少敏感
产品质量	记录废品数，对其进行分析，找出质量原因	废品较多，管理混乱，难以控制
批　量	对库存费用、生产准备费用以及订单统筹考虑，确定最佳批量	生产中操作人员及设备的随机性大，难以控制
生产周期	工时定额准，提前期能严格控制	工序多，生产准备及等待难以控制
设备能力	统一核算、考虑设备维修	设备落后，维修量不确定性大
反馈信息	实时跟踪、动态调整	工单填写不及时，人为因素多，且反馈周期长，变化反应慢
人员素质	操作人员技术水平高、管理人员管理水平高	操作人员、管理人员的素质有待提高

6.7.3.1　从以产定销到以销定产

MRPⅡ根据“以销定产”安排计划，是对传统计划经济下“以产定销”安排计划的彻底否定。这对促进商品经济的发展，促进企业向生产经营型机制转化，起到了积极的推动作用。

过去，企业只注重考核完成的工作量。上级机关重视产值指标，以设备或者其他制造资源为中心组织生产，追求设备的满负荷，追求每个工人每时每刻必须有活干，不注重产品的生产价值向商品价值的转化，产成品积压，而市场所急需的商品却无人生产，使得脱节严重。

而MRPⅡ严格按照市场需求的数量及交货期限组织生产，在生产系统内部，各部门各工序严格按照计划订单的数量及日期来安排组织生产，既不鼓励超前，也不鼓励拖后。上道工序按下道工序的要求进行生产，前一生产阶段为后一生产阶段服务，整个企业本着“以销售为中心，以服务为宗旨”展开其一切活动，最终达到按期为顾客提供合格的产品和服务的目标。

6.7.3.2　严格按生产计划和作业计划组织生产

MRPⅡ严格按照计划集中管理，与传统的以实施为中心的管理形成鲜明对比。要保证生产系统能正常高效率运行，企业必须完善计划体系，严格按计划管理组织生产。

传统生产管理常以加大库存量来保证交货期和实现均衡生产，视成品储存、在制品库存为合理，用这一方法来掩盖生产中的矛盾，从而造成在制品积压、流动资金周转慢、生产周期长等一系列后果。用缺货单或临时督促、加班加点等方法进行调度和调节，管理效率低。采用MRPⅡ后，对生产能力及负荷进行粗平衡和细平衡，使得每个时间区间负荷与能力协调一致，计划按时间滚动。在任务下达条件具备时，按优先顺序安排任务，使物流畅通无阻，保持现场在制品量最低，创造出文明的生产环境。

6.7.3.3　打破产品品种界限，按零部件最佳批量安排生产

传统生产模式是按产品品种组织生产，生产管理人员按产品划分管理界限。但现代生产中产品越来越多，不同产品间有许多共用件、通用件，按产品台套封闭式的管理方式既不科学，也不经济，已在生产管理上引起很多的矛盾。MRPⅡ是按零部件最佳经济批量组织生产，管理人员要打破原有按产品各自分工的界限。

6.7.3.4　实现数据的综合管理

实现MRPⅡ后，企业主要信息由数据库统一、集中管理，由各部门共享。在同一数据基础上做出生产计划、供销计划、成本计划，为实现统一指挥、统一计划和控制的生产体系打下基础。

综上所述，MRPⅡ的实施与企业的深化改革、转轨变型是一个相辅相成的过程，是建立现代企业制度的一项重要的内容。

习　题

6-1　MRP 的基本目标是什么?

6-2　实现 MRP 需要哪些基本信息。

6-3　MRP、闭环 MRP、MRPⅡ系统的主要区别是什么?

6-4　MRPⅡ与现行计划方式的主要区别有哪些?

6-5　MRPⅡ实施应具备哪些基本条件?

6-6　试根据所给资料(图 6-14、表 6-20、表 6-21),确定产品 A、半成品 C、E 对各部件、零件的需要量(计划展望期为 10 周)。

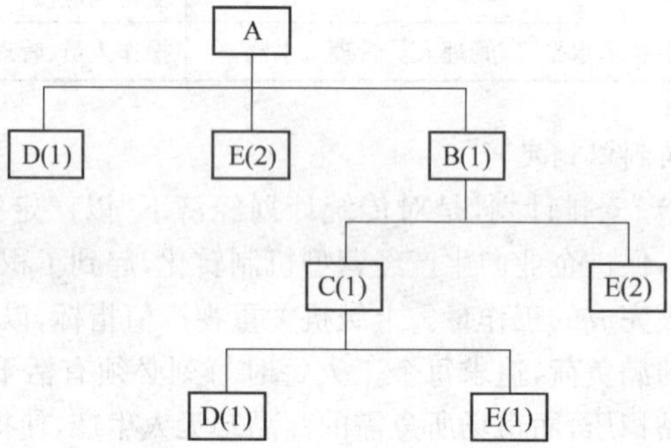

图 6-14　A 产品结构图

表 6-20　A 产品及 C、E 半成品的主生产计划进度表

项　目	时间				
	6	7	8	9	10
产品 A		1500			1000
部件 C		300			200
部件 E		500			400

表 6-21　A 产品及零件的库存资料表(安全库存和已分配库存为零)

项　目	订货/生产批量	实际库存量	订货提前期
A	—	50	3
B	—	60	1
C	—	40	1
D	800	30	1
E	—	40	1

案例

[案例 1]　MRP 在物资配送中心的应用

MRP 是工业制造企业内的一种物资计划管理模式。它根据生产结构各层次物品的从属和数量关系，每个物品计划对象，以定工日期为时间基准安排计划，按提前期长短区别各个物品下达计划时间的先后顺序。MRP 的目标是围绕物料转换组织制造资源，实现按需要准时生产。目前，虽然有相当多的企业在试用 MRP 管理模式，但并不是都取得了成功，主要原因是 MRP 系统未被很好地实施，企业的经营管理环境没有给 MRP 系统提供一个适合的环境，没有使 MRP 系统显示出超越其他系统的优势。

2002 年 6 月份，中铝股份公司河南分公司（以下简称河南分公司）根据总公司现代化管理的要求，成立组建了物资配送中心。物资配送中心介于生产部门和物资采购部门之间，是联系生产与供应的一个非常重要的环节，它所负责的事务主要有：

第一，对分公司的物资储备进行统一的管理。

第二，对其下属的二级单位上报的物资需求计划进行汇总，再根据库存结构、消耗定额、采购周期等因素，编制出物资配送中心的物资需求计划，报送采购部门，并对采购的货物进行验收、入库和发放。

第三，对二级单位常用的物资进行有条件的配送。

第四，对全公司的废旧物资进行回收和利用。

目前，在国内铝行业中，物配中心都在起步阶段，正在积极地探索如何做好物料需求计划。河南分公司由于采用以生产为中心的物流管理模式，体现的是以产量定消耗的思想，所以，物资配送中心的物料需求计划根据生产过程，可分为直接进入生产流程的物料计划和为生产服务的物料计划两部分。物料需求计划的重点是直接进入生产流程的物料，而难点却是为生产服务的物料（这种物料需求极不稳定）。依据 MRP 实施的三个基本条件，针对河南分公司物资配送中心的情况，可以分为三个阶段进行逐步实施，实现将 MRP 原理与实际相结合，从经验管理上升到科学化管理，变粗放型管理为集约型管理，提高企业的管理水平。

1. 第一步组织措施——组建物资配送中心内部的数据网络系统

（1）首先对物资配送中心员工进行新的管理模式、管理思想及计算机知识的学习，以更新观念，增加其对 MRP 的了解和掌握，以及对相关的计算机知识的了解和运用，这是保证数据的及时性和准确性的主要条件。培训后要进行考试，考试合格的发给相应的等级证书，作为员工上岗和考核的重要依据。MRP 系统的运行来自多个部门的多种数据，物资配送中心的仓库数据需要随时更新，而数据的输入靠上面提到的这部分员工来完成。为此，必须使广大员工认识到及时、准确的数据对系统运行影响的重要意义。同时，必须具有相应的技能才能胜任工作，通过培训可以增强广大员工的工作责任心。否则，由于员工的漫不经心而导致的数据输入的错误，或由于责任心不强导致的数据更新的延迟，就有可能引起信息的错误、滞后，导致决策失误。

（2）要输入计算机的数据信息的数量很大，如果不对这些数据信息进行统一规范化管理，计算机系统将无法持续稳定运行，而 MRP 系统的运行是在大量的、多样的信息数据的基础上进行的，因此，现在就必须对各种数据进行规范化管理，其中最重要的工作就是对物料进行编码。在对物料进行编码时，应注意按照国家标准制定编码原则，做到子、母公司在编码上的统一。同时，在编码过程中应遵循简单性、分类性、扩展性、完整性、一贯性、易记性等原则。

（3）大量的数据信息依靠人工是没办法统计和汇总的，只有借助于计算机网络化系统才能完成。用计算机网络化系统对数据信息进行分类和统计，不仅及时而且准确，还可做到数据信息的共享。目前，物资配送中心只有备件仓库有计算机网络，河南分公司也在加快信息网的建设速度，计算机的配备是当务之急。在网络化建设的同时，网络化的人才十分紧缺，有了计算机网络化系统，没有合格的人才去管理和维护，同样也发挥不了应有的作用，因此要考虑这方面人才的配备问题。

(4) 物资配送中心现有的库存物料品种繁多,但价值差异很大,数量占20%的少量物料却占了80%的储备资金,因此,要抓住关键的少数物资,采用ABC分类法对物料分别进行管理。其中,A类物料所占数量比例约15%,所占金额比例约75%,B类物料所占数量比例约20%,所占金额比例约15%,C类物料所占数量比例约50%,所占金额约5%。对于A类物料应尽可能从严控制,保持完整和准确的库存记录,给予最高的优先权,而对C类物料则可以尽可能简单地控制,但这并不是说C类物料不重要,特殊情况下,C类物料的缺货所造成的损失也可能是十分严重的。

(5) 河南分公司各生产单位是以设备为中心的生产物流系统,设备的好坏直接影响到企业的效益。而对于设备运行规律的掌握是一个非常头痛的问题,设备故障检修时所需的材料和备件具有很大的不确定性和随意性,时间不确定、数量不确定都给物料需求计划的编制造成了很大的困难。以前是凭经验确定某种物料的库存量,库存的盲目性大。有一个办法是将独立需求的库存管理与现场管理人员的经验相结合,在保证生产的前提下,使库存水平降低,即将不确定的外部需求转化为对内部库存水平的动态监视与补充的问题,通过保持适当的库存水平来保证对外需求的随机性。对于长期不用的事故件,必须保持安全库存量,这只能根据设备管理人员的经验、编制物料需求计划相关的储备定额和采购周期来确定,还应结合生产状态、价格因素、运输问题、季节储备等方面综合考虑,在保证生产的前提下,努力做到合理的库存储备。

(6) 理顺部门间的工作程序,对物料需求计划中的数据传递做出明确详细的规定:二级单位要将物料计划上报给物资配送中心时应按物料的分类分别汇总,采用电子软盘和书面的方式报送;物资编码工作结束后,由物资配送中心将所有的物料编码目录存入数据库,然后下发给二级单位,只要按物料编码目录格式,填进相应的物料数量即可由计算机对数据信息进行统计处理;最后由计划员对库存结构、消耗等情况综合平衡后,编制出物资配送中心的物料需求计划。

通过以上方案的实施,物料需求计划已具雏形,为进一步应用MRP奠定了良好基础,也为下一步工作的进行创造了条件。

2. 第二步组织措施——建立物资配送中心与生产管理系统相连的数据网络系统

完善物资配送中心的基础性工作要着重落实生产管理系统与物资配送中心的数据网络连接,以及相关数据信息的输入和管理。

(1) 分公司建设的信息网,要与物料需求计划有关的信息点的分布合理配套、不遗漏。在此基础上,各二级单位按照MRP的要求,对生产主计划中的各项要素以及物料计划清单规范地输入。这些要素和信息包括:主产品层次结构、所有材料备件的结构关系和数据组成。根据这些信息,可以确定主产品及其材料备件的需要数量、需要时间等。

(2) 作为基础性工作的各项网络管理制度和子网之间的无缝连接应该更加完善。目前公司进行的标准化工作应该将网络信息系统的相关制度、标准和要求做出更加详细明确的规定,统一网络信息的使用规范,保证网络信息的高度安全和畅通,以达到数据共享的目的。

(3) 库存记录的输入。库存记录将真实、及时、准确地记录和随时更新库存管理的各种信息(包括进货情况、出货情况、到货日期、库存信息、不合格品的退货情况、库存的损耗情况等)。正确的库存记录是制定正确可行的MRP的前提。

(4) 其他需求信息的输入,即未反映在MRP中的需求信息,主要是非生产性的物料需求信息。

(5) MRP系统就像一台发动机,可以把输入的各种相关信息转换成有效的输出,即对各种物料的需求(包括需求量和需求时间)。根据河南分公司的生产特点(生产计划比较稳定,供应渠道也比较通畅),MRP的生成周期应为一个月,但是库存记录是动态变化的,随着管理的深化,

MRP 的生成周期应该逐渐缩短。

3. 第三步组织措施——实现全公司范围内的数据网络系统

这一阶段，需要做的工作很多，应进行广泛深入的教育和培训，制订企业运营的管理制度、管理标准，重点应放在基础信息的健全和管理、业务的规范化上。分公司应该对其进行全面的规划和组织，将分公司各个部门、各项工作的作业计划、数据信息有机地联系在一起，做到计划的一贯性和可行性、管理系统性、数据共享性、动态应变性、模拟预见性和物流、资金流的统一。

要想做好第三步工作，关键因素是技术、数据和人。企业的各级管理人员对 MRP 要有充分的理解，人的因素解决不好，就不可能建立好的 MRP 系统。优秀的员工可以使 MRP 系统越来越完善，而再好的 MRP 系统交给素质低下的员工也难以发挥作用。同时，在工作中还要受到多种因素的影响，例如：企业经营规模和工艺复杂程度，高层领导的参与程度，实施队伍的知识、技能和献身精神，以及企业为 MRP 系统选择的运行环境等。

随着我国加入 WTO，企业对管理提出了更高的要求，MRP 的应用也进入了一个新的发展阶段。企业的发展离不开先进的管理思想、管理手段的运用，而 MRP 是根据企业管理的需要而产生发展起来的，其管理模式不仅适合于发达国家企业也同样适合于我国的企业，通过我们的不懈努力，一定能够找到一种有中国特色的 MRP 管理模式。

［案例 2］　爱博集团的 MRPⅡ项目

1. 公司简况

爱博公司是国内高低压电器成套设备的定点生产厂家，拥有 26 家分支企业和若干职能部门。主要的分支企业有成套厂，柜体厂，销售公司，机械厂，研究所。公司本部的职能部门主要有总裁办，总工办，企管部，质管部，财务部，供应部等。集团公司采用股份制形式管理各分支企业。公司按订单组织生产，具有多品种小批量的生产特征。

公司的主导产品有 JK 型、GCD 型、GCK 型等几十种，各产品均有多个结构设计上的标准型，各由数百个品种的零部件装配而成，各有数百个可供用户选择的电气接线方案，由数千种电气元件按不同的方案组装而成。产品的生产制造主要由柜体厂，机械厂，成套厂分工承担。其中，柜体厂主要承担零部件制造，生产按工艺专业化原则分工组织，主要有冲压车间，结构车间和油漆车间。设备多按离散机群式布置，生产过程中零件按成批顺序移动方式，由上道工序经质检转入下道工序；机械厂主要承担金属切削件的生产和专用工装模具的制造，也按工艺专业化组织生产；成套厂主要承担产品总装配，按产品对象专业化原则组织生产，分为高压车间和低压车间。

公司内部的生产管理过程大致是：销售公司将订货合同以内部合同的形式转给柜体厂和成套厂。柜体厂以内部合同为依据，制定月、周、日生产计划并监督计划执行情况，完成自制件的原材料采购，自制件的加工，半成品库存等工作，为成套厂提供必要的自制件。成套厂以内部合同为依据，制定月、周、日生产计划，并监督计划执行情况，完成产品结构设计、工艺设计、元器件的采购、库存、产品的组装及质量的检查等工作。

2. 公司生产中存在的问题

多年来，公司强化管理，成效显著，综合效益和人均利税在全国名列前茅。然而，公司实施 MRPⅡ以前，在生产经营管理方面存在一些问题，主要表现在：

（1）在柜体厂，成套厂以及相关的各部门之间，没有形成一个统一的，协调的生产计划，而且各部门之间普遍存在着采用口头或电话等没有严格约束力的信息交换方式，加上许多信息的统计工作采用手工作业，反馈速度慢，造成生产方面的计划、执行、反馈、处理不协调和不一致，时常影响公司按期交货。

(2) 月生产计划的可操作性差。各厂主要依据内部合同编制月生产计划,很少考虑车间生产的实际负荷,缺乏准确的生产进度数据。因而,这种月生产计划只具参考价值,各部门还要进一步编制适合本部门并具有可操作性的计划。然而,由于计划编制工作的复杂性以及月份生产计划本身又在不断地变化,使得编制下一层计划难以进行,结果造成车间作业计划,采购供应计划等计划环节薄弱。

(3) 公司内部信息共享程度差,例如:在外的销售人员难以及时了解车间生产安排情况以及可用生产能力;有关部门难以了解产品的技术改进数据,也无法获得动态的库存数据等。

(4) 采购计划的制定与执行难度大。编制采购计划需要来自生产计划,产品结构,库存以及车间等方面的信息,编制工作量大。而且,由于生产计划不断变化,采购计划难以跟着变化。另外,由于生产部门、供应部门、车间和仓库之间没有形成统一的、准确一致的库存与采购动态信息,这样就使得编制的采购计划不够准确,从而无法达到准确平衡的物料供应,结果不仅经常造成生产过程的不均衡,而且最终影响交货期。

(5) 库存管理效率低,采用手工记账,不仅工作量大,易出错,而且难以及时提供准确的库存信息。

(6) 由于车间作业计划工作比较薄弱,使得现场的生产调度与协调难度加大,也就难免存在临时安排性和随意性,造成生产过程中一定程度的不规范和不平衡。

以上问题的存在,不利于公司的进一步发展,不利于公司保持竞争优势。因此,公司领导层决定采用现代管理思想与技术,在全集团公司范围内实施 MRPⅡ系统,并决定采用引进商品化软件加二次开发的方式实施系统。

3. 系统的总体目标和主要功能

针对公司多品种,小批量的生产特征以及多变的市场需求,公司确定 MRPⅡ系统应当是一个以用户订单为驱动,以计划管理为中心的企业级集成系统。其总体目标是缩短产品生产周期,减少流动资金,提高企业经济效益和市场应变能力。

结合公司的实际情况,最后确定 MRPⅡ系统的主要功能包括:销售管理,主生产计划,物料需求计划,车间作业计划,车间作业控制,能力需求计划,应收账,应付账,总账,物资管理,库存管理,成本核算,人力资源管理,设备管理,制造数据管理,综合查询。这些功能基本上覆盖了生产经营的各个方面。同时,MRPⅡ系统还实现了与 CAD/CAPP/CAM 的集成。

思考题:

下一步该开展哪些工作?如何开展工作?要实现这么多的功能,如果要分步实施,应当先实施哪些功能,后实施哪些功能?请你为爱博公司 MRPⅡ系统的建设提出建议。

4. MRPⅡ实施的组织和数据准备

(1) 项目的组织。爱博公司在 MRPⅡ的实施过程中有一个强有力的组织保证。

1) 项目指导委员会。该委员会由公司总经理亲自担任组长,主要工作是把握 MRPⅡ实施的总体进度,解决实施过程中出现的重大问题。定期举行指导委员会会议,协调在实施过程中产生的比较大的矛盾,同时布置下一步的重点工作。

2) 项目实施小组。实施小组由有关业务岗位上的业务骨干组成,具体完成系统各个功能的数据录入和业务操作。组长由所涉及部门的经理或分厂长担任,并由中心派计算机专业人员任技术助理。

项目实施与控制小组。该小组主要由信息中心的人员组成。负责对项目的开发和实施进行管理,协调,制定实施进度,提出考核建议,同时负责项目的质量控制。

(2) 数据准备,包括的内容主要有:

1）整理产品结构数据、毛坯和零部件加工工艺数据；

2）定义工作中心数据；

3）对物料、仓库、货位等进行统一编码；

4）核查整顿仓库实物量数据；

5）对每一物料按其加工特性制定库存控制策略和生产提前期等。

5. 实施策略

公司在MRPⅡ项目的实施上采用了“稳扎稳打，步步为营”的方针。

首先，实施财务系统，包括总账，应收账款和应付账款。因为财务系统有章可循，稳定运行一段时间后，就可得到各类财务报表，以及手工系统中需要花费大量精力才能得到的一些分析报告。

第二，实施经营和库存管理部分，包括销售和库存管理，物资管理，并分别实现与财务系统的集成。在这一步实施中，重点需要解决的问题是部门之间的协调和有效配合。

第三，实施生产部分，包括物料清单，生产订单下达以及计划展开，车间生产控制等，同时实现MRPⅡ系统与CAD/CAPP的集成。实施这部分要求逐步实现以销定产，以生产驱动采购的目标。这个过程是实施MRPⅡ系统的核心部分，也是最见效益的部分，但这一步的实施难度较大，它要求库存记录和物料清单的准确度达到98%以上。实施生产部分涉及的部门更多，特别是在建立产品的物料清单时，需要产品设计、工艺、生产等各部门的参与。在准备基础数据时常常会发现，由于手工管理问题，工程的改变不能在整个企业内统一实现，使用MRPⅡ系统则解决了这一问题。

最后，实施成本核算系统，实现生产、经营与财务的集成。在库存记录、物料清单准确及整个系统的操作规程完善以后，才能通过实施成本系统实现整个MRPⅡ系统的集成。

6. 效益和效果

爱博集团公司实施MRPⅡ系统所取得的效益和效果是显著的，主要表现在以下几方面：

(1) 存货逐渐降低，存货不成比例、无效库存过高的状况得到改善，库存水平下降约5%～10%。

(2) 加快企业的货款回收，避免坏账损失。使用MRPⅡ系统对应收账款严格管理，及时分析，加快了货款回收，有效地改善了企业的资金状况。

(3) 降低成本。MRPⅡ的实施使整个公司的成本状况处于实时监控中，使事后成本变为事前成本，使很多事情由事后补救转为事前预防，从而大幅度地降低了公司的生产成本和采购成本。

(4) 改善财务的核算能力和分析能力。使用MRPⅡ系统完全可以做到日清日结，使财务系统像一面镜子，随时反映企业的经营状况。系统提供大量的统计数据，管理人员准确地分析这些数据就能及时控制和解决企业经营过程中的问题。

(5) 提高企业管理水平。

(6) 企业对市场变化的反应能力加强。通过实施MRPⅡ系统，企业的整体工作被协调起来，以销售计划和订单确定主生产计划，开展主生产计划和采购计划只需要2～3h的时间，当市场变化时企业能很快跟随。

(7) 为管理层决策提供科学依据。随着系统使用不断深入，所积累的数据越来越多，这为管理层决策提供了各种分析数字，改善了经营决策，提高了企业的应变能力和竞争地位，企业领导可随时了解销售、生产和财务等方面的运行状况。

(8) 均衡生产，稳定质量。通过实施MRPⅡ，公司在各分厂以及相关的各部门之间有一个统一的,协调的生产计划,各生产车间也有可操作的作业计划。依靠这种均衡性的生产计划,能消除原材料的突击采购以及突击性的加班加点,保证了原材料的质量和车间在制品的生产和装配质量,从而提高整个产品的质量。

7. 实施 MRPⅡ的关键

MRPⅡ的特点是高投资,高收益,同时也是高风险。MRPⅡ的应用是一项艰巨复杂的工作,工作量大,涉及面广,实施周期长。爱博公司在实施 MRPⅡ项目中,注意开展了以下几个关键工作:

(1) 领导重视和积极参与 MRPⅡ的实施。推行 MRPⅡ系统不可避免地会冲击现行管理中的一些不符合管理规律但又沿袭已久的观念、作风和习惯,所以在实施过程中会遇到各种困难和阻力。爱博公司在开始推行 MRPⅡ之初,就成立了由各分厂,各部门第一把手组成的 MRPⅡ领导小组,由公司主管生产经营的副总经理亲自担任项目经理,直接领导 MRPⅡ实施工作,企管办主任直接担任 MRPⅡ实施小组长,指挥和协调整个的实施工作。

(2)重视人员的培训,再培训,使人人自觉参与和投入。通过培训,让广大职工,管理干部明白 MRPⅡ的管理思想,让各岗位人员对 MRPⅡ都有系统的理解和统一的认识,明白实施 MRPⅡ的必要性和效益,变被动的"要我干"为主动的"我要干"。从而使公司员工都能从全局的观点来理解和做好本职工作,保证 MRPⅡ系统实施成功。

(3) 从运行 MRPⅡ的需要出发,加强各项基础管理工作,完善生产经营管理体系。MRPⅡ是以生产计划和控制为主,实现企业管理整体优化的人机结合的系统。爱博公司在实施 MRPⅡ系统的过程中,注意从 MRPⅡ的需要出发,改造和完善企业的各项管理工作,例如:切实做好产品工程数据管理、生产计划管理、销售计划管理、物料采购及仓库管理、成本核算及财务管理等五大基础管理工作,提高了企业基础管理的水平。同时公司改进现行管理方式以适应 MRPⅡ的运行模式,不断完善生产经营管理体系。

(4) 注意培养专业技术人才,根据企业自身特点,适当开展软件用户化和二次开发工作。

[**简评**]实施 MRPⅡ是一项高投资,高收益,同时也是高风险的系统工程,必须得到领导层的全面支持,必须要有强有力的组织保障和切实可行的实施计划,必须要有充分有效的培训和咨询,必须按照总体规划、分步实施的方针逐步推进。系统规划完成后,应该先实施那些条件成熟,见效快的模块。在项目实施过程中,项目组成员的努力和改革进取的精神也是成功实施 MRPⅡ的重要因素。

[案例 3] 椅艺公司的物料需求计划

椅艺公司的生产部门位于某市南部的一个小社区内。因为椅艺不允许有成品库存,为了迎合顾客的需要,椅子的生产量因季节而异。

1. 客户订单的处理

每份顾客的订单有一个指定的送货日。当公司收到订单后,就按顾客指定的日子安排当月的生产量。那些要求在指定的月份送货的订单,大抵会在前一个月的 15 日之前收到(椅艺公司很少在三个星期内处理完订单)。当一个月的订货量达到生产极限时(这由当月的生产计划进度决定)。生产经理就得决定要么停止接收订单(booking),要么提高生产量。每周都有一份经过修正的为期三个月的报告,记载顾客来单情况、现存订单情况和计划生产能力。

椅艺公司运货方式包括铁路货车和公路卡车。为了便于安排货运,每月的生产安排根据运输计划被细分为每周的生产安排(运输计划是用来说明哪个单位、在哪一周将哪一批货品运走的计划)。表 1 显示的是生产控制部门新编的下三个月的运输计划。

表 1　弹簧垫椅的运输计划

周	1	2	3	4	5	6	7	8	9	10	11	12	13
豪华型		350	250	400	150	350	300	400	140	350	300	350	150
超级型		150	150	150	75	150	160	100	100	160	150	120	75

2. 物料需求计划

生产控制部有一个经理和三个职员。他们根据运输计划和标准部件结构清单(BOM),决定需要哪些零部件组装订单要求的椅子。根据每周的要求,针对每一种零件,以它的标准批量(standard order quantity,SOQ)或 SOQ 的倍数发出物料需求指令。生产经理知道框架零件的生产控制体系需要做一番修改。他认为有三个地方值得立刻关注:零件生产指令(parts ordering),机器负荷(machine loading)和生产率确定(production rate setting)。

生产经理的烦恼是:某些零件库存积压,另一些零件却供不应求。每天总有工人报告 1~3 种零件无货,当这种情况发生时,生产控制记录却显示几百种零件已生产完毕,应该有存货。这是由于组装工人在某种零件短缺情急之下使用非标准零件以作替代(组装工人知道有时用一种零件代替另一种会加快组装速度,为赚得更多计件工资,某些组装工人经常使用非标准件)。有时也是因为过多浪费以致超过标准用量,那些零件的使用情况没有记录。送货工人按规定应该报告这部分额外的变动,而且只应送标准件给组装工人,但这些规定很少被执行。

如果框架车间短缺了某种零件,那么公司逾期交货和有额外运费发生的可能性就会大大增加。尽管车间可以发出加快指令,但这需要各方面的合作。

3. 生产控制系统电脑化

假定你为某咨询公司工作,椅艺公司的生产经理决定雇佣贵公司为椅艺进行生产控制系统电脑化的可行性研究,并推荐适当的改善措施。椅艺公司的弹簧垫椅产品系列给公司带来利润最高,且产品的结构比较简单,所以被选为研究的试点。因为利润高,如果存在缺货或销售部门对顾客招待不周,将会严重地影响公司的盈利。

生产控制部提供的有关弹簧垫椅产品系列的资料如下:椅艺生产的两种弹簧垫椅由框架、装潢物和椅罩三个主要部件组成,每个主要部件是由几个小零件组合而成的。表 6-2,表 6-3 为成品的部件结构清单,表 6-4 为各种材料的缺货状态和批量准则

表 2　豪华型弹簧垫椅的部件结构清单

编　号	等　级	项目叙述	父母代	单位需求	前置时间/周
001	0	成品 DELUXE			1
004	1	框架 FRM－DLX	001	1	2
005	1	装潢物 UPHLSTRY	001	1	1
006	1	椅罩 CVR－DLX	001	1	1
017	1	五金组件 HRDWRE	001	12	2
007	2	配件 FRM－A1	004	4	1
008	2	配件 FRM－B1	004	2	1
009	2	配件 FRM－C1	004	1	1
010	2	配件 FRM－D1	004	1	1
011	2	配件 FRM－E1	004	4	1

续表 2

编　号	等　级	项目叙述	父母代	单位需求	前置时间/周
012	2	配件 FRM－F2	005	4	1
013	2	配件 FRM－G2	005	1	1
014	2	配件 FRM－H2	005	1	1

表 3　超级弹簧垫椅的部件结构清单

编　号	等　级	项目描述	父母代	单位需求	前置时间/周
002	0	成品 SUPER			1
003	1	框架 FRM－SPR	002	1	2
005	1	装潢物 UPHLSTRY	002	1	1
015	1	振动器组件 VBRTR	002	1	2
016	1	椅罩 CVR－SPR	002	1	1
017	1	五金组件 HRDWRE	002	12	2
007	2	配件 FRM－A1	003	4	1
009	2	配件 FRM－C1	003	1	1
011	2	配件 FRM－E1	003	4	1
018	2	配件 FRM－J1	003	2	1
019	2	配件 FRM－K1	003	2	1
012	2	配件 UPH－F2	005	4	1
013	2	配件 UPH－G2	005	1	1
014	2	配件 UPH－H2	005	1	1
020	2	配件 VBR－O2	015	1	1
021	2	配件 VBR－P2	015	1	1
022	2	配件 VBR－Q2	015	1	1

表 4　存货状况

材　料	等　级	SOQ	现有存货	前期拖欠	计划收货	收货时间
DELUXE	1	LFL	0	0	350	第 1 周
SUPER	2	LFL	0	0	550	第 1 周
FRM－SPR	3	LFL	0	0	0	
FRM－DLX	4	LFL	400	0	400	第 1 周
UPHLSTRY	5	500	500	0	0	
CVR－DLX	6	500	350	0	0	
FRM－A1	7	LFL	2000	0	0	
FRM－B1	8	LFL	700	0	0	
FRM－C1	9	LFL	400	0	0	

续表 4

材　料	等　级	SOQ	现有存货	前期拖欠	计划收货	收货时间
FRM-D1	10	LFL	600	0	0	
FRM-E1	11	LFL	1800	0	0	
UPH-F2	12	500	1800	0	0	
UPH-G2	13	500	450	0	0	
UPH-H2	14	500	450	0	0	
VBRTR	15	LFL	0	0	150	第4周
SVR-SPR	16	500	0	0	0	
HRDWRE	17	2500	4000	0	4000	第2周
FRM-J1	18	LFL	250	0	0	
FRM-K1	19	LFL	250	0	0	
VBR-O2	20	250	150	0	0	
VBR-P2	21	250	250	0	0	
VBR-Q2	22	500	1000	0	0	

思考题：

请你运用所学到的 MRP 知识，对本案例提供的信息进行分析，为椅艺公司的生产控制系统电脑化试点研究提供参考方案。

［案例 4］　ERP 实施案例

1991 年建立的一汽大众汽车有限公司的领导者每时每刻都在研究着科学的管理方法。其决策机构经营管理委员会和管理职能部门管理服务部，始终站在正确的位置上，推行 ERP 的实施。事实证明实施效果是良好的。

在组织这项工作时，设置了一个阶段性的临时机构——IT 项目实施小组，还设置了一个永久性的机构——MIS(管理信息系统)执行委员会。IT 项目实施小组的作用是诱导、推动、协调 IT 项目实施工作，让全体员工对 IT 技术在企业中的应用从被动接受变为主动需要。MIS 执委会的作用是控制公司对 IT 的投资预算，推进 IT 项目实施向 MIS、ERP 的规范化转化，逐渐在公司形成 CIO。为了顺利推行 ERP，首先选择了世界上最好的管理软件 SAP 和最适合运行该软件的设备作为一汽大众的软、硬件平台。

在实施期间，不同层次人员发挥着不同的作用：

决策层高度重视 ERP 的实施并行使着领导权，把握关键点，保证资金到位，监控全过程。IT 技术在企业中的应用推广是一把手工程。企业一把手的管理思想指导着企业的运作，企业的投资方向要由领导人引导领导层来确定。

管理服务部组织项目实施，上报实施计划，推荐项目组领导者及其成员，掌握实施进度表，为各部门布置实施过程中的角色任务，为各部门培训人员，协调各项目组和各部门间的步调。不间断地总结经验，评价各项目小组实施中的优缺点，以优秀项目组带动其他项目组的方式推动企业信息化的进程。

部门负责人直接领导 ERP 的实施，保证实施后系统的可用性。通过向部门领导灌输 ERP 思想，诱导他们理解在实施 ERP 过程中和使用 ERP 系统后，领导人员的责任和权利；尽快让各部门领导认识到计算机辅助管理是工作方法的创新，是管理上不能少的一条腿，使部门领导能尽快进入角色。在部门负责人直接领导下的 ERP 的实施，速度是最快的，质量是最高的，员工对系统的理解也是最透的。此时，部门领导急切希望在自己的部门尽快采用科学的方法进行管理，让科学管理创造效益。

理顺企业业务流程是实施 ERP 的基本条件之一。流程再造是一项艰巨的流程优化工作，管理服务部与各业务部门共同研讨确定最终流程，管理服务部确定各部门在流程中的权利和责任。按同一标准描述企业的业务流程。

IT 人员应尽快成长为企业内部咨询人员。项目实施过程是培训 IT 人员技术能力的阶段。IT 人员的技术水平与工作能力直接影响到项目开发的速度和质量。他们的主要工作任务，是承担后期的系统实施与维护。

广大员工对 IT 技术在企业的推广要有高度热情。因为企业管理方法的这一重大改变，要靠广大员工去实施。如果广大员工不接受这一方法，那么项目的实施将充满坎坷，甚至夭折。而员工如果积极配合，实施的过程很可能会大大缩短。必须特别注意对员工的培训，让他们兴趣盎然，能达到争先恐后的程度是再好不过的。员工在项目实施过程中，要理解优化后的业务流程，制定多种系统测试方案以供选择，准备足够测试数据并录入系统，检查测试结果和系统试运行的正确性，填写验收报告，掌握工作新方法并编写操作指导书。员工向系统录入的每一个数据都是决定系统能否得到正确结果的关键因素。

业务骨干是项目实施过程中的生力军。业务骨干应对现行系统进行最详尽描述，对系统功能提出明确要求，对本部门与其他部门的业务接口提出明确要求，编写报表格式，编写编码规则，进而提出流程优化建议。业务骨干组织业务人员做系统测试方案，核对测试结果，以便对系统提出修改建议。通过多种测试方案，检查系统的正确性，并审核验收报告。业务骨干应成为部门领导的得力助手，确保项目实施时间表的准确运行。

通过全体员工六年多的努力，现在一汽大众已经拥有了全国一流的 ERP 系统。建立 ERP 系统后，公司的运转将不再依赖长官意志，而主要靠融有管理模式及管理规则的计算机系统来规范。系统不仅仅指导着员工们的工作，还可以代替管理者监督员工们的工作。它减少了管理层次，使公司机构更加扁平化，有利于高层管理者对基层工作人员的工作质量、工作能力及工作效率的了解，人力资源可以得到最大程度的开发。同时增大了工作过程的透明度，有利于跨部门工作的连续性、一致性，大大提高了工作效率。明确了员工工作的权利和责任，增强了员工的工作主动性与责任心。

参考文献

1　马士华等编著．生产运作管理．北京：科学出版社，2005

2　殷卫国．MRP 在物资配送中的应用．中国物流与采购，2003(7)：30～31

3　杨卓然．企业资源计划系统(ERP)及其应用．工程设计与应用研究，2004(3)：26～35

4　周玉清，刘伯莹，刘伯钧编著．MRPⅡ原理与实施．天津：天津大学出版社，1994

5　程控，革杨编著．MRPⅡ/ERP 原理与应用．北京：清华大学出版社，2006

6　陈启中等编著．MRPⅡ制造资源计划基础．北京：企业管理出版社，1997

7 作业计划与排序

生产作业计划是企业年度生产计划的具体执行计划，是协调企业日常生产活动的中心环节。生产作业计划作为指导企业日常生产活动的执行性计划，有着丰富的工作内容。本章主要讲述作业计划的编制方法及作业排序等。

学习目标：

1. 明确作业计划的目的和要求。
2. 熟悉安排车间生产任务的方法。
3. 掌握作业排序的方法。
4. 了解制造业中作业排序的特点。

7.1 作业计划的目的和要求

在生产计划确定了各项零部件和原材料的生产、采购品种、数量和交库日期之后，需要将由企业自己生产的零部件生产计划转变为各生产车间的工作任务，即具体确定每台设备、每个人员每天的工作任务和工件在每台设备上的加工顺序，这一过程称为作业计划的制订。作业计划的核心是确定生产顺序又称为"作业顺序"。

7.1.1 编制生产作业计划的目的

编制生产作业计划的目的主要有以下几点：

(1)生产作业计划是组织和指挥日常生产活动的依据，通过生产作业计划来保证生产计划的落实和完成。生产作业计划以生产计划为基础，在时间上进一步细分为日、小时。在空间上将生产任务分配到车间、班组或设备甚至到个人。

(2)通过编制生产作业计划，使生产任务与各种资源(设备能力、工时、原燃材料等)之间进一步综合平衡。在生产计划编制过程中，虽然也进行了综合平衡，但时间跨度(计划期)较长，企业内外条件随时可能发生变化，必须通过生产作业计划来弥补生产计划不适应生产条件变化的缺陷。

(3)有利于完善各项规章制度，提高管理水平。生产作业计划将任务分配到每一个班组及个人，企业必须制定出相应的技术规程、操作标准和管理方式，在生产作业计划执行过程中，不断做出改进和调整，使之得到进一步的完善。

7.1.2 编制生产作业计划的工作内容

编制生产作业计划主要包括如下几方面内容：

(1) 制定期量标准。期量标准包括：生产批量、生产周期、生产提前期、在制品定额、消耗定额等，它是编制生产计划和作业计划的依据。它反映了生产过程中，各生产环节在数量和生产期限上的内在联系，是各生产环节规定投入量、出产量、生产进度必须遵从的标准。在企业中，一般由专门的技术部门来负责完成这项工作。

(2) 编制车间(工序)的生产作业计划，确定各工序在生产计划规定的期限内，各产品或在制品、原材料的投入量、出产量和生产进度。

(3) 编制车间内部(工序内)的生产作业计划,将车间生产任务合理分配给各个班组、个人和工作地(设备或加工单元)。

7.1.3　编制生产作业计划的要求

编制生产作业计划的要求主要有如下几点:

(1) 全面性。生产计划所规定的产品品种、数量、质量、交货期要在生产作业计划中得到全面的安排和落实,保障生产计划的全面完成。

(2) 协调性。使生产过程各阶段在品种、数量、进度和投入产出等各方面协调配合、紧密衔接。

(3) 可行性。掌握企业的各种资源情况,如原燃材料、动力的供应情况,设备的检修和维护情况,人员配备及技术准备等,使制订的计划切实可行。

(4) 经济性。生产作业计划要有利于合理利用企业的生产能力,缩短生产周期,提高生产率和效益。

(5) 适应性。主要体现在生产作业计划适应企业内外条件的变化,随条件的变化,计划能够及时得到调整和补充。

7.2　车间(工序)生产作业计划的编制方法

企业生产计划面临的核心问题是生产与需求之间的矛盾,计划的编制过程是一个在一定条件下方案优化的过程。主生产计划以及物料需求计划中,对产品品种、数量和交库日期做出了安排,车间生产作业计划是将上述安排落实到各生产工序(生产地点),同时要考虑生产过程中的成材率、废品率等影响因素,这些因素在主生产计划以及物料需求计划中被忽略了。

常用的编制车间生产作业计划的方法有三种:在制品定额法、提前期法和生产周期法,它们分别适用于不同的生产组织形式。

7.2.1　在制品定额法

在制品定额法,是一种利用预先制定的在制品定额,来协调和规定各车间投入量和产出量的方法。这种方法适用于大批量生产企业。在这类企业中,各车间的联系主要体现在在制品供应上。只要比较各车间在制品定额与实际结存量的多少及变化,就可以发现生产过程是否脱节。因此,按照使在制品数量经常保持在在制品定额水平的要求,来规定各车间投入和产出任务,就可以保证生产过程协调顺利进行。计算公式如下:

某车间的产出量 = 后续车间的投入量 + 半成品外售量 + (库存半成品定额 − 期初库存半成品预计结存量)

某车间的投入量 = 该车间的产量 + 该车间计划废品量 + (该车间在制品定额 − 该车间期初在制品预计结存量)

应用上述公式计算时,首先计算最后车间(成品车间)的产出量和投入量,然后按返工艺顺序计算前面各车间的产出量和投入量。

[**例 7-1**]　某企业生产 1 万台 130 汽车,其中部分零件需要自己生产,每辆汽车需要自产齿轮一个、轴 4 个。企业的 3 个生产车间和 2 个在制品库用于生产这两种零件。按上述公式和计算顺序得到的计算结果如表 7-1 所示。

表 7-1 在制品定额法确定车间生产任务示意表

产品名称			130 汽车	
产品产量			10000 台	
零件编号			A1—001	A1—012
零件名称			轴	齿轮
每辆件数			1	4
磨削车间	1	产出量	10000	40000
	2	废品及损耗	—	—
	3	在制品定额	1000	5000
	4	期初预计在制品结存量	600	3500
	5	投入量(1+2+3-4)	10400	41500
零件库	6	半成品外售量	—	2000
	7	库存半成品定额	800	6000
	8	期初预计结存量	1000	7100
车削车间	9	产出量(5+6+7-8)	10200	42400
	10	废品及损耗	100	1400
	11	在制品定额	1800	4500
	12	期初预计在制品结存量	600	3400
	13	投入量(9+10+11-12)	11500	44900
毛坯库	14	半成品外售量	500	6100
	15	库存半成品定额	2000	10000
	16	期初预计结存量	3000	10000
毛坯车间	17	产出量(13+14+15-16)	11000	51000
	18	废品及损耗	800	—
	19	在制品定额	400	2500
	20	期初预计在制品结存量	300	1500
	21	投入量(17+18+19-20)	11900	52000

7.2.2 提前期法

生产提前期，是指产品(零件)在各产生环节出产或投入的时间，也是比最后产出成品时间所要提前的时间。产品在每个生产环节都有投入和产出之分，因而又有“投入提前期”和“产出提前期”两种。

A 投入提前期的计算

任何一个车间的投入提前期，都比该车间产出提前期更早，两者的差额就是该车间的生产周期。计算公式如下：

$$IT = OT + PT \tag{7-1}$$

式中 IT——某车间投入提前期；

OT——该车间产出提前期；

PT——该车间生产周期。

B 产出提前期的计算

产品在某车间的产出提前期，除了要考虑后车间的投入提前期外，还需要加上必要的保险期。保险期是预防本车间可能发生产出误期及与后车间办理产品交接而预留的时间。计算公式如下：

$$OT = LT + ST \tag{7-2}$$

式中 OT——某车间产出提前期；

LT——后车间投入提前期；

ST——保险期。

提前期的计算应按反工艺顺序进行。首先确定成品车间的产出提前期。假如成品车间无保险期，则成品车间的产出提前期为零，实际上就是按合同交货日期产出，而成品车间投入提前期就是产品在该车间的生产周期。然后根据上述公式可依次计算每一个车间的产出提前期和投入提前期。

如例 7-1，其工艺顺序为毛坯车间—车削车间—磨削车间。设磨削工序的产出提前期为零，生产周期为 1 天，车削工序和毛坯工序的生产周期分别为 1.5 天和 2 天，保险期均为 0.5 天，则按反工艺顺序，从计算磨削工序的投入提前期开始，计算各工序的产出和投入提前期：

磨削工序的投入提前期 = 磨削工序的生产周期 = 1

车削工序的产出提前期 = 1 + 0.5 = 1.5

车削工序的投入提前期 = 1.5 + 1.5 = 3

毛坯工序的产出提前期 = 3 + 0.5 = 3.5

毛坯工序的投入提前期 = 3.5 + 2 = 5.5

提前期法又称累计编号法，这种方法适用于成批轮番生产企业。在这类企业中，各车间同一时期在生产不同品种和数量的产品，而不同时期可能在生产相同品种的产品，这就需要解决品种、数量、时间三者的衔接问题，比大量生产只需解决数量衔接要复杂得多。所以不能用在制品定额法来规定此类企业车间的生产任务。

提前期法的实质是根据预先制定的提前期来转化为提前生产数量，确定同一时期产品在各生产环节的提前生产数量，保证各车间在生产上的衔接。由于主要产品的生产批量、生产间隔期、生产周期、生产提前期都是固定的，故用提前期法来规定成批轮番生产企业车间的生产任务是完全可行的。

提前期法的关键是采用累计编号，即依据成品产出的先后顺序为每件产品编号。年初产出的第一件产品或某产品第一件产出，其号码为 1；然后依次按自然数列编号。编号有这样的规律：越接近产品完成阶段的生产车间，其产品编号越小；越处在生产开始阶段的生产车间，其产品编号越大。

采用提前期法规定车间生产任务的具体步骤如下：

首先，计算产品在各车间计划期末应达到的累计出产和投入的号数。计算公式如下：

$$OPN = FPN + OT \times DP \tag{7-3}$$

$$IPT = FPN + IT \times DP \tag{7-4}$$

式中 OPN——某车间产出累计编号；

FPN——成品车间产出累计编号；

OT——某车间产出提前期；

DP——成品车间平均日产量；

IPT——某车间投入累计编号；

IT——某车间投入提前期。

如例 7-1，设磨削车间的平均日产量为 100 件，本月内磨削车间已生产 200 件，磨削车间产出累计编号为 2000，计算其余车间的产出和投入累计编号。

磨削车间的投入累计编号 = 2000 + 1 × 100 = 2100

车削车间的产出累计编号 = 2000 + 1.5 × 100 = 2150

车削车间的投入累计编号 = 2000 + 3×100 = 2300

毛坯车间的产出累计编号 = 2000 + 3.5×100 = 2350

毛坯车间的投入累计编号 = 2000 + 5.5×100 = 2550

其次，计算各车间的计划产出量和投入量。计算公式为：

$$PP = EON - BON \tag{7-5}$$

式中 PP——计划期车间 A 产出量；

EON——计划期末车间 A 应产出累计编号；

BON——计划期初车间 A 已产出累计编号。

$$PI = EIN - BIN \tag{7-6}$$

式中 PI——计划期车间 A 投入量；

EIN——计划期末车间 A 应投入累计编号；

BIN——计划期初车间 A 已投入累计编号。

最后，车间如果是严格按批量进行生产的话，应将计算得出的结果调整为等于批量或批量的倍数。

7.2.3 生产周期法

生产周期法就是以生产周期为依据，规定车间任务的一种方法。生产周期法适用于根据订货合同组织生产的单件生产类型企业。这类生产企业品种繁多，数量很少，甚至单件生产，又属于不定期生产或一次性生产，所以不能用在制品定额法和提前期法来规定车间生产任务。用生产周期法正好能保证产品按合同期交货，且使产品在各车间出产和投入的时间能够衔接起来。

用生产周期法安排车间任务的步骤是：

第一，按每一份订货合同编制一份产品生产周期进度表，规定该产品在各车间生产周期和进度。

第二，根据各种产品交货期和生产周期进度表，编制综合日历进度，规定各产品在各车间投入和产出时间。

第三，根据综合日历进度表，编制生产作业计划，规定各车间生产任务。一般是将计划期内应投入和产出的任务从综合表中摘录出来，按车间汇总。当然，所摘出汇总的任务，应与设备负荷核算平衡，然后正式下达车间。

7.3 作业排序

作业排序要解决先加工哪个工件，后加工哪个工件的加工顺序问题，还要解决同一设备上不同工件的加工顺序问题。在很多情况下，可选择的方案都很多，而不同的加工顺序得出的结果差别很大。为此，需要采用一些方法和技术，尽量得出最优或令人满意的加工顺序。本章将介绍作业计划的基本概念和作业排序的主要方法。

7.3.1 作业计划与排序

一般来说，作业计划(scheduling)与排序(sequencing)不是同义词。排序只是确定工件在机器上的加工顺序，而作业计划包括的内容要多得多，但排序的理论与方法是编制车间作业计划的基础。

由于编制作业计划的关键是要解决各台机器上工件的加工顺序问题，而且，在通常情况下都是按最早可能开(完)工时间来编制作业计划。因此，当工件的加工顺序确定之后，作业计划也就确定了。所以,人们常常将排序与编制作业计划这两个术语不加区别地使用。在本章里,只有在需要的情况下,才将这两个术语区别使用。

在编制作业计划时,有时一个工件的某道工序完成之后,执行它下一道工序的机器还在加工其他工件,这时,工件要等待一段时间才能开始加工,这种情况称为"工件等待"。有时,一台机器已经完成对某个工件的加工,但随后要加工的工件还未到达,这种情况称为"机器空闲"。

7.3.2 作业排序问题的分类

排序问题有不同的分类方法,在制造业领域和服务业领域中,有两种基本形式的作业排序:(1)劳动力作业排序,主要是确定人员何时工作。(2)生产作业排序,主要是将不同工件安排到不同设备上,或安排不同的人做不同的工作。在制造业和服务业企业中,有时两种作业排序问题都存在。在制造业中,生产作业排序是主要的,因为要加工的工件是注意的焦点。许多绩效度量标准,例如按时交货率、库存水平、制造周期、成本和质量都直接与排序方法有关。除非企业雇用了大量的非全时工人或是企业一周七天都要运营,否则劳动力作业排序问题就是次要的。反过来,在服务业中,劳动力作业排序是主要的,因为服务的及时性是影响公司竞争力的主要因素。很多绩效标准,例如顾客等待时间、排队长度、设备(或人员)利用情况、成本和服务质量等,都与服务的及时性有关。

在制造业的生产作业排序中,还可进一步按机器、工件和目标函数的特征分类。按照机器的种类和数量不同,可以分为单台机器的排序问题和多台机器的排序问题。对于多台机器的排序问题,按工件加工路线的特征,可以分成单件车间〔job-shop〕排序问题和流水车间(flow-shop)排序问题。单件车间排序问题的基本特征是工件的加工路线不同;而流水车间排序问题的基本特征则是所有工件的加工路线完全相同。

按工件到达车间的情况不同,可以分成静态排序问题和动态排序问题。当进行排序时,所有工件都已到达,可以一次对它们进行排序,这是静态排序问题;若工件是陆续到达,要随时安排它们的加工顺序,则是动态排序问题。

按目标函数的性质不同,也可划分不同的排序问题。例如同是单台机器的排序,目标是使平均流程时间最短和目标是使误期完工的工件数最少,实质上是两种不同的排序问题。按目标函数的情况,还可以划分为单目标排序问题和多目标排序问题。

由此可见,由于机器、工件和目标函数的不同特征以及其他因素上的差别,构成了多种多样的排序问题及相应的排序方法。本章只介绍几种有代表性的排序方法。

7.3.3 假设条件与符号说明

为了便于分析研究,建立数学模型,有必要对排序问题提出一些假设条件。

(1) 一个工件不能同时在几台不同的机器上加工。

(2) 工件在加工过程中采取平行移动方式,即当上一道工序完工后,立即送下一道工序加工。

(3) 不允许中断。当一个工件一旦开始加工,必须一直进行到完工,不得中途停止插入其他工件。

(4) 每道工序只在一台机器上完成。

(5) 工件数、机器数和加工时间已知,加工时间与加工顺序无关。

(6) 每台机器同时只能加工一个工件。

下面对有关符号进行说明。

J_i——工件 i,$i=1,2,\cdots,n$;

d_i——工件 i 的交货期；

P_i——工件 i 的加工时间，

P_{ij}——工件 i 在机器 j 上的加工时间，$j=1,\cdots,m$；

$$P_i=\sum_{j=1}^{m}P_{ij} \tag{7-7}$$

W_i——工件 i 在系统内的等待时间；

W_{ij}——工件 i 在机器 j 前的等待时间，$j=1,\cdots,m$。

$$W_i=\sum_{j=1}^{m}W_{ij} \tag{7-8}$$

C_i——工件 i 的完成时间。在工件都已到达的情况下，$C_i=P_i+W_i$；

F_i——工件 i 的流程时间。在工件都已到达的情况下，$F_i=P_i+W_iL_i$；

L_i——工件 i 的延误时间，$L_i=C_i-d_i$，$L_i\leqslant 0$ 按期或提前完成；$L_i>0$ 延误；

T_i——工件 i 的延期量，$T_i=\max\{0,L_i\}$；

E_i——工件 i 提前完成的时间；

排序问题常用下面四个符号来描述：

$$n/m/A/B$$

其中　n——工件数；

m——机器数；

A——车间类型（F、G），F=流水型排序（路线相同），G=单件车间排序（路线不同），$m=1$ 时 A 空白；

B——目标函数（W、F、C、L）。

例如，12/3/F/F 表示 12 个工件/3 台设备/流水型排序/流程时间最短

7.3.4 单台机器排序问题（n/1/　/B）

单台机器排序问题是指 n 个工件全部经由一台机器处理，如图 7-1 所示，它是最简单的排序问题。

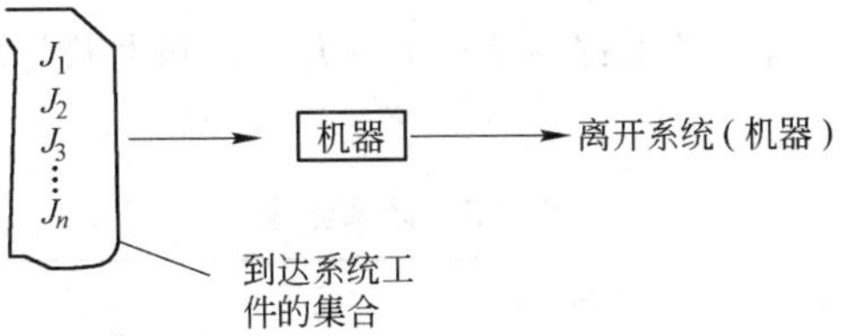

图 7-1　单台机器排序问题

7.3.4.1 平均流程时间最短（n/1/　/F）

平均流程时间最短即所有工件经由一台机器的时间的平均值最小。可由如下公式表示：

$$\bar{F}=\frac{1}{n}\sum_{i=1}^{n}F_i$$

其中：$F_i=P_i+W_i$

$$\text{目标函数为：}\mathrm{MIN}\bar{F}=\frac{1}{n}\sum_{i=1}^{n}F_i \tag{7-9}$$

7.3.4.2 最大延期量最小

最大延期量最小指所有工件经由一台机器的完工时间与交货期的差，即延期时间最短。可由如下公式表示：

$$T_{max} = \max\{T_i\}$$ 为最大延期量。

$$T_i = \max\{0, L_i\}$$

$$L_i = C_i - d_i$$

式中　C_i——规定的工件交货期；

　　d_i——工件的完工时间。

$L_i \leqslant 0$ 表示工件提前完成或按期完成。

$L_i > 0$ 表示工件延误交付。

目标函数为：

$$\mathrm{MIN}T_{max} = \max\{T_i\} \tag{7-10}$$

根据排序目标的不同，可以选择不同的排序规则，有时又称为确定优先权(priorities)。

常见的排序规则(priority rules)有：

SPT——shortest process time，优先选择加工时间最短的工件；

EDD——earliest due date，优先选择完工紧的工件；

FCFS——first come first served，按工件到达的先后顺序选择工件；

SCR——smallest critical rate，优先选择临界比最小的工件：

临界比 = 允许加工时间(交货期 - 当前日期)/剩余加工时间

下面通过实例，说明选择不同目标函数和不同的排序规则，单台机器排序问题的求解方法。

[例 7-2]　一个车间有一台加工中心，现有 5 个工件需要在该机器上加工。相关的加工时间和要求完成时间(交货期)如表 7-2 所示，采用 SPT 规则，求平均流程时间最短的作业顺序。

表 7-2　已知条件

工　件	J_1	J_2	J_3	J_4	J_5
加工时间	11	29	31	1	2
交货期	61	45	31	33	32

解：根据 SPT 规则，得出排序结果：$J_4 - J_5 - J_1 - J_2 - J_3$ 按此排序结果，有关参数的计算结果见表 7-3。

表 7-3　计算结果

工　件	加工时间	等待时间	完成时间	交货期	延　迟
J_4	1	0	1	33	0
J_5	2	1	3	32	0
J_1	11	3	14	61	0
J_2	29	14	43	45	0
J_3	31	43	74	31	43

平均流程时间：$\bar{F} \frac{1}{n}\sum_{i=1}^{n} F_i = 135/5 = 27.0$

平均延迟时间：43/5 = 8.6；最大延迟时间：43

[例 7-3]　借用上面的例 7-2，采用 EDD 规则，求最大延期量(完工日期 - 交货期)最小的作业顺序(按交货期排序)。

解:根据 EDD 原则,得出排序结果:$J_3-J_5-J_4-J_2-J_1$

按此排序结果,有关参数的计算结果见表 7-4。

表 7-4 计算结果

工 件	加工时间	完成时间	交货期	延 迟
J_3	31	31	31	0
J_5	2	33	32	1
J_4	1	34	33	1
J_2	29	63	45	18
J_1	11	74	61	13

平均流程时间:$\bar{F}=\frac{1}{n}\sum_{i=1}^{n}F_i=235/5=47.0$

平均延迟时间:33/5 = 6.6;最大延迟时间:18

对比上面两个例子可以看出,采用不同的排序规则,直接影响排序的目标。进一步考虑,在最大延期量不变的情况下,如何使平均流程时间缩短?如果想同时满足这两个目标,就是多目标排序。

7.3.5 *n* 项任务在两台机器的排序问题($n/2/F/F_{max}$)

n 项任务在两台机器的加工路线相同,这种问题称之为两台机器的 flow shop 问题,其目标为最大流程时间(总加工周期)最短,如图 7-2 和图 7-3 所示。

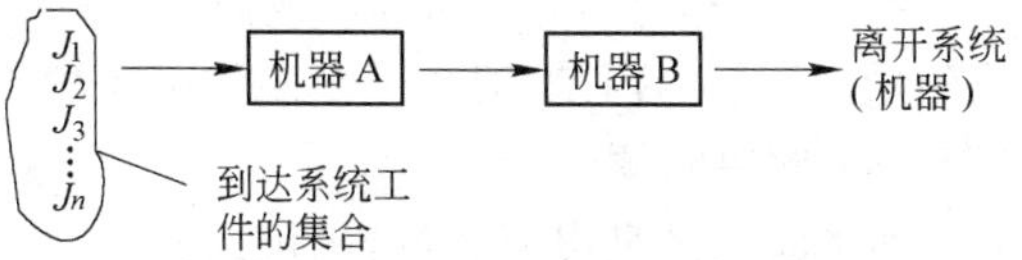

图 7-2 *n* 项任务在两台机器加工

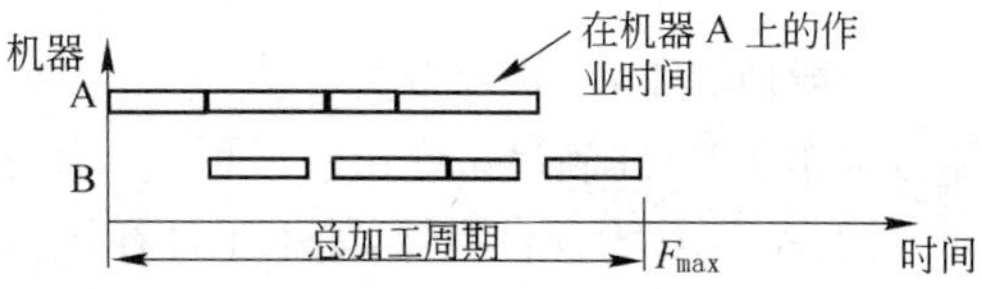

图 7-3 加工周期

采用著名的约翰逊法(Johnson's Law)排序方法。其具体求解过程分为以下 4 个步骤:

(1) 列出所有工件在两台设备上的作业时间。

(2) 找出作业时间最小者。

(3) 如果该最小值是在设备 A 上,将对应的工件排在前面,如果该最小值是在设备 B 上,则将对应的工件排在后面。

(4) 排除已安排好的工件,在剩余的工件中重复步骤(2)和(3),直到所有工件都安排完毕。

注:当同时出现多个最小值时,可从中任选一个。

[例 7-4] 某一班组有 A、B 两台设备,要完成 5 个工件的加工任务。每个工件在设备上的加工时间如表 7-5 所示,求总加工周期最短的作业顺序。

表 7-5 工件在设备上的加工时间

工 件	J_1	J_2	J_3	J_4	J_5
设备 A	3	6	7	1	5
设备 B	2	8	6	4	3

解:由约翰逊法可知,表中最小加工时间值是 1 个时间单位,它又是出现在设备 A 上,根据约翰逊法的规则,应将对应的工件 J_4 排在第一位,即得:

$$J_4 - * - * - * - *$$

去掉 J_4,在剩余的工件中再找最小值,不难看出,最小值是 2 个时间单位,它是出现在设备 B 上的,所以应将对应的工件 J_1 排在最后一位,即:

$$J_4 - * - * - * - J_1$$

再去掉 J_1,在剩余的 J_2、J_3、J_5 中重复上述步骤,求解过程为:

$$J_4 - * - * - J_5 - J_1$$

$$J_4 - J_2 - * - J_5 - J_1$$

最后排序结果:$J_4 - J_2 - J_3 - J_5 - J_1$

如果按工件顺序号排序($J_1 - J_2 - J_3 - J_4 - J_5$),其总加工周期是 30,用约翰逊法排出的作业顺序总加工周期是 26,显然后者的结果优于前者,如图 7-4 和图 7-5 所示。

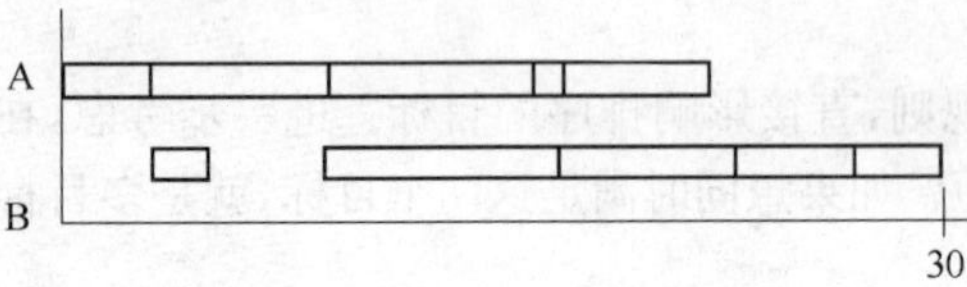

图 7-4　按工件顺序号排序结果

($J_1 - J_2 - J_3 - J_4 - J_5$)

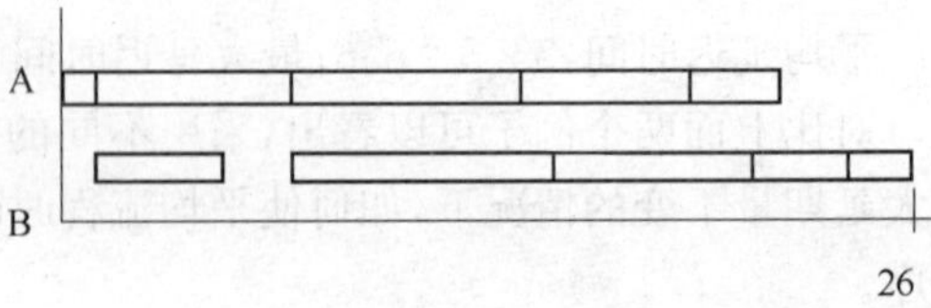

图 7-5　按约翰逊法排序结果

($J_4 - J_2 - J_3 - J_5 - J_1$)

7.3.6　两台机器排序问题算法的扩展

一般情况下,当机器数为 3 台以上时,就很难找到最优解了。但是,对于 n 个工件由 3 台机器流水作业时,在满足某些条件后可以采用 Johnson′s Law 解决问题。

设:A、B、C 为 3 台机器,如果工件在 3 台机器上的加工时间满足以下条件,则可以转化为两台机器的排序问题。

以 A_i、B_i、C_i 表示工件 i 在各机器上的加工时间,以 A'_i、B'_i 表示工件 i 在转化后的两台机器上的加工时间。

如果:$\min A_i \geqslant \max B_i$ 或 $\min C_i \geqslant \max B_i$

则令:$A'_i = A_i + B_i$,$B'_i = B_i + C_i$

[**例 7-5**]　有 5 个工件经 3 台机器加工,作业时间见表 7-6。求:总加工周期最短的作业顺序。

表 7-6　作业时间表

工　件	J_1	J_2	J_3	J_4	J_5
设备 A	4	9	8	6	5
设备 B	5	6	2	3	4
设备 C	8	10	6	7	11

解:检查上表,发现:$\min A_i = 4$　　$\max B_i = 6$　　$\min C_i = 6$

因此,满足 $\min C_i \geqslant \max B_i$ 的条件,可以将其转化为两台机器的排序问题,转化后两台机器的作业时间如表 7-7 所示。

表 7-7 转化为两台机器的排序问题

工 件	J_1	J_2	J_3	J_4	J_5
设备 A	9	15	10	9	9
设备 B	13	16	8	10	15

应用 Johnson 法则,得出:$J_1-J_4-J_5-J_2-J_3$

总加工周期为 51,如表 7-8 所示。仅按工件顺序加工的总加工周期为 53,如表 7-9 所示。

表 7-8 Johnson 法得到的加工周期

工 件	J_1	J_4	J_5	J_2	J_3
设备 A	4(4)	6(10)	5(15)	9(24)	8(32)
设备 B	5(9)	3(13)	4(19)	6(30)	2(34)
设备 C	8(17)	7(24)	11(35)	10(45)	6(51)

表 7-9 顺序加工得到的加工周期

工 件	J_1	J_2	J_3	J_4	J_5
设备 A	4(4)	9(13)	8(21)	6(27)	5(32)
设备 B	5(9)	6(19)	2(23)	3(30)	4(36)
设备 C	8(17)	10(29)	6(35)	7(42)	11(53)

7.3.7 $M(M\geqslant 3)$台机器排序问题的算法

多台机器排序问题目前尚无最优算法,一般采用启发式算法(一种近似算法)解决这类问题,较常用的是关键工件法,具体步骤如下:

(1) 计算工件 i 在 M 台机器上加工时间的和 $\sum_{j}^{m}P_{ij}$,找出其中最大者,定义为关键工件 J_C;

(2) 除 J_C 外,将满足在第一台机器上的加工时间 P_{i1} 小于在最后一台机器上的加工时间 P_{1m} 的工件,按 P_{i1} 值的大小,从小到大排在 J_C 的前面;

(3) 除 J_C 外,将满足在第一台机器上的加工时间 P_{i1} 大于在最后一台机器上的加工时间 P_{1m} 的工件,按 P_{im} 值的大小,从大到小排在 J_C 的后面;

(4) 除 J_C 外,将满足 $P_{i1}=P_{1m}$的工件,排在 J_C 的前面或者后面。

(5) 如有多个方案,可再加比较,从中选优。

[例 7-6] 用启发式算法求解 6 个工件在 5 台机器上加工的排序问题,各工件在各机器上的加工时间 P_{ij} 如表 7-10 所示。

表 7-10 加工时间 P_{ij}

工 件		J_1	J_2	J_3	J_4	J_5	J_6
机器 1	P_{i1}	5	5	4	1	2	10
机器 2	P_{i2}	5	5	5	3	6	10
机器 3	P_{i3}	8	3	3	4	7	4
机器 4	P_{i4}	2	8	2	1	5	6
机器 5	P_{i5}	5	2	1	2	8	10
总 和		25	23	15	11	28	40

解：(1)找出关键工件：加工时间总和最大的 40，对应的是工件 J_6，所以 $J_C = J_6$；

(2)确定排在关键工件前面的工件：满足步骤 2 条件的有 J_4，J_5，所以有 J_4-J_5-J_6-；

(3)确定排在关键工件后面的工件：满足步骤 3 条件的有 J_2，J_3，所以有-J_6-J_2-J_3；

(4)满足步骤 4 条件的有 J_1，所以有-J_6-J_1，或者-J_1-J_6；

(5)最后结果有两个：J_4-J_5-J_6-J_1-J_2-J_3 或者 J_4-J_5-J_1-J_6-J_2-J_3

7.4　作业排序在制造业中的应用

作业排序在制造业中的应用广泛，它能增强生产过程的稳定性，实现生产过程的全局优化，合理地分配生产资源，提高设备的利用率等。

7.4.1　离散制造型生产作业排序

离散制造型企业是指其产品的制造过程不是连续的，各阶段、各工序间存在明显的停顿和等待时间，产品的生产过程通常被分解成很多加工任务来完成。机械制造、电子电器、仪器仪表、设备制造、汽车零部件等行业都属于离散制造行业，这种类型的生产具有如下特点：

(1) 每项任务仅要求企业的一小部分能力和资源。

(2) 企业一般将功能类似的设备按照空间和行政管理建成一些工作中心（车间、工段或小组），工件从一个工作中心到另外一个工作中心进行不同类型的工序加工。

(3) 企业常常按照主要的工艺流程安排生产设备的位置，以使物料的传输距离最小，同时其加工的工艺路线和设备的使用也是非常灵活，在产品设计、处理需求和订货数量方面变动较多。

(4) 离散制造业通过机械加工、制造和装配零件的过程达到产品增值的目的，所有的物料在制造过程开始时备齐，整个过程生成一个个离散的输出单位，即一个个完整的子装配件或产品。

(5) 离散制造业中有多种增加能力的方法，例如雇用更多的工人、购买或租赁更多的机器或把某些作业转包给外部供应商。

(6) 离散制造业所用的原材料和采购件具有准确性和一致性的规格，物料清单和工艺路线确定后，目标产品也就随之确定。

当今，国际化的市场竞争使制造企业面临日益扩大的全球市场的挑战，客户要求制造企业提供高质量、低成本、交货及时的产品，因此如何在全球化竞争的环境下对市场机遇做出快速响应，满足日益增长的客户需求，是制造企业占领市场、赢得竞争的关键，为了保证生产的柔性，绝大部分离散制造型企业都采用 job－shop 型生产车间，传统 job－shop 型车间生产过程管理中存在的一些问题，突出地表现在：(1)生产过程稳定性较差、缺乏预见性；(2)不能实现生产过程的全局优化与多指标优化。7.3 节讲到了作业排序的理论和 n 项任务在两台机器上顺序加工的解决方法，这些理论和方法可解决在简单流水车间（flow－shop）排序问题中找到最佳的排序方法并形成车间作业计划，但却难以在 job－shop 型车间中得到应用。离散制造业的产品范围十分广泛，而且同样的产品不同的企业其制造工艺不尽相同，因此离散制造业没有固化的工艺流程，有些工件往往有多道加工工艺，每道工序又可由若干设备完成，这些都使得离散制造型的作业排序变得更加复杂。一般来讲，离散制造型的作业排序无法求得最优解，只能在一定程度上求得满意解。

job－shop 型生产作业计划制定的目标是在恰当的时间分配合适的制造资源，以满足一系列生产性能指标，这些指标有最小化所有任务的平均延期时间、最小化单个任务的最大延期时间、最大化设备利用率等。典型的车间生产作业要完成一个作业集，其中每个作业由一个工序集组成，工序集中各个工序的加工需要占用设备、工具、材料、人员等制造资源，并且必须按预先编制的工艺顺序执行；每台设备可加工多个不同的工序，某些工序也可能存在多个不同的可加工设备。作业计划的输出是将生产作业合理地分配到各个设备,安排作业的加工次序和加工开始时间,并预计作业的结束时间,以满足各种约束条件,同时优化一些性能指标。

7.4.2 混合流程型生产作业排序

混合流程型生产系统主要存在于石油、化工和电力等行业,具有以下优点:

(1) 产品不可数,生产方式是批量连续生产,物流和能量流连续进行;

(2) 工艺流程连续,各工序前后连接紧密,没有缓冲或缓冲很小;

(3) 生产过程常伴随复杂的物理、化学和生化反应以改变物料的化学特征,生产环节苛刻,生产现场常伴随高温、高压、低温、低压、易燃、易爆等条件;

(4) 生产控制技术复杂,需要先进的自动化设备和控制措施。

除了离散制造型和流程型外,有的生产系统既有连续的特征,又有离散的特征,这种生产系统一般来讲产品在生产过程中的形态是变化的,即产品在整个生产过程是不可数的,而其各加工过程又是间歇的,这类生产系统属于混合流程型,钢铁生产是典型的混合流程型生产,其生产过程有炼钢、浇铸、热轧等多道连续生产的工序,又有钢包、板坯和钢卷等多种离散的半成品或成品工件在工序间移动,如图 7-6 所示。由于钢铁生产是大批量生产,为了保障各离散的生产环节生产的连续性,在各环节之间需要设置库存。钢铁生产大致流程如下:

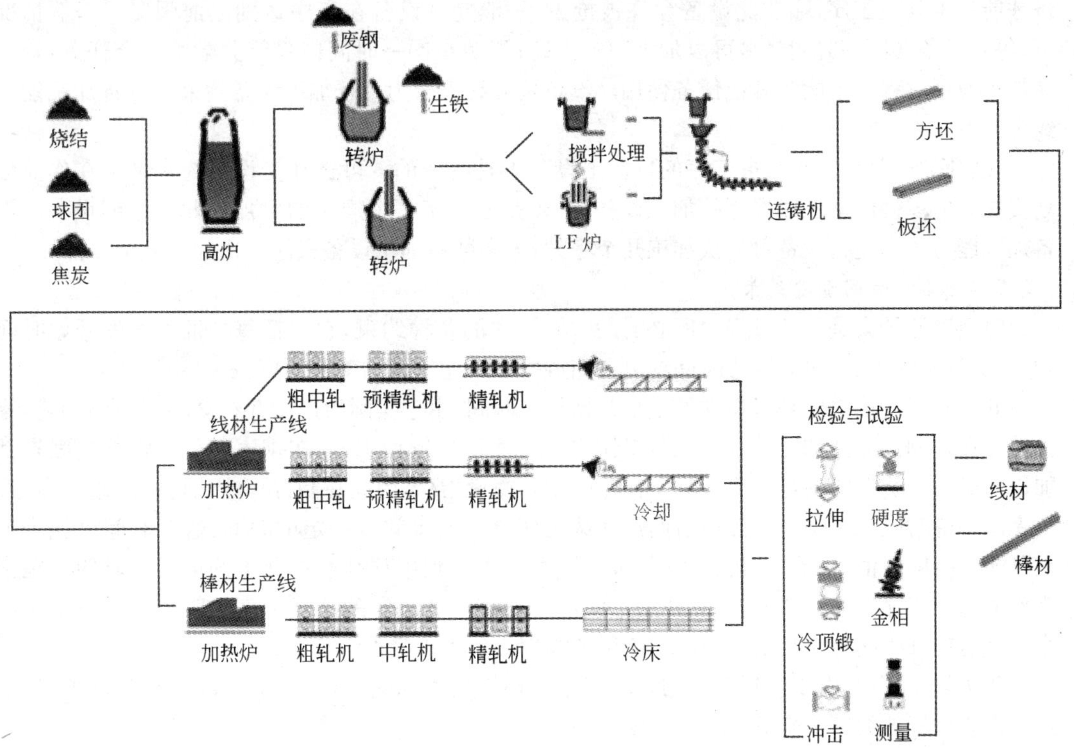

图 7-6 钢铁生产工艺流程图

混合流程型生产特点如下:

(1) 多种生产方式并存。离散型生产过程、连续型生产过程并存,生产分阶段进行,各阶段之间存在多种不同的约束,例如,连铸机的钢水连续浇铸作业约束。

(2) 组批及选择批。同离散制造型不同的是,混合流程型生产以“批”为单位进行加工,因此制订作业计划时需根据订货合同综合考虑订货种类，订货量，交货日期，设备能力，设备维护计划等信息进行组批，并决定各批加工的先后次序和时间。

(3) 计划调整频繁。由于混合流程型生产的生产过程具有连续性，缓冲余地小，而此种生产的工艺过程十分复杂，受加工环境等多种因素制约，因此加工计划常需进行实时动态调整。例如，热轧厂出现问题停产会造成板坯库的库存积压。

(4) 子过程之间的衔接。由于混合流程型加工生产过程具有连续性，所以该类加工的生产计划不但要解决各独立子过程的优化排产，还要从整体角度解决好各子过程之间的协调与衔接。

(5) 生产排序复杂。由于混合流程型生产同时具有连续和离散的特征，因此混合流程型生产排序更加复杂，在混合流程型生产系统中，面对不同的产品订单，这些产品有些具有相同的工艺路线不同的工艺参数，有些则具有不同的工艺路线，因此混合流程型生产排序有些环节属于 flow-shop 问题，有些则既有 flow-shop 的特征又有 job-shop 的特征。这使得混合流程型企业的生产排序约束条件更多，求解更为困难。

7.4.3 制造业作业排序的约束

7.4.3.1 设备资源约束

设备资源约束是指生产时一台设备一旦开始加工某道工序，则至该工序加工完毕后这台设备才能加工其他工序，除非此设备允许被抢占，一般允许设备在工序达到之前闲置。一般情况下，每台设备在同一时间最多可以加工一个工序；资源在同一时间内只能分配给一个任务，资源在加工使用过程中不能为其他任务使用。设备资源约束分为可选加工设备约束与设备加工能力约束两种。

在实际车间生产中，某道工序的可加工设备不是唯一的。可选加工设备约束是指在作业计划安排时为零件的某工序选择的加工设备，必须是零件工艺中规定的可加工此工序的设备。设备加工能力约束是指设备可一次加工几个零件，大多数机加工设备只能一次加工一个零件。

7.4.3.2 时间资源约束

时间资源约束是生产过程中所必需的时间资源的各种约束，它包括每一批零件的开始时间约束、交货期约束、工序间等待时间约束和完成每一工序所需的工时约束。

开始时间约束主要是指零件的最早开始加工时间，由于实际生产中存在众多因素的影响，零件需要在影响该零件加工的各项准备工作完善后才可进行加工，而在排序时需要将这些因素都加以考虑。交货期的满足情况是生产作业的重要衡量指标，因此在制订作业计划时需重点考虑。工序间等待时间约束是指工件前后两道连续工序之间要求间隔一定的时间，这个时间可能为零也可能为一固定值，在冶金、化工等行业，工件在加工过程中往往会有此类约束。工时约束是指零件的每道工序所要耗费的工时，在制订作业计划时零件所有的加工工序的所耗费的总工时需小于当前计划时间与交货期的间隔才能保证零件交货不被延误。

在实际生产中，由于客户实时的要求和生产环境的动态变化，时间资源约束常常发生变化，这给作业计划的编排带来了极大的困难。

7.4.3.3 工序约束

工序约束是零件工序间存在的加工时间先后顺序的约束，它可分为零件内约束和零件间约束。零件内约束指零件某道工序开始加工必须以其前序约束工序的完成为前提，例如，第二道工序得以发生的前提是第一道工序已经结束，零件内约束工序数可以是零至多个，如图 7-6 所示，具体要依据加工工艺确定。零件间约束是指零件各工序的加工顺序不仅受限于本零件的工艺顺序，还与其他零件的工序之间存在约束，它表现的是不同零件之间的工艺约束关系。例如，在加工零件 B 的工序 B4 前，除了其直接前驱约束工序 B3 须完成之外，还要满足零件间约束条件，即零件间约束工序 C2 和 A2 须完成（图 7－7 中箭头①②）。

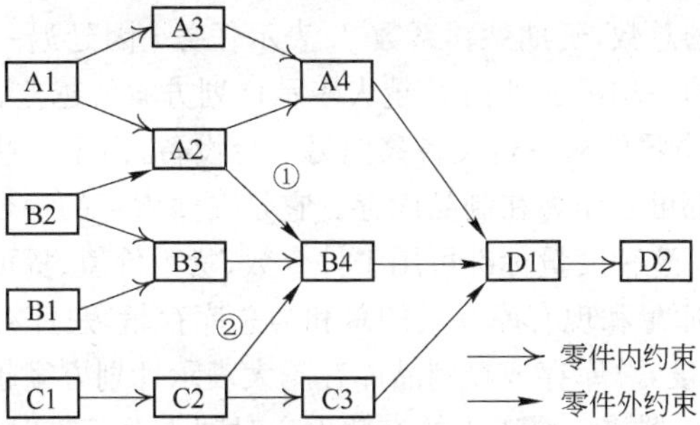

图 7-7　工序约束示意图

7.4.3.4　连续作业约束

由于制造工艺和工作效率的要求，有些工序要求需要加工的工件积累到一定程度才开始加工，例如，钢铁冶炼过程中的连铸环节，连铸机要求若干炉的钢水积累起来进行连续浇铸，此环节如不能满足连续作业则会发生连铸机断浇，会给生产造成巨大损失。炼钢、连铸作业排序如图 7-8 所示。

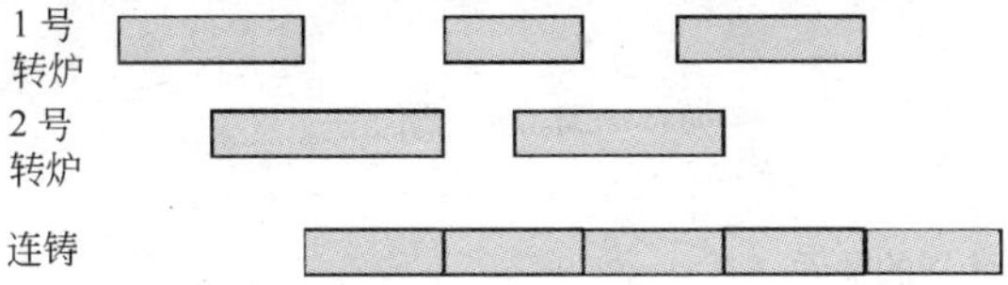

图 7-8　炼钢、连铸作业排序图

7.4.4　作业计划的评价标准

生产作业计划是在设备资源约束、时间资源约束、工序约束的基础上制订出来的，最终制订的生产作业计划需满足交货期、设备利用率等性能指标。由于以上约束的限制，有些排序方案是不可行的，但同时又有相当数量的可能方案。如 7.3 所述，不同的方案最终对性能指标的满足程度不同，为此，必须慎重选择排序方案作为最终的作业计划。因此，在选择之前需要确定选择、评价的标准。有许多标准可以用来评价作业排序方案，下面是一些常用的标准：

（1）全部完工时间。完成一批零件所需的全部时间。它是从最早开始加工零件的第一道工序开始算起，到最迟结束加工零件的最后一道工序的结束时间为止所经过的时间。

（2）零件流程时间。从零件可以开始加工（不一定是实际的开始时间）到完工的时间。它包括在各机器间的移动时间、等待时间、加工时间以及由于机器故障、部件无法得到等问题引起的延迟时间等。

（3）延期。即方案确定的零件最终结束时间超过交货期，常用的延期评价方法有如下两种：

1）最大延期时间。作业计划包含对多个零件的排序，最大延迟时间只针对结束时间与交货期差别最大的零件。最大延期时间 $t_{\max}$ 由下式计算：

$$t_{\max} = \max(F_i - D_i) \tag{7-11}$$

其中，F_i 为第 i 个产品任务的完工时间，D_i 为第 i 个产品任务的交货期。任务的最大延期时间为各产品任务延迟交货时间的最大值，以延期的天数来体现。该指标越大则表示方案越差。

2）评价延期惩罚。生产任务中每个零件延期交货后的惩罚度是不一样的，平均延期惩罚可评价作业计划整体的延期程度，平均延期惩罚 $\overline{P}$ 由下式计算：

$$\overline{P}=\frac{\sum_{i=1}^{m} f_i\times(F_i-D_i)}{m} \qquad (7-12)$$

其中，m 为产品任务的总数，延期惩罚系数 f_i 表示任务 i 因延迟一个时间单位，交货企业受到的惩罚数。可见，任务的平均延迟惩罚 $\overline{P}$ 越大表示计划方案就越差。

(4) 在制品库存。一个零件从一台设备移向另一台设备，由于一些原因被拖延加工，正在被加工或放置于零件库中，都可看作为在制品库存。它是在途库存的一个例子，但其物料项目是制造出来的，不是购买来的。这种度量标准可用工件个数、货币价值、货可供应的周数来表示。

(5) 总库存。计划入库量和现有库存量的总和为总库存量，总库存与在制品库存一样，表示该作业计划造成的库存程度，总库存或在制品库存越大表示计划方案越差。

(6) 利用率。用一台机器或一个工人的有效生产时间占总工作时间的百分比来表示。利用率不可过低或过高，过低表示加工资源利用不充分，过高表示加工资源负荷过重，利用率保持在一个适当的数值表示计划方案较好。

需要注意的是，以上指标常常是相互矛盾的，即一个指标变好的同时可能导致其他指标变差，若制订能满足所有指标的作业计划是不可能的。因此，制订作业计划往往只求满意解而不求最优解，在实际生产时要依据具体的情况确定重点考虑的评价指标来评价作业计划。

习　题

7-1　简述作业计划与生产计划的关系。

7-2　在制品定额法、提前期法和生产周期法各适用哪种生产组织形式？

7-3　简述作业计划与排序的区别和联系。

7-4　排序问题有哪些类型？

7-5　如何制定在制品定额标准？

7-6　简要说明作业计划评价的标准。

7-7　用 Johnson 算法求表 7-11 中排序问题的最优解，并计算解的总加工周期。

表 7-11　作业时间

工　件		J_1	J_2	J_3	J_4	J_5	J_6
机器 1	P_{i1}	5	5	4	1	2	10
机器 2	P_{i2}	5	5	5	3	6	10

案例

A 厂是一家生产高精密元器件的企业，生产完全按订单生产，品种多，批量小。由于订单很多，生产任务非常饱满。具体到车间的生产任务的产生方式为：全年生产任务→以生产节点形式下达任务到工厂→调度、分配到车间去加工→确保生产节点完成。因此车间作业排序的任务是合理地安排下达到工厂的任务，确保生产节点并均衡设备负荷。

目前 A 厂车间层作业排序完全由调度员凭借经验处理，由于生产任务多，任务紧，且大部分工件都有调度约束，工件路线涉及机加工、热处理、电镀、计量等多个环节，仅靠人脑无法处理如此众多的数据，各个环节只能在自身所能掌握的局部信息下工作，从全局角度就造成了各环节的不均衡，而且仅仅依靠经验的调度方法不能保证它的生产高效率和对市场的快速反应。整体来说，A 厂的车间层排序存在问题如下：

(1) 工时不准确，它是国内企业普遍存在的问题，由于工时过于粗略只能依据经验模糊计算生产任务每道工序的花费时间，最终使得作业计划的可执行性较差。

(2) 完全凭经验处理。由于车间加工零件有上百种，调度员不能把握全部的情况，而把完成任务作为唯一的基准，造成设备负荷不均衡，有时造成设备上的待加工任务超过设备加工能力，延误生产任务；

(3) 不可预料事件。例如，急件插入、设备故障等打乱原有的生产节奏，为了急件不得不停下全部任务，造成赶完急件旧任务又变成急件的恶性循环。

(4) 生产不平衡。由于缺乏精细管理的手段和工具，车间调度员只对各设备下达一天应干完多少件的生产任务，如果完不成则第二天加紧干，唯一目标是为了赶生产节点。这造成了有些设备在等任务而有些设备却不得不加班赶工。

为了改变这种情况 A 厂决定开发排序系统来辅助调度员进行作业安排，提出的功能如下：

(1) 建立一套将各种信息，包括工件信息、设备资源信息、生产管理信息，全面反映的可视化辅助调度工具，辅助调度员进行调度；

(2) 考虑未来可能会开发新产品，提供自定义加工工序特殊约束的功能；

(3) 需要多种排序算法，用于生成调度方案；

(4) 需要反映动态事件的发生，能及时调整调度方案；

(5) 需要将调度结果进行统计显示，辅助调度员对调度方案进行可行性分析。

该排序系统开发完成后可完全满足上述要求，作业排序的界面如图 1 所示。

该系统提供了调度员的手动排序和计算机的自动排序两种方式，其中手动排序仅仅是提供一个调度员排序的软件工具，而自动排序则采用一些启发式算法，具体方法如下：

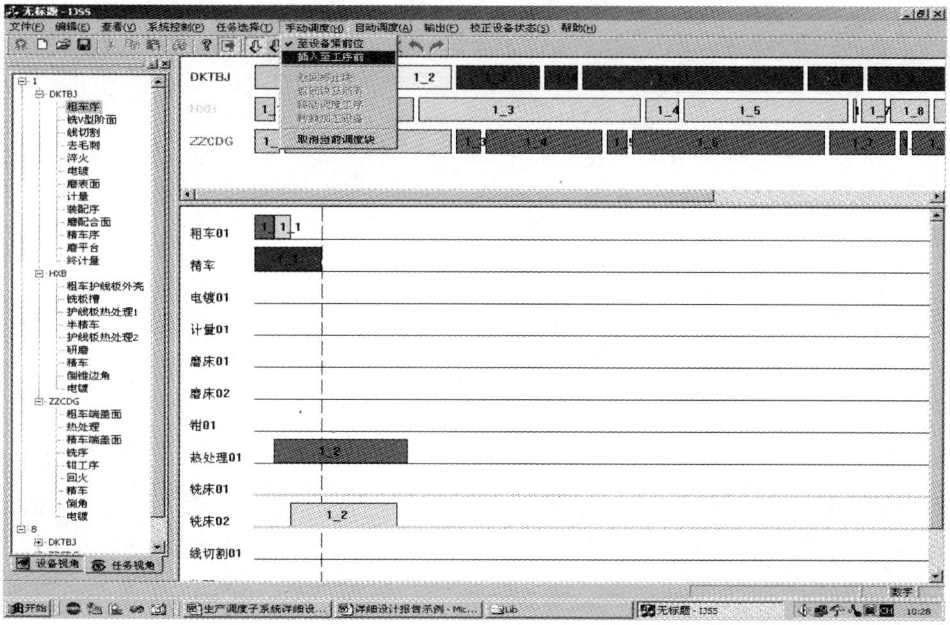

图 1　作业排序界面

(1) 优先级越高、交货时间紧的工件先安排加工：例如，紧急插入件、返工件等；

（2）先来先服务：先到的任务单，先执行；

（3）有外协加工工序的工件优先生产；

（4）加工总时间长的工件优先安排加工；

（5）加工复杂度大的零件优先生产、复杂度低的次之，简单的工件最后考虑安排生产。

（6）交货期紧的工件优先生产。

通过该系统调度员可快速对不同工件的生产任务进行排序，排序完成后就可看到这些任务计划的完工日期，从而判断排序结果是否满足要求。该系统将调度员从繁琐的信息处理中解脱出来，可集中精力寻找满足企业要求的排序结果，由于系统提供了手动排序功能，调度员可手动地对排序结果进行调整，同时针对生产中发生的各种不可预料事件修改基础信息，从而尽早地发现这些不可预料事件对生产的影响，并采取相应措施。使用该系统后，A 厂作业排序的效率和水准大幅提高，延迟交货的情况大为减少，因出现紧急任务而出现的工人加班赶工的情况也有所减少。

参考文献

1　申元月．生产运作管理．济南：山东人民出版社，2005
2　王关义．现代生产管理．北京经济管理出版社，2005
3　马丁，斯达等译．生产管理．台北：台湾五南图书出版公司，1981
4　严学丰主编．生产管理．上海：上海财经大学出版社，1996
5　中国工业科技管理大连培训中心编．生产管理．北京：企业管理出版社，1981

8 准时化生产方式

JIT(just in time)是由丰田汽车公司提出的一种思想观念和思维模式。JIT 的目标在于缩小批量，缩短处理时间，降低安全库存，缩减员工，减少原材料的移动、变化和缺陷。如今，JIT 已经成为许多企业开展商务的有效手段之一。本章主要讲述 JIT 生产系统思想、看板系统以及 JIT 的应用。

学习目标：

1. 了解 JIT 的含义。
2. 理解 JIT 的要素。
3. 明确 JIT 的优缺点及其应用。

8.1 概述

一般而言，库存增加了企业的库存成本，生产过程的无效或低效工作导致生产系统的低效以及企业利润的下降。JIT 的思想在于减少浪费、持续改进并保证物料在公司内部的流动与供应商和客户的协作保持同步。

8.1.1 JIT 的产生和发展

准时化生产方式(just in time,JIT)是日本在二十世纪五六十年代提出和开始实施的生产管理方式。JIT 首先出现于日本，与其国情有十分密切的关系。日本国土面积小，人口密度大，自然资源贫乏，因此在生产管理中，特别注意有效地利用各种资源，杜绝各种可能的浪费；由于土地昂贵，工厂布局要求尽量合理，占地面积小；物流通畅，仓储面积省；他们认为，库存是一种浪费，废品则是更大的浪费。

JIT 的创立者认为，生产工艺的改进对于降低生产成本固然重要，但当各企业在生产工艺上不存在很大差异时，只有通过合理配置和使用设备、人员、材料等资源，才能较多地降低成本。

JIT 系统以准时生产为出发点，首先暴露出生产过量的浪费，进而暴露出其他方面的浪费(如设备布局不当、人员过多)，然后对设备、人员等资源进行调整。如此不断循环，使成本不断降低，计划和控制水平也随之不断简化与提高。

JIT 的概念是 1953 年首先由日本丰田汽车工业公司提出，1961 年在全公司推广。通过实施 JIT 系统，丰田公司生产经营有很大改进，到 1976 年，该公司的年流动资金周转率高达 63 次，为日本平均水平的 8.85 倍，为美国的 10 倍多。

20 世纪 70 年代初，日本大力推广丰田公司的经验，将其用于汽车、机械制造、电子、计算机、飞机制造等行业中。JIT 是日本工业竞争战略的重要组成部分，它代表日本在重复性生产过程中的管理思想。通过 JIT 思想的应用，日本企业管理者将精力集中于生产过程本身，通过生产过程整体优化，改进技术，理顺物流，杜绝超量生产，消除无效劳动与浪费，有效利用资源，降低成本，改善质量，达到用最少的投入实现最大产出的目的。

日本企业在国际市场上的成功，引起西方企业界浓厚的兴趣，西方企业家认为，日本在生产中达到 JIT 是其在世界市场上竞争的基础。20 世纪 80 年代以来，西方一些国家很重视对 JIT 的研究，并将之应用于生产管理。据估计，美国公司在 1987 年已有 25%应用 JIT 方式；到 1992 年，应用JIT的公司已达到美国全部公司的55%左右；目前，这个数字已超过80%。

8.1.2 JIT系统简介

JIT生产方式由生产方式的概念、生产系统设计与计划技术和生产现场控制技术三个方面组成。

8.1.2.1 JIT生产现场控制技术

JIT的基本原则是在正确的时间生产所需正确数量的零件或产品，即准时生产。它的基本原则与MRP十分相似。但是，MRP是按主生产计划的要求，在需要的时间、地点生产需要的零部件，是受主生产计划“推动”的生产方式。而JIT的零部件仅当后续工序提出要求时才生产，是一种“拉动”的生产方式，后工序需要多少，前工序就生产或供应多少。它将传统生产过程中前道工序向后道工序送货，改为后道工序根据“看板”向前道工序取货。前道工序按“看板”要求只生产后道工序取走的数量的工件作为补充，现场操作人员根据“看板”进行生产作业。看板系统是JIT生产现场控制技术的核心。利用看板技术控制生产和物流，以达到准时生产的目的。JIT的生产现场控制系统由于使用了看板卡，它是人们可以看到的JIT的表现形式，因此，有人认为JIT就是看板管理，但是这种认识是不全面的。JIT应该是JIT生产思想、JIT生产系统设计、计划技术以及看板生产现场控制的有机结合体。

8.1.2.2 JIT生产系统设计与计划技术

看板的应用是建立在一系列生产管理技术的基础上。为创造看板应用的条件，在JIT系统中，要进行广义的生产系统设计，包括市场、销售、产品设计、加工工艺、质量工程、工厂布局和生产管理等，以便于看板系统的实施。

8.1.2.3 JIT的生产思想

JIT的生产思想是JIT最基本的方面。只在此思想基础上才能设计及规划JIT生产系统，才能实施JIT系统。这个最基本的方面，往往也是很少为人们理解的方面，从某种观点来说，它又是最重要的方面。JIT的思想是提供JIT基础、实施JIT系统的基本生产战略。

本节主要介绍JIT思想，而JIT生产系统设计与计划技术、JIT车间生产控制技术将在8.2、8.3节中介绍。

8.1.3 JIT方式的目标

JIT方式的目标是彻底消除无效劳动和浪费。丰田公司提出“制造工厂的利润寓于制造方法之中”，这就是说，要彻底消除制造过程中的无效劳动和浪费，努力降低成本、提高质量，取得较高的利润。他们将无效劳动和浪费分为下列几种：(1)制造过剩的零部件的无效劳动和浪费；(2)空闲待工的浪费；(3)无效的搬运劳动；(4)库存积压的无效劳动和浪费；(5)加工本身的无效劳动；(6)动作方面的无效劳动；(7)生产不合格品的无效劳动和浪费。

为消除上述无效劳动和浪费，就要不断追求最优的生产系统设计和最佳的操作状态。“设计一个生产系统，能高效地生产100%优良产品，并且在需要的时间、按需要的数量、生产所需要的工件”这是对JIT目标最简单的概括。

JIT寻求达到以下目标：(1)废品量最低(零废品)；(2)准结时间最短(零准结时间)；(3)库存量最低(零库存)；(4)搬运量最低；(5)机器损坏率低；(6)生产提前期短；(7)批量小。

在传统的生产系统中，要同时达到上述目标是不可能的。对于这些目标，传统生产系统与JIT系统存在较大差距，现对其中5项目标分述如下。

8.1.3.1 零废品

传统生产管理很少提出零废品的目标。一般企业只提出可允许的不合格品百分数和可接受的质量水平。它们的基本假设是：不合格品达到一定数量是不可避免的。而JIT的目标是消除各种引起不合格品的原因，在加工过程中每一道工序都要求达到最好水平。

8.1.3.2 零库存

在传统生产系统中，在制品库存和成品库存被视为资产，它们代表系统中已累积的增值。在期末时，期末库存与期初库存之差，代表这一周期增值的部分，用以指示该部门效益的提高。

当由不确定的供应商供应原材料和外购件时，原料和外购件的库存可视为缓冲器。它能作为供应商不按期供货或顾客订购量增加时的缓冲。

工厂的效率是用车间设备利用率来考核的，车间管理人员的责任是保持各设备及工作中心连续不断地运转，达到满负荷工作。设备加工的工件可能并不是现在订单所需的，这时，生产出来的工件可能只是增加库存。在这种情况下，设备效率越高，产生库存的能力越大，由于只强调设备满负荷运转，增大了库存，可能使整体生产费用增高。在传统生产系统中，有效地利用设备是车间管理人员及工长的职责。而库存量高却是生产控制人员的责任。因此，在制品与成品库存难以得到有效的控制。工厂高级管理人员也许并不赞成库存量太大，但是当要他们在低库存、低设备利用率和高库存、高设备利用率之间做出选择时，他们往往趋向于选择后者。而JIT方式认为，库存是弊病，库存是生产系统设计不合理、生产过程不协调、生产操作不良的证明。

8.1.3.3 准结时间最短

准结时间长短与批量选择相联系，如果准结时间接近于零，这就意味着批量生产的优越性不复存在。如前所述，确定经济订购量（经济批量）的目标是使库存总费用最小，而库存总费用是由仓库保管费与准结（订货）费所决定，大的批量意味着库存量高，仓库保管费高，而小的批量则库存量低，仓库保管费也低。但批量小准结次数必然增多，在一般情况下，准结费用也随之增加。如果准结时间趋于零，准结成本也趋于零，就有可能采用极小批量，此时，选择批量为1是最经济的。

8.1.3.4 提前期最短

在有关MRP系统计划展望期的确定问题上，已经看到，计划展望期至少应大于产品结构各层次上最长累计提前期。各零部件提前期长，必然导致计划展望期加长，迫使生产计划制订依赖于预测，使企业在取得顾客的订购之前安排计划。如果生产批量大，在计划已下达，加工过程已展开的情况下，市场需求有波动，要想改变计划产量，这将是十分困难甚至是不可能的。因此，长提前期、大批量的系统，应变能力差、柔性小；而短提前期与小批量相结合的系统，应变能力强、柔性好。

要想缩短提前期必须从产品设计与生产过程设计入手，应使各产品设计合理，既能满足用户的不同需求，又易于加工生产，改变传统生产系统产品设计与工艺过程设计相分离的状况。应当认真分析生产过程提前期的组成，采取相应措施缩短提前期。

8.1.3.5 减少零件搬运

加工和装配操作中，常常包括大量无效（非增值的）活动。以装配作业为例，一般装配作业可视为以下活动之组合：(1)零件送进；(2)零件搬运；(3)零件装配；(4)检验；(5)专门作业。其中，零件送进、搬运是非增值的操作。如果能使零件和装配件运送量最少、搬运次数减少，可以节约装配时间、减少装配中可能出现的问题。在后面我们将看到，由传统的基于工艺专业化的生产布局，改变为对象专业化的生产布局，可以减少物料的搬运，节省运输的人力、设备和费用。

8.1.4　JIT方式的原则

为达到上述目标,JIT对于产品和生产系统设计考虑的主要原则有以下三方面:(1)在当今产品寿命周期已大大缩短的年代,产品设计应与市场需求相一致,在产品设计阶段,应考虑设计出的产品要便于生产;(2)尽量采用成组技术与流程式生产;(3)与原材料或外购件的供应商建立联系,以达到JIT供应原材料及采购零部件的目的。

实施JIT生产方式,不仅要考虑企业内部的生产问题,它还涉及企业与销售市场的联系,与原材料、零部件供应商的联系。

企业生产各种产品,是一个由接到顾客订货到产品完工交货的过程。它包括:顾客订货处理,物料计划处理,向供应商订购原材料、零部件,本厂加工、装配、发货等过程。因此产品的提前期不仅包含工厂内部的生产提前期,还包含顾客订货处理、向供应商订购等的提前期。

8.1.4.1　产品设计满足市场需求

当今世界正处于新技术革命的年代,产品品种急剧增加,产品寿命周期缩短,顾客对商品的可选择性要求高,这是现代市场的发展趋势。一些企业想单纯依靠增加生产系统的柔性来扩大产品的范围,以满足市场多变的需求。虽然,生产系统柔性高可以使生产产品范围扩大,但是柔性越高的生产,装配成本也越高,会使产品成本增加、价格提高,结果又导致其市场竞争力下降。

为解决上述矛盾,许多企业在产品设计时,采用一种基型、多种变型或者模块化的产品设计方法。

(1) 一种基型、多种变型。在产品基本型的基础上,改动极少量零部件,形成各种变型产品,用以满足不同需求。由于基型与各种变型之间存在大量标准件、通用件,生产过程相对可以简化。

(2) 模块化设计。设计为数不多的基本模块,使这些模块按不同的组合方式,可以形成多种多样的产品,例如,汽车厂有10种发动机,4种底盘,2种栏板,30种配色,模块形态共46种。采用不同组合,最多可形成$10\times4\times2\times30=2400$种产品。模块化设计可使生产过程简化,产品范围扩大。

8.1.4.2　采用成组技术和流水线生产

成组技术是组织多品种、中小批量生产的一种科学管理方法,它的基本原理是:各种部件、零件按相似性原则进行分组、以“组”为对象组织与管理生产,以达到减少重复劳动,节省人力、时间,提高工效的目的。

应用成组技术,按零件组为对象,进行成组工艺过程设计,设计出来的工艺过程适用于组内所有零件。这样便简化了工艺设计过程,缩短了工艺准备时间。

根据已划分的零件组和编制的成组工艺过程,可建立成组加工系统,即建立成组加工中心或成组流水线。成组加工中心是在一个中心内,配备不同类型的加工设备,完成一个或几个零件组的全部工艺。成组流水线是将设备按零件组的典型工艺过程进行排列,使之具有流水线生产的特征。

成组加工系统采用对象专业化的设备布局方式,这种布局与传统多品种批量生产的工艺专业化布局不同。传统工艺专业化布局状况如图8-1所示,设备按工艺功能分组,例如,金属切削机床分为车、铣、钻、磨等,一个工长负责一个功能区,各工件按批通过数个或全部功能区,即要经过多个工长的管区。物流系统具有复杂性及随机性,通过时间长。操作工与工长只对各零件的某一工艺负责,而不对零件负责,职责不易分清。

成组加工系统布局如图8-2所示,它按对象专业化布局,物流简单,流程清楚,生产过程中运输路线短，并易于实现物料运送的自动化；可缩短生产周期，减少在制品库存；工长和操作者对所生产的一组或几组零件的数量及质量负责，责任清楚。成组技术和流水线式生产是实施 JIT 的基本条件。

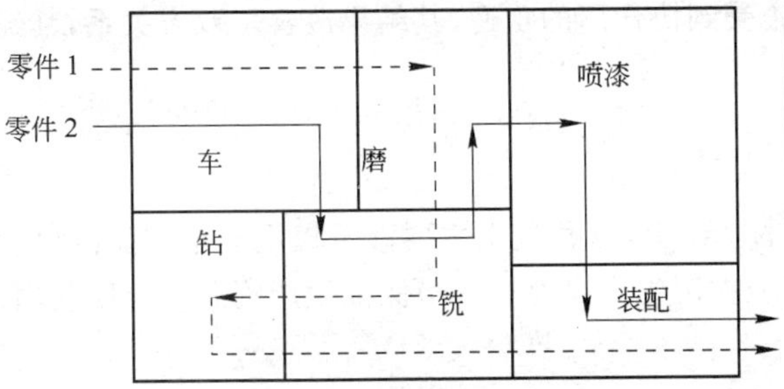

图 8-1 传统工艺专业化布局

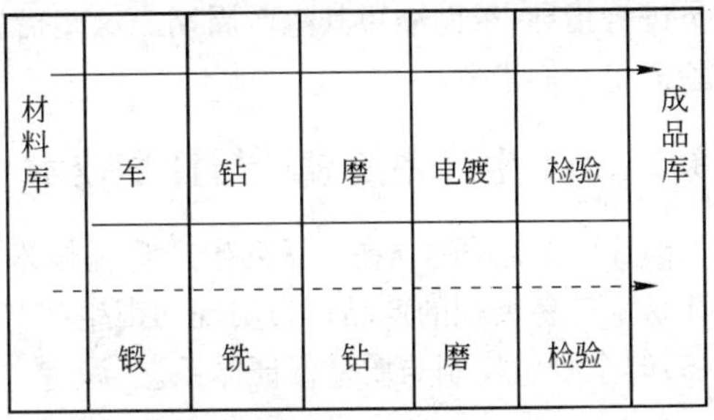

图 8-2 成组加工系统布局

8.1.4.3 与供应商紧密合作

在 JIT 环境下，生产企业要求供应商按 JIT 方式供应原材料或零件。也就是要求以短的提前期，短的时间间隔，频繁的、小批量的供应原材料或零件。如果供应商是以传统方式生产的工厂，它为了不丢掉市场，只能用增加自己库存的办法，才能保证按期供货，否则就要失掉市场。这样，生产厂家实现了“零库存”，而供应厂的库存却大量增加。从整个供应链系统来看，库存并未降低，只是由一个地方转移到另一个地方而已。维持整个系统库存的成本将体现在产品上，系统库存降低不了，会同时影响供应商和生产企业的竞争优势。

为降低产品生产过程中的总库存成本，JIT 要求降低各阶段所有供应/收货的库存水平。因此，要成功地实现 JIT 管理，应有供应商的参与。一个企业应选定一些供应商，并与之结成长期的相互信任的伙伴关系，密切合作，共享信息，从长远的观点按共同的目标组织生产经营。按 JIT 的要求，从理论上讲，供应批量应越小越好，供货次数越频繁越好，供应件应无次品及不合格品。实际上，是否能达到小批量、频繁供货，与供应商距生产厂家的物理距离有直接关系。若两者相距很近，可让供应商也运用 JIT 生产方式，并将供应商的 JIT 与生产企业的 JIT 系统相连，双方生产系统的相互关系，就像在一个厂中一样，紧密衔接，供应商以很小批量频繁供货。但如果生产厂与供应厂相距较远，就难于实现上述要求，应根据实际情况采用不同措施。例如，有 A、B、C、D 四个供应商向 E 厂供货，四个供应商互相邻近但它们与 E 厂距离较远。每个供应商每天要向 E 厂发货四次。这时可让四个供应商联合起来发货，每厂每天只运输一次。此外，生产企业要求供应商频繁准时供货，应与供应商签订长期合同，给予供应商一定的帮助与支持，使供应商有能力和积极性去改善现有生产和运输系统，以满足生产厂家 JIT 的需求。

让供应商加入 JIT 系统，对减少库存、降低采购件的返修率、保证质量和缩短提前期均有显著作用。

在处理与协作厂的关系上，丰田汽车公司有丰富的经验和沉痛的教训。过去，丰田公司为了单方面达到准时生产，严厉要求协作厂按其要求的品种、数量、地点频繁地交付所需的零部件，使自身零件和在制品库存最少，以求灵活地适应外部市场之变化。如果协作厂达不到它的要求，就解除订货协议。在这种形势下，协作厂为了得到订货，只能凭估计生产，加大自己的库存。如果估计错了，损失由自己承担。实际上，丰田公司将许多风险转移给与之协作的中小企业。这种做法引起大量协作企业的不满，受到猛烈抨击。后来，丰田公司改变了上述做法，采用以下政策：(1)丰田公司保证自己努力将计划订货与卡片提货的差异，控制在月计划量 10%之内；(2)在一般情况下，车型不变，且连续生产4年，使协作厂不会因产品变动受到过分冲击；(3)停止某车型生产时，要事先通知协作厂，因没有通知造成损失时，将予以赔偿；(4)经常提醒协作厂，在“看板”卡片指示到来之前，不要贸然开始生产；(5)尽力缩短生产周期，对协作厂派遣技术人员和管理人员进行指导，帮助缩短其生产周期。这些措施受到协作厂的欢迎，其结果改善了双方关系，其经验值得我们借鉴。

8.2　JIT生产系统设计与计划技术

JIT系统是建立在一系列生产管理技术的基础上，这些技术主要涉及以下五个方面：(1)设计易生产易装配的产品；(2)实现均衡生产；(3)缩短生产提前期；(4)保证生产资源的合理利用；(5)健全质量控制与质量保证体系。

8.2.1　设计易生产、易装配的产品

JIT方式的原则之一是产品设计满足市场需求，为适应市场多变的要求，产品范围应不断拓宽。现代生产系统设计，受到经济与技术两方面的约束，如图8-3所示。大批量生产利用专用设备，以大量高效率的方式进行生产。其加工工艺变化小，生产产品范围窄，处于图8-3中阴影部分右下角。多品种小批量生产的产品范围大、每种产品生产量小，应用较多的通用设备，加工工艺变化大，处于图8-3中阴影部分左上角。若想设计产品范围广、加工工艺变化小的生产系统，即应向图8-3的左下角移动，但却会受到技术方面的约束。西方一些国家常采用先进的技术，例如，计算机控制、柔性生产设备等来突破原有的技术约束，以达到上述目的。

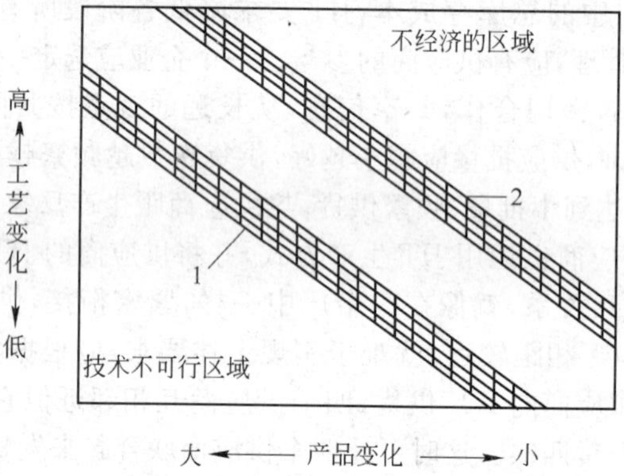

图8-3　生产系统设计的约束

1—技术约束；2—经济约束

传统生产系统中，产品范围与工艺过程变化的相互关系是：产品范围增大，一般要增加工艺的变化范围，使加工过程更复杂。在JIT方式中，试图通过产品的合理设计，使产品易生产、易装配。当产品范围增加时，即使不能减少工艺过程，也要力求维持工艺过程不增加。具体采用的方法有：

(1) 模块化设计。

(2) 设计的产品尽量使用通用件、标准件，或用最通用的工具、设备生产零件。

(3) 设计时应考虑易实现生产自动化。例如，用于装配的零件，应易于自动化送进、导向和装配；设计的产品可由上向下装配，避免由边上或底部装配；在零件的一面完成装配过程；使装配过程由一系列挑选、放置操作来完成，以便使用机器人来完成装配操作等。

8.2.2 实现均衡生产

达到准时生产,其基础为均衡化生产,即均衡制造产品,使物流在各作业之间、生产线之间、工序之间、工厂之间平稳、均衡地流动。假如物流不均衡,流量时高时低,所需能力也不均匀。在这种情况下,现场必须有适应高峰物流所需之能力,即拥有适应高峰生产的人员、设备、机械和材料等。在低谷时就会有能力过剩,造成浪费。

组织具有多种规格、多种零件的产品均衡化生产,不仅产量要平均,品种也要平均,均衡化生产是杜绝浪费的前提。为达到均衡化,在JIT中采用月计划、日计划,并根据需求的变化及时对计划进行调整。

8.2.2.1 月计划

JIT与MRP月计划制订相类似,以主生产计划作为主要输入,根据三个月的生产计划和月需求预测,确定月生产的产品品种及每种产品的产量。一般来说,月计划的建议应在两个月之前提出,在生产前一个月确定,并将计划有关内容传输给协作厂(或供应者)。月计划确定后,可以将产量平均分配至每个工作日,确定每日平均产出量,形成如表8-1所示的月计划。

表8-1中列出某公司生产的产品系列A、B、C、D、E、F在一个月内生产总数为4800件,各件需求数如表所示,在传统批量生产情况下,可以首先生产1200件A,接着生产400件B,再接着生产1600件C…,依此类推。每月以20个工作日计,在该月中平均每日的产量如表8-1所示。

表8-1 月计划 (件)

产　品	月　需　求	日平均产出
A	1200	60
B	400	20
C	1600	80
D	400	20
E	600	30
F	600	30
需求量	每月4800件	每天240件(480min)

8.2.2.2 日计划

为了在日计划中均匀分布各种产品的生产,达到品种平均,在生产中常采用混流生产模式(混合流水线),即在一定时间内同时生产几种产品。只有当产品相似,变换品种时基本上不需要更新调整设备与工艺装备,才可能实行混流生产。混流模式有较好的柔性,在顾客期望根据订单要求迅速交货的情况下,短期响应能力是市场竞争的关键因素,这时采用混流模式会取得很好的效果。

例如,根据表8-1中的月生产计划,制订日计划时,可以按每日生产量要求先生产60件A,接着生产20件B,再生产80件C……方式安排生产。也可以更进一步以较短时间间隔平均分配产品品种的生产,例如,按48min为单位均匀分配作业,如表8-2所示。这个分配过程重复多次,直到完成日平均产量为止。这就是采用混流的生产模式,这样的日计划具有较高的柔性,当市场需求有变化时容易调整。

表 8-2 生产作业表

产 品	生 产 量
A	6
B	2
C	8
D	2
E	3
F	3
	每 48min24 件

假设月初时确定的计划如表 8-1 所示。到月中时，一个顾客要改变他的订单，减少订购 400 件 C 增加 400 件 B，原来下半月的计划如表 8-3 所示。

表 8-3 原订下半月的计划

产 品	半月需求	日平均产出
A	600	60
B	200	20
C	800	80
D	200	20
E	300	30
F	300	30
需求量	下半月需求 2400 件	每天 240 件（480min）

改变以后下半月的需求如表 8-4 所示。根据修改后下半月的计划安排生产作业，如果采用 48min 均匀分配作业，结果如表 8-5 所示。

表 8-4 修改后下半月的计划

产 品	半月需求	日平均产出
A	600	60
B	600	60
C	400	40
D	200	20
E	300	30
F	300	30
需求量	下半月需求 2400 件	每天 240 件（480min）

表 8-5 修改后的日作业表

产 品	生 产 量
A	6
B	6
C	4
D	2
E	3
F	3
	每 48min24 件

由此可见,只要将表8-2的作业改为表8-5的作业安排,就可以适应上述市场需求之变化。如果工厂不是采用混流均衡生产模式,而是采用首先生产A,接着生产B这样一种产品月产量完成后,再生产下一个产品的方式,在生产过程中市场突然发生变化时,就很难进行调整。因此,生产现场连续小批量生产,能够防止制造过剩和供过于求,是JIT考虑计划的基本点。在JIT方式中常用混流作业,它的日计划就是安排产品作业顺序,如表8-2中,每24件作业顺序为:AAAAAABBCCCCCCCCDDEEEFFF。其顺序也可排为下面变化更频繁的形式:ACAECFB-CACDAEFCBCADCFEAC。

可采用启发式算法,经过计算获得满意的作业顺序,启发式算法的目标是:使总装和各工作中心能力需求稳定,防止能力需求大幅度波动以及这些波动对生产系统产生的影响。

按实际需求调整日计划是JIT的思想,JIT系统除了向总装配工序提出顺序计划外,不向其他工序提供计划。其他工序不领取生产计划表,没有统一的计划指示。丰田公司认为,计划无论订得如何周密,由于市场情况总是瞬息万变的,销路不畅时必须要减产,畅销时又必须要增产。常要对计划进行调整,这是不言而喻的。如果向现场各工序提供了固定的生产计划,就很难根据变化的客观情况(如市场需求变化,设备故障、零件短缺等)及时进行调整。一般生产系统的处理方法是,无论情况变化如何,本周期仍按原计划生产,变化部分待下周期重编计划时一起调整。而JIT系统却不向总装配之外的生产工序提供计划,利用"看板"进行现场控制,可以避免上述弊病。丰田公司根据其经验指出,只有总装配工序实现均衡化生产之后,看板方式才能成立,没有实现均衡化的地方,看板方式就要失败。

对于许多企业和行业来说,要达到均衡化生产是比较困难的,但是,上面的讨论给了我们一些有益的启示。由此可以看到,在控制生产系统,使系统向柔性、混流方向发展,都是建立在主生产计划的基础上。主生产计划的准确性对均衡生产有重要影响,而生产提前期的准确性又与主生产计划的准确性有直接关系。

8.2.3 缩短生产提前期

缩短生产提前期的主要好处有:(1)能缩短产品交货期,改善用户服务,取得市场竞争优势,(2)减少生产计划对预测的依赖,使计划展望期缩短,计划准确性提高;(3)可以对市场预料不到的突然变化,做出快速的响应。

一个产品的生产提前期由四个部分组成,即准结时间、加工时间、运输时间及排队时间。

在批量生产中,排队时间和运输时间在整个产品提前期中占有很大比重,经常占到95%以上,剩余不足5%为准结时间与加工时间(包括检验在内)。排队和运输是生产中非增值的作业,在准结与加工时间中也仅有30%为增值的活动。要缩短产品提前期,就要缩短上述四部分的时间,尤其是要缩短占比重很大的非增值活动的时间。

JIT提倡采用对象专业化布局,用以减少排队、运输和准结时间。在工厂一级采用基于对象专业化布局,以使各批工件能在各操作间和工作中心间顺利流动,减少通过时间;在流水线和工作中心一级,采用微观对象专业化布局和工作中心U形布局可以减少通过时间。

8.2.3.1 生产过程布局

工厂级与工作中心级生产布局的目标相类似,可简述如下:

(1) 分配给各工作中心的操作人员数量,不是固定不变的,它应适应市场需求的小量变化以及由此而产生的作业计划的变动。

(2) 聘用有多种技能的多面手作为操作员。

(3) 在工作中心最好做到单件生产、单件输送。

(4) 经常对标准操作进行评价与修订。

为达到上述目标，常采用图 8-4 所示的 U 形对象专业化布局。这种布局由于机器距离很近，多面手操作员可以在多个机器上操作，这样可以减少操作人员。机器间距离近又可采用辊道、传送带使之联系起来，实现单件生产与输送。当一个工件进入某工作中心的同时，原来在该中心加工的工件离开此工作中心，进入下一工作中心。这样，等待和运输时间就可以大量降低。

利用 U 形布局需要多面手操作人员时，需要对操作员进行严格培训，生产中应给操作者明确的指令。

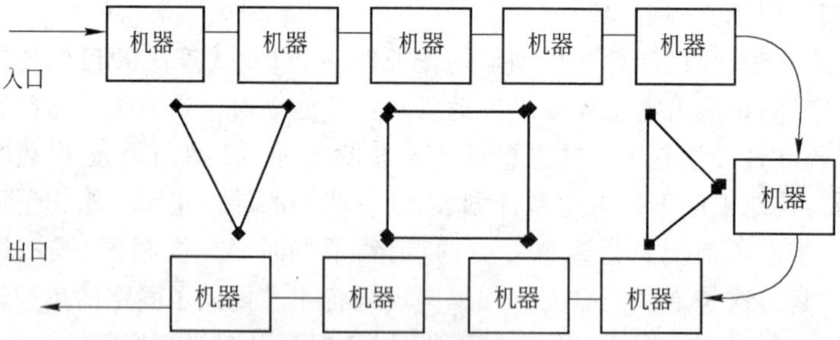

图 8-4　U 形对象专业化布局

8.2.3.2　缩短排队时间的技术

在产品专业化 U 形布局方式中，可以采用的减少排队时间的主要方法有以下五个方面：(1)采用小的生产与运输批量；(2)生产线平衡；(3)产出量自动控制；(4)标准化操作；(5)操作员互相协作。现分述如下。

A　采用小的生产与运输批量

在 JIT 生产中，按每一生产节拍生产一个产品，在每一节拍结束时，生产线上的工件由一道工序同步送至下一道工序，这与大批量生产企业装配线上的生产情况完全相同。但是，给生产线供应零部件的部门，常采用批量生产的方式，在 JIT 中，希望将加工与运输批量等于 1 的思想，扩展至机加工、焊接、锻造等为生产线提供零部件的部门中，这样就使一条装配线中的每一作业严格地同时开始与结束，达到同步而形成连续流。

MRP 仅考虑一种批量即生产批量，未将生产批量与运输批量分开来考虑。在实际作业中，当准结时间很长，并难于压缩时，必须采用较大的生产批量，这时将生产批量与运输批量分开来考虑有明显的好处，可以采用小的运输批量来缩短生产提前期。例如，一个工件要经过三道工序，每道工序加工时间为 1min，采用批量生产，加工批量为 200 件，这样当运输批量等于加工批量时，总的通过时间为(200 + 200 + 200)min = 10h，如图 8-5a 所示。

若将运输批量减小为 1，总通过时间的缩小情况如图 8-5b 所示。由图 8-5 可见，通过时间由 10h 成为 5h。其中，总加工时间不变，实际上是大量压缩了排队时间。

JIT 在生产批量大时，常将运输批量与生产批量分开考虑，取较小的运输批量值，这可以看作是由批量生产系统向连续流水线方向发展的一个步骤。

B　生产线平衡

为使生产线平衡，可以缩短由各工作中心之间生产不平衡引起的等待时间，保证在所有工序上时间和数量相同。要达到生产线平衡，应该采用的措施有：(1)使各工序生产能力与各操作者的技术水平尽量接近；(2)采用标准作业并将之文档化；(3)按最佳操作方法培训操作者；(4)产量自动控制；(5)单件生产与传输等。这些措施均有利于生产线平衡的实现。

C　产出量自动控制

假设有一个工件要顺序通过两台机器加工，如果第一台机器的能力大于第二台机器，在第二

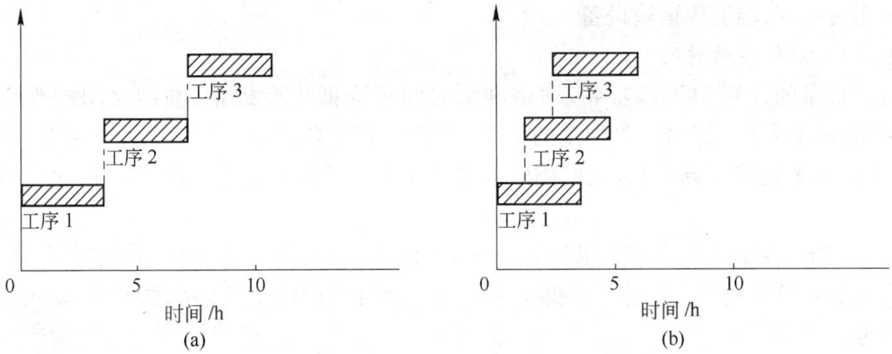

图 8-5 批量对工件总通过时间的影响

a—运输批量等于加工批量；b—运输批量不等于加工批量

台机器加工时就会产生在制品库存。在 JIT 方式中，要协调两台机器的产出，应规定两机器间在制品库存的最大值与最小值。第一台机器在两机器间的在制品数少于预先规定的极小值时，自动启动继续生产，使在制品数量增加。当在制品数达到预先确定的最大值时，就自动停止生产。这样，两台机器间在制品库存量得以控制，同时也减少了工件的排队时间。

D 标准化操作

在各工作中心实现标准化操作，试图达到以下三个目的：(1)减少在制品数；(2)按节拍操作，使生产线各工序同步；(3)提高生产率。

建立操作标准分为三个步骤：(1)确定生产节拍(生产循环时间)；(2)生成操作表；(3)决定在制品(WIP)的水平。

(1) 确定生产节拍的公式为：

$$生产节拍 = \frac{每天的可用生产时间}{每天的产出量}$$

在可用的生产时间中，无机器闲置时间，无机器损坏时间，无废品。

(2) 生成操作表。每个工作中心，由人员和机器的因素决定各零件或组件的每件完成时间。利用每件最终产品所需各零部件的数量，每个零件加工时间及产品节拍等数据，对每一操作人员生成一个操作表。该表说明在一个节拍中，操作人员必须完成的作业数量及作业顺序。操作表的作用是保证在一个节拍中，各工作中心生产出一个最终产品所需的零件、部件数，以保证生产同步。

(3) 决定 WIP 水平。使 WIP 量既能保证生产中无物料短缺，同时又要使机器间物料极少。

完成上面三个步骤，结果形成一标准操作单，每个操作人员都可看到此标准操作单，并可在此标准操作单基础上，做出完成主生产计划的初步预算。

E 操作人员互助活动

在 JIT 环境中，操作人员一般具有多面手的能力，能操作多种不同的机器。多面手操作人员给生产操作带来许多好处，例如，当他们由一台机器上卸下零件时，可直接将之装到下工序的机器上，有利于减少在制品库存。操作人员之间可以开展互助活动，当一个操作人员遇到困难或任务超载时，临近的操作人员能去帮助，使可能产生的“瓶颈”现象得以缓和，减少了总的排队时间。

8.2.3.3 缩短运输时间

JIT 方式中缩短运输时间的技术是：采用合理的生产布局和高效的运输机械。通常采用对象专业化布局、U 形设备布局以减少工序间的运输时间；采用高效运输机械，提高运输速度和频度，例如，用传送带、辊道等运输设备。

8.2.3.4　缩短准结时间

由经济批量的计算中可以看到，缩短准结时间可降低生产批量，准结时间减少为原来的 $1/N$，加工批量几乎也可以减少到原来的 $1/N$。同时，缩短准结时间 WIP 量也会相应降低，机器利用率、生产效率也能得到提高，因此缩短准结时间有很重要的意义。在 JIT 中，缩短准结时间可用的技术有：

(1) 将内部工装调整与外部工装调整分开，内部工装调整是指离开使用工装的机器本身，就不能进行工装调整的那部分作业。外部工装调整是指可不使用工装的机器参与，就可进行的工装调整作业。

(2) 尽量将内部工装调整转变为外部工装调整。使内部工装调整时间控制在 10min 之内。

(3) 尽量减少调整时间。

(4) 如果可能的话，取消准结时间。

缩短准结时间的第一步，是对工装调整过程进行详细研究。内部与外部工装调整经常交叉重叠，需要经过分析将二者分开。第二步是将尽可能多的内部工装调整转换为外部工装调整，使之离开生产线操作，进而大幅度改进内部工装调整。

8.2.3.5　缩短加工时间

加工时间是工件通过生产系统增值的时间，在 JIT 方式中，十分注重最佳利用加工时间并保证生产出高质量的产品。培训操作人员，实行标准化作业以及将标准作业文档化等，都是缩短加工时间的主要措施。

8.2.4　生产资源的合理利用

JIT 方法十分重视生产资源的利用，在丰田公司流行一句简单的格言："不要把正在'忙'与正在'生产'混为一谈。"这句话在评价劳动力资源利用状况时特别适用。劳动者若只进行"忙"而不是"生产"的活动，也就是在做无效劳动，这是一种很大的浪费。JIT 生产资源合理利用的内容，分为两个方面：劳动力柔性和设备柔性。

8.2.4.1　劳动力柔性

当市场需求波动时，要求劳动力资源也做相应调整。若需求量增加不大时，由于操作人员具有多面手的技能，可通过操作人员适当调整其操作，就可以适应短期内需求量的变化。若需求量增加较多时，就要考虑加班或增加操作人员。当需求量降低时，劳动力的调整可能较困难，特别是许多大企业采用终生聘用制时，更加不易调整。这时可能采用的方法是减少生产班次、解雇临时工、分配多余的操作工去参加维修设备、参加质量循环会议等活动，甚至宁可让工人空闲，也不要去为增加库存而生产。

8.2.4.2　设备柔性

在传统生产系统中，市场的多变需求与生产过程可能提供给市场的产品之间存在矛盾，生产厂家一般希望产品品种及数量变化尽量少。JIT 方式试图克服上述矛盾，它在产品设计时就考虑加工问题，发展多功能设备使之能提供满足市场不同需求的加工能力。大批量生产所用的专用设备，不适用于轮番生产，可以对这些机器进行改装，或在这些机器中加入一些工装、工具使之成为能生产一定范围产品的多功能机器。多功能机器应能支持 JIT 生产，并有利于生产的稳定，这种概念的发展，就形成了柔性生产系统（flexible manufacturing system，FMS）。

JIT 与 MRP 生产思想相比较，在 MRP 中资源能力一般考虑为固定的，至少在短期内是固定的。当需求改变时，就要增加额外的能力需求。而 JIT 主要采用调整现有设备的方法，来满足需求的改变。

8.2.5 JIT 方式中的质量控制

在传统的生产系统中，都规定了可接受的废品百分数，用在制品库存来弥补不合格品和机器故障所引起的问题，以保证稳定生产。这种处理方法受到 JIT 方式促进者的批评，他们认为，这不是揭露问题的本质和解决问题的方法，是治标不治本的方法。

JIT 方式中强调全面质量控制（TQC），目标是消除不合格品，消除可能引起不合格品的根源，并想办法解决问题。

JIT 追求“零库存”，要达到零库存并能稳定生产，就应消除所有生产过程中的浪费，包括产品返修、不合格品返修等。为达到零库存，还要不断改进工艺过程，一方面利用成组技术，用较少工艺步骤生产一定范围的产品，另一方面开展技术革新活动，鼓励操作人员利用其科学知识、技术经验进行革新活动。

检验人员的任务是防止不合格品，而不是简单的检出不合格品。设计能自动检出不合格品的机器，这种机器应有两个功能：(1)机械化地检出不正常或不合格品；(2)当不合格品或不正常情况发生时，能自动停机或停线。不合格品发生时让机器停止，可迫使人们重视问题、调查问题的原因、进行改正活动，防止再发生类似的问题。

JIT 中还包含许多有利于提高质量的因素，例如，批量小，零件很快移动到下道工序，质量问题可以及早发现；JIT 强调预防维修、设备保养及清洁的工作环境等，这些对提高质量，提高生产效率和安全生产都有很大好处。

8.3 JIT 生产现场控制技术——看板系统

看板系统是一种 JIT 生产现场控制系统，通过看板的传递或运动来控制物流。它是由客户的订单开始，根据订单按产品所需的部件自上而下进行分解，得出订单所需零部件的数量，由此控制生产，使企业中的各生产部门、工作中心协调地运行，实现整个生产过程的准时化、同步化。

8.3.1 概述

看板系统又称视板管理、看板方式、看板法、目视管理等，是一种生产现场管理方法。它以流水线作业为基础，将生产过程中传统的送料制改为取料制，以“看板”作为“取货指令”、“运输指令”、“生产指令”进行现场生产控制。从生产的最后一道工序（总装线）起，按反工艺顺序，一步一步、一道工序一道工序地向前推进，直到原材料准备部门都按看板的要求取货、运送和生产。看板作为可见的工具，反映通过系统的物流，鼓励操作者发挥积极性，使企业中的各生产部门、工作中心协调地运行，实现整个生产过程的准时化、同步化，保证企业以最少的在制品，占用最少的流动资金，获取较好的经济效益。

8.3.1.1 生产现场控制的“推”与“拉”系统

MRP 和 JIT 是两种不同的作业管理系统，它们的目的是要完成主生产计划规定的生产目标，受主生产计划驱动，根据主生产计划决定生产总装配作业计划。但是，在作业管理的思路和方法上，两个系统有明显的差别。MRP 的作业管理是一种“推动式”系统，而 JIT 则是一种“拉动式”系统。

(1) MRP“推动式”系统生产作业管理如图 8-6 所示。一个工件要通过一系列工作中心进行加工，如图 8-6 中，工件要依次通过 1，2，…，M-1，M 等工作中心。MRP 系统通过计算，确定每一工作中心的任务下达日期 RT 及完成日期 DD。而每个工作中心实际完成日期，就是其下一道工序的任务下达日期。因此，MRP 的现场生产控制是由第一道工序开始，“推动”工件逐个完成各工序的加工过程。

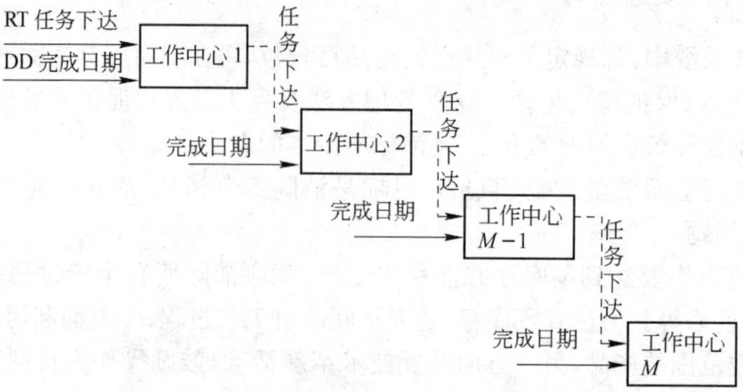

图 8-6　MRP“推动式”系统

(2) JIT“拉动式”系统如图 8-7 所示，它是由代表顾客需求的订单开始，根据订单按产品结构自上而下进行分解，得出完成订单所需零部件的数量。生产控制人员检查现有零部件库存，是否能满足订单的要求，如果不满足，就由最后一道加工工序开始，反工艺顺序地逐级“拉动”前面的工作中心，由 M 至 $M-1$，一直“拉”至工作中心 1，甚至“拉”到供应者或协作厂。后工序需要 1 个工件，就到前工序取 1 件，前工序就再生产 1 件补足在制品定额。“拉动”是靠看板系统来实现的，看板起到指令的作用。在现场，工人不见看板不搬运，不见看板不生产。

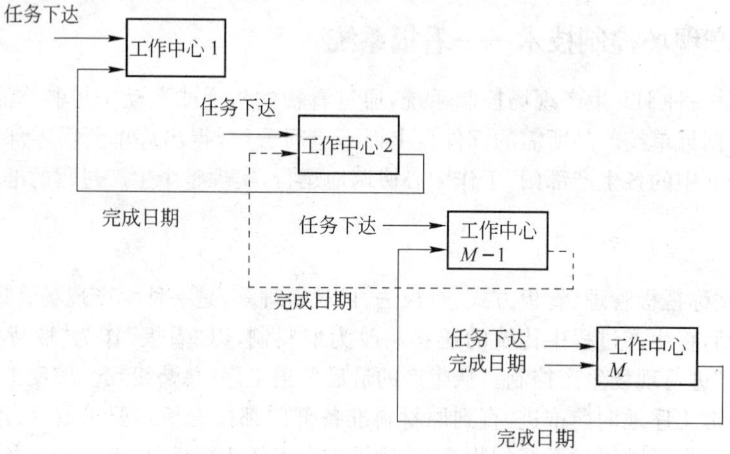

图 8-7　JIT“拉动式”系统

8.3.1.2　*看板及其在生产活动控制中的应用*

在国外有关书籍中，对看板有不同的定义，可归纳如下：

(1) 指卡片，用此卡片授权移动在该控制系统中的物料。

(2) 指应用卡片的物流控制系统。

(3) 用看板卡进行物流控制而发展起来的改进生产的方法。

总之，看板管理是一种生产现场物流控制系统，它是通过看板的传递或运动来控制物流的一种方法。

下面以日本丰田汽车公司为例，说明利用看板进行生产现场管理的过程。丰田汽车公司的看板系统如图 8-8 所示。在生产计划制订方面，丰田公司与其他公司一样，根据企业政策、用户订单制订年度计划、月份计划以及具体生产什么车种,生产多少辆的日计划。日计划的安排应体现均衡化生产的思想。例如,月计划生产一万辆车,其中 A 型车 5000 辆、B 型车 4000 辆、C 型车 1000 辆。每月工作日为 20 天,则每天可安排生产 A 型车 250 辆,B 型车 200 辆、C 型车 50 辆,形成均衡的日计划。接着将日计划展开为顺序计划,即展开为装配顺序的计划,上述日计划的顺序为 AAAABBBBAC 或 AAAAABBBBC 等不同循环形式。

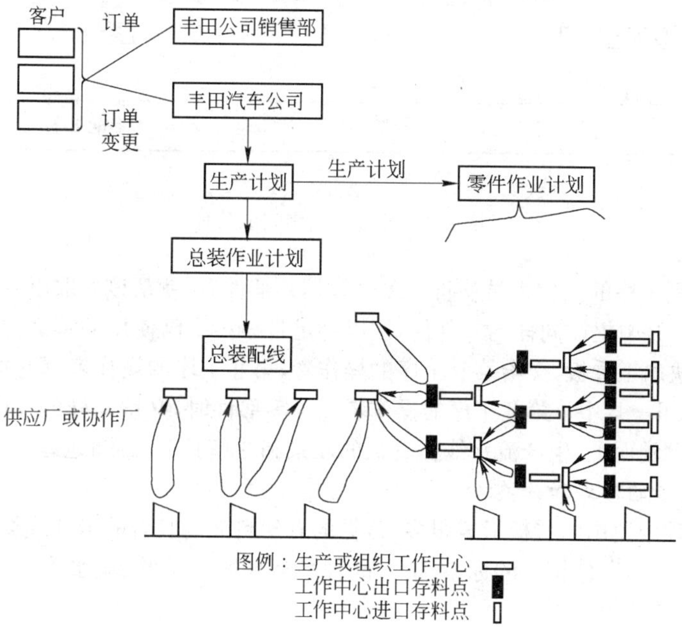

图 8-8 丰田公司的计划与看板控制系统

JIT 生产作业计划的主要特征是:它只向总装配指示顺序计划,除此之外,不再向其他加工工序指示顺序计划。但是,应该尽量使总装配之前的各工序,即加工工序、毛坯工序、外协及供应部门等,都大体了解本工序(部门)每月需要生产(供应)的数量。此数量不一定要求准确,但可以作为各工序作业的大致目标,有利于他们进行作业准备和作业安排。

这样,在现场除总装配以外,其他工序都不领取生产计划表。也可以说,对各加工、子装配过程没有统一的生产指示,他们需要生产什么,生产量多少,何时完工等都由看板进行控制。

在图 8-8 中,在总装配线上有许多工位,每个工位有相应的存料点。各子装配或加工线上,有多个工作中心,每个工作中心附近有两个存料点:一为进口点存料点,用以存储上一工序已加工完毕,本工序准备加工的零部件;二为出口点存料点,用于存储本工序已加工完毕,供下道工序随时提取的零部件。当总装配线收到一个作业计划后,它按该计划要求的品种、数量进行总装作业,由总装线上各工位存料点中抽取总装配所需的零部件,使各工位存料点库存减少。各工位存料点为补充库存,就到各子装配线出口存料点(或协作厂)提取零部件。各出口存料点为保持其在制品定额,继而"拉动"相应的工作中心按批生产取走数量的零部件,它同样也要向前工序工作中心提取必要的工件。这样,就形成了一条向上游工序的"拉动"链。使得整个物流按总装配的要求同步运动。

看板在现场管理中的作用可用图 8-9 说明。图中,Ⅰ表示零件加工工序;Ⅱ表示零件子装配工序;Ⅲ表示总装配工序;Ⅰ—A、Ⅱ—A 分别为Ⅰ、Ⅱ工序的进口点存料处;Ⅰ—B、Ⅱ—B 为Ⅰ、Ⅱ工序的出口点存料处;Ⅲ—A 为总装配工位的存料处;实线表示零部件的物流过程,虚线是看板的传递过程。

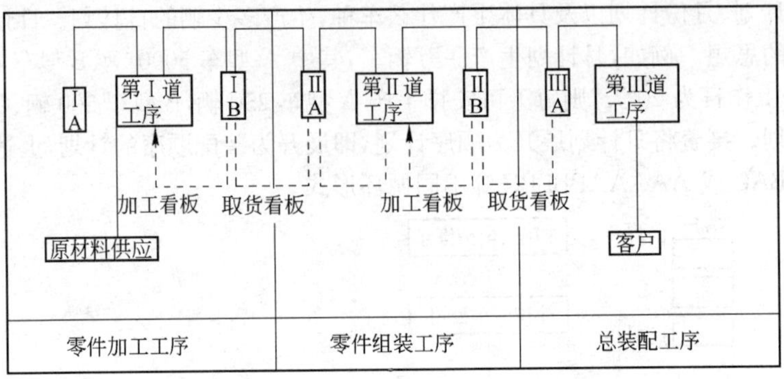

图 8-9　看板在工序间的传递

当总装配工序的操作人员从Ⅲ—A 中取用零部件后，就从该处取出一块取货“看板”，到上一道工序的Ⅱ—B 中提取同样的零部件，用以补足Ⅲ—A 中已使用的零部件。与此同时，再从Ⅱ—B 中取出一块加工看板，交给第Ⅱ工序的操作者，第Ⅱ工序的操作者据此加工生产所需的零部件，制成后补入Ⅱ—B 中。第Ⅱ工序的操作者加工零部件时，又按同样的程序从Ⅱ—A 中提取备加工件。如此倒溯而上，生产流水线在看板的联系和“拉动”下，协调地运转起来。

8.3.1.3　看板的形式和分类

实际生产管理中使用的看板形式很多，常见的有塑料夹内装着的卡片或类似的标识牌、运送零件小车、工位器具或存件箱上的标签、指示部件吊运场所的标签、流水生产线上各种颜色的小球或信号灯、电视图像等。

看板根据功能和应用对象的不同进行分类，如图 8-10 所示。各类看板的功能、内容分述如下：

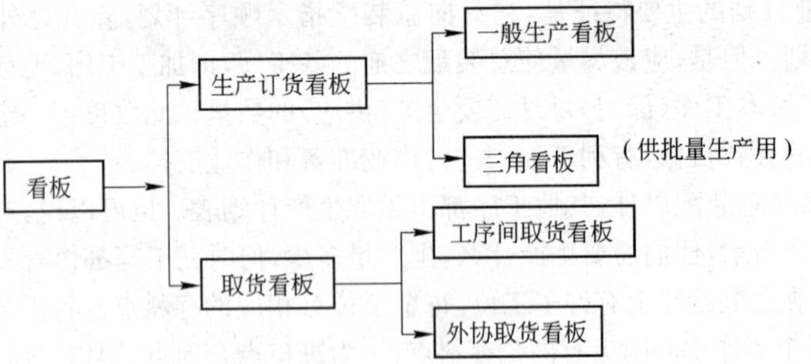

图 8-10　看板的主要类型

A　生产看板

指在一个工厂内，指示某工序加工制造规定数量工件所用的看板，它又有两种类型：

(1) 一般生产看板。如图 8-11 所示，它指出需加工件的件号、件名、类型、工件存放位置、工件背面编号、加工设备等。

(2) 三角看板。如图 8-12 所示，它指出待加工工件件号、名称、存放位置、批量及货盘数、再订购点及货盘数、加工设备等。

B　取货看板

后工序的操作者按看板上所列件号、数量等信息，到前工序（或协作厂）领取零部件的看板。

加工看板		加工设备 机加工 LD-6
存放货架号 F14-26	工件背面号 A3-252	
工件号 56790-321		
工件名 曲轴		
产品型号 SX50BM-170	容器容量 16	

图 8-11 一般生产看板

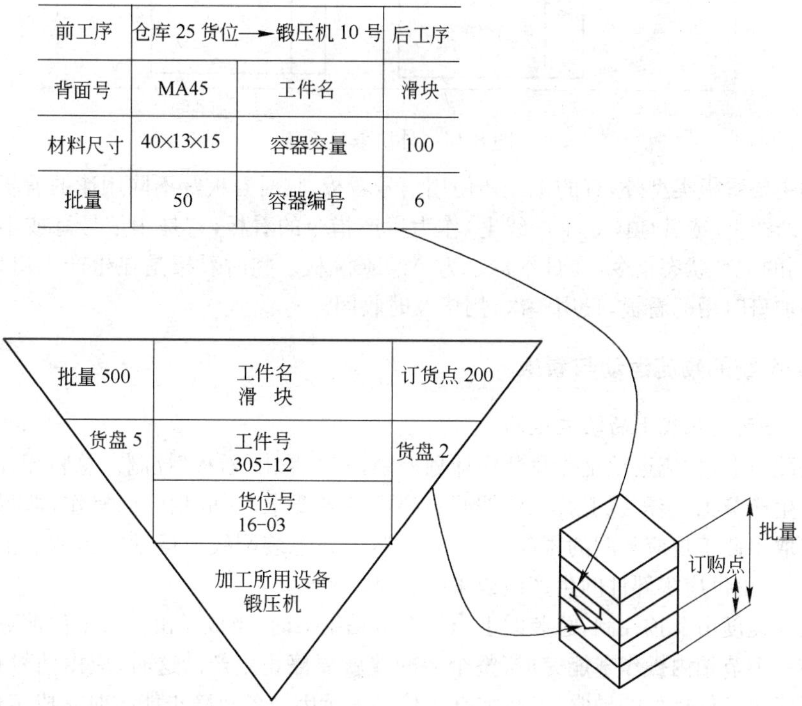

图 8-12 三角看板

取货看板又可分为两种类型：

（1）工序间取货看板。如图 8-13 所示，它指出应领取的工件件号、件名、类型、工件存放位置、工件背面编号、紧前加工工序号、紧后加工工序号等，是厂内工序间的取货凭证。

存货点号	5E215	背面号 A2-15	前工序
工件号	34510S06		锻造 B-2
工件名	主轴		
产品类型	SX5DBC		
容器容量	容器形状	发行张数	后工序 机加工 M-6
20	B	4/8	

图 8-13 工序间取货看板

（2）外协取货看板。如图 8-14 所示，它除了指出有关外协件特征信息外，还指出本企业名称、外协厂名、交货时间、数量等，它用作向固定的协作厂取货的凭证。

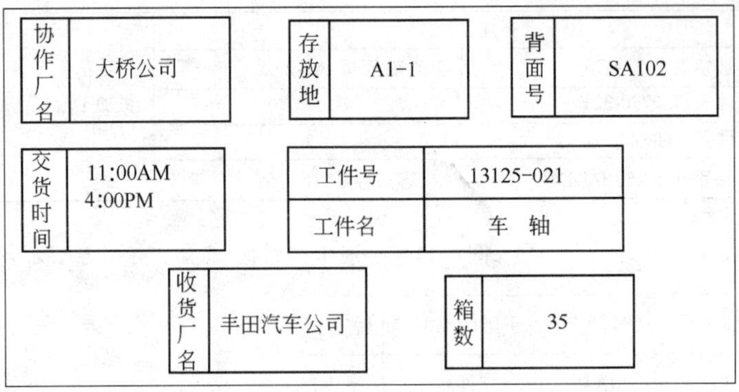

图 8-14　外协取货看板

除上述主要看板类型外，有的工厂还使用信号看板、临时看板等不同用途的看板。信号看板是在总装生产线上（或其他固定生产线上）作为生产指令的看板，它是用信号灯或不同颜色的小球，表示不同的生产状态指令，在日本称之为 ANDON 板。临时看板是在生产中出现次品、临时任务或临时加班时用的看板，只用一次，用毕及时收回。

8.3.2　JIT 系统的物流运动与看板

8.3.2.1　*总装配线上的物流运动*

在总装配线上，物流运动是受总装配计划控制，而不是由“看板”控制。总装配计划确定装配生产顺序和生产节拍，装配线上各工位按照总装配计划要求，完成相应的操作，即每个工位从该工位存料点取出此工位应装配的零部件，将它们装入在总装配线上运动的半成品上。工位存料点所需零部件，由供应零部件的生产线或采购补充。

物流运动速度由节拍控制，总装线上当每个节拍结束时，半成品由一个工位前移至下一个工位。如果在一个节拍内操作未能完成，整个装配线就要停止生产。这时，应由信号板发出信号，指示出装配线某工位操作的异常情况，如红色信号表示因设备故障未能按时完成工作，橙色表示工位存料点无足够零部件供装配用等。当这种情况出现时，装配线上的操作者就要设法帮助解决这些问题，使装配线重新工作起来。他们可能采用暂时解决问题的措施，例如，将短缺的零部件立即送至所需的工位。也可从长远观点出发，研究该工位缺件的原因，采取杜绝再发生类似情况的措施。当造成装配线停工的问题解决以后，信号板转为绿色，装配线继续正常操作。

装配线上各工位存料点使用标准容器及取货看板。当存料点标准容器中的零部件用完时，该工位将取货看板及空容器送至供应线（即零部件生产线）的工作中心。供应线工作中心收到以后，把装满零部件的容器及取货看板送还至工位存料点。

8.3.2.2　*在供应线上的物流运动*

在供应生产线上，将物料加工为总装配线上所需要的零部件。对于一般制造企业，供应线上主要进行下料、成型（形体加工）、分装配等操作。在供应线上是由紧后工序利用看板向紧前工序逆工艺顺序的传递信息，领取零部件，而紧前工序只生产、补充紧后工序领走的同样数量的零部件，决不超量生产。

现举例说明用看板组织生产的过程，图 8 - 15 所示的是用看板组织生产的过程。为简化起见，假设只有 3 个工作地，其中 3 号工作地为装配工作地。对于装配工作地，可能有很多工作地向它提供零件，因而它的入口存放处会有很多容器，存放着各种零件。

产品装配是按装配计划进行的，当需要装配某台产品时，3 号工作地就发出取货看板，按取货看板规定的供方工作地及出口存放处号，找到存放所需零件的容器。将容器上挂着的生产看板取下，放到2号工作地的生产看板盒中，并将取货看板挂到该容器上，将容器运到3号工作地的入口存放处相应的位置，供装配使用。2号工作地的工人从生产看板盒中取出一个生产看板，按生产看板的规定，到2号工作地的入口存放处找到放置所需零件的容器，从中取出零件进行加工。同时将该容器上的取货看板放入2号工作地的移动看板盒中。当生产的数量达到标准容器的要求时，则将生产看板挂到该容器上，将容器放于2号工作地的出口存放处规定的位置。同样，将2号工作地的取货看板送到1号工作地的出口存放处，取走相应的零件。按同样的方式，逐步向前推进，直到原材料或其他外购件的供应地点。

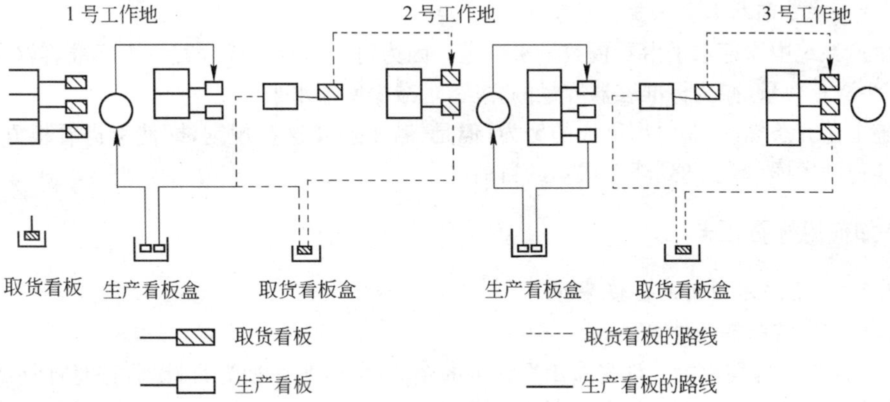

图8-15 用看板组织生产的过程

8.3.2.3 看板的使用规则

为使看板系统有效运行，必须严格遵循使用规则，培训全体操作人员理解规则，并设立一定的奖惩制度认真贯彻规则。规则的主要内容有以下五点：

A 不合格件不交给后工序

JIT方式认为，制造不合格件，就是为卖不出去的产品投入材料、设备和劳动力。这与企业降低成本的目标背道而驰，是最大的浪费。因此，一旦发现不合格件，就要采取防止它再次出现的对策，以逐步达到消灭不合格件。采取“不合格件不交给后工序”规则的理由是：

(1) 生产不合格件的工序，能及时发现本工序不合格件的出现。

(2) 如果不及时解决不合格品问题，后工序就会停止生产，不合格件积压在本工序，本工序的问题就很快暴露出来，使管理人员、监督人员不得不共同采取对策，防止再发生类似问题。

为切实执行这一规则，出现不合格件时，机器和作业就应该停下来检查原因，万一工件中混进了不合格件，一定要换下来；如果外协厂送来的零件中有不合格件，也要认真检出、更换。

B 后工序来取件

改变生产“供给后工序”的传统做法，由后工序在必要时来领取必要数量的零件。后工序来取件时的具体规定是：

(1) 禁止不带看板和空容器来取件；

(2) 不能领取超过看板规定的数量；

(3) 领取工件时，须将看板系在容器内的工件上。

C 只生产后道工序领取的工件数量

贯彻该规则应该做到：

(1) 超过看板规定的数量不生产。

(2) 按看板出现的顺序生产。

遵守规则B和C,所有生产工序都能发挥如同一条传送带连在一起那样的效果,达到生产同步化。

D　均衡化生产

按规则C"只生产后道工序领取的工件数量",所有工序都必须拥有在必要时生产必要数量产品所需要的设备能力和人力。在这种情况下,如果后道工序在领取工件的时间和数量方面没有规律,波动较大,前工序就需按后工序的最大需求来安排其设备能力和人力;而在后道工序需求减少时,前工序就会出现能力过剩,这是很不经济的。

因此,看板管理只适用于需求波动较小和重复性生产系统。

E　利用减少看板数量来提高管理水平

在生产系统中库存水平由看板数量来决定。因为每一块看板代表着一个标准容器容量的工件,用减少看板数量、减少标准容器容量的方法,可减少库存水平。

实施上述五条规则,要付出巨大的努力,但是,若不遵守这些规则,即使引进看板方法,其作用也不能得到发挥,难于达到降低成本的目的。

8.3.3　如何用好看板卡

8.3.3.1　看板卡应用的前提条件

看板卡应用的前提条件是:

(1) 生产作业计划稳定。许多应用看板卡的企业,主生产计划为月计划,按月计划制订每日的总装配作业计划。应用看板卡的系统要求月计划基本稳定,如果月计划不稳定,总装计划的任何波动,都将使上游各加工中心不得不保持较大的库存量,来满足总装波动的需求,这是与JIT系统目标要求不相符的。

生产计划的品种相对稳定,即为重复性地大量生产。产量也基本稳定,根据丰田公司的经验,产量波动应在10%以下。

(2) 采用混流生产时,各加工中心的工装调整时间必须尽量缩短,才能使生产线上各工作中心能同步运行。

(3) 采用流水线操作方式,使各加工中心与总装配线相互联系起来,以减少物料传输时间。每个加工中心有入口及出口存货点,工件按固定程序进出各加工中心。生产能力设计应有少量富裕,以保证系统具有一定的柔性,在发生波动时仍能继续生产。

(4) 操作工人能操作多种机器。操作工人是多面手,能使用不同的机器设备,使工作安排灵活性增加,设备、人力资源能充分利用。日本许多企业认为,缺乏足够的多面手工人,是他们在企业中实施JIT的主要障碍。

只有在上述前提下,才能有效地使用看板系统。

8.3.3.2　应用看板不断改善现场管理

在JIT系统中,各加工中心在制品数量是通过投放的看板数目来控制的。在标准容器容量不变时,看板的数目决定了每种工件在每个工作中心的最大数量。增加看板数量,就是增加在制品库存;减少看板数量就能降低在制品库存。

每一个加工中心应该有多少取货看板和生产看板,可由以下公式确定:

$$Y=\frac{D(T_W+T_D)(1+\alpha)}{A} \tag{8-1}$$

式中　Y——取货看板与生产看板总数,件

D——每日每种零件的生产速率,件/d

T_W——取货看板周期时间,即取货等待时间,d;

T_D——生产看板周期时间,即生产时间(包括生产准备、加工、检验等时间),d;

A——每个标准容器中装的零件数;

α——低效率因子,是评价管理的主要因素。

这个公式可以进一步分解,分别计算取货看板和生产看板的数量。

$$取货看板数 = \frac{D}{A}(T_W)(1+\alpha) \tag{8-2}$$

$$生产看板数 = \frac{D}{A}(T_D)(1+\alpha) \tag{8-3}$$

式中,低效率因子是反映管理水平的主要指标。生产过程中的低效率是由于供应厂的周期性拖期、不可预见的机器故障、生产时间的延长等因素引起的,管理不善,低效率因子就会增高。由式(8-1)~式(8-3)可见,在其他条件不变的情况下,减小低效率因子,就可以减少看板发放的数量。

在生产线刚开始运行时,发出的看板可能较多,以使系统能稳定正常地操作。随着生产的进行,应不断激励操作人员努力减少系统中的看板数,即努力改善现场管理,减少在制品库存。使得看板成为提高管理水平的有效工具。

利用看板提高管理水平是一个逐步减少看板数量的循环过程,每一循环的步骤如下:

(1) 发出看板,开始取货和加工。

(2) 当部门管理人员认为可在较小的在制品库存情况下进行生产时,可以取出一些看板。

(3) 取出看板使在制品库存降低,但可能使车间出现一些问题,例如,工件短缺,或需要加班加点才能供应后工序对工件的需求等。

(4) 部门管理人员和操作者采取各种措施,以便在看板数降低的情况下仍能正常地生产,他们可采用更新设备、变更工件的加工顺序、缩短生产提前期等措施,来改善生产循环。

(5) 一轮改善顺利实施后,在适当时候再取出一二个看板,继续进行改善活动。通过多次循环,达到控制在制品库存的目标。

在上述改善循环中,操作人员应当是改善循环的促进者。丰田公司特别强调应尊重操作人员,提高操作人员改善看板循环的积极性和信心,是用好看板的关键。

8.4 JIT与MRP的比较

JIT和MRP是两种现代化的生产计划与作业控制系统,MRP的作业管理是一种"推动式"系统,MRP是在现有物料的情况下,决定制造产品所需零部件的数量。而JIT则是一种"拉动式"系统,根据客户需求产品数量,来决定制造所需零件的数量。它们服务于共同的管理目标,即提高生产效率、减少库存费用和改善用户服务。同时,它们各有特点,适用于不同的生产环境。

8.4.1 JIT的优点

JIT生产管理方式与传统生产管理方法相比,具有许多优点。

(1) 无滞留。由于生产中各工序的操作者都按同步的节拍操作,生产进度不是传统方式下以最慢者的节奏进行,而是受"拉动"控制使生产速度能保持在平均速度或平均速度以上进行。当某道工序结束时,整个生产同步进入下道工序,在生产过程中无滞留时间。

(2) 无积压。生产过程实现同步化,上下道工序的衔接不仅在时间上紧凑,在空间上也减少了在制品的库存与积压,节省了生产空间。

(3) 提高操作者的积极性。由于是按照一个统一的原则进行整个生产系统的管理,这就增强了操作者的集体感，当操作者处在这样一种集体行动中，会产生相互激励的精神，其生产积极性会高于传统方式下自我调节进行操作时的劳动热情。

(4) 有利于生产管理功能的整体优化。JIT 不仅考虑生产局部的“同步化”，而且考虑整个企业生产的同步化问题。它克服了传统方法中质量管理、设备维修管理和技术工艺管理与工序管理相脱节的弊端，形成个人、班组、工序、车间乃至全厂层层配套的管理网络系统。

(5) 提高企业整体效益。JIT 通过生产设备的合理布局、生产管理组织的最优安排，排除了生产中的各种随机因素的干扰，使生产过程中滞留时间、滞留空间和操作者的差异减少到最低程度。它改变了一人一机的传统，实行一人多机的劳动组织方法，大幅度地提高了劳动生产率。

8.4.2 MRP 与 JIT 的异同点

MRP 和 JIT 是两种现代化的生产计划与作业控制系统，它们服务于共同的管理目标，即提高生产效率、减少库存费用和改善用户服务。同时，它们之间也存在明显的差别，各具有特点，适用于不同的生产环境。它们的主要区别可简单概括如下。

8.4.2.1 适用于不同生产环境

正如美国库存管理专家瓦尔特·哥达德(Walter Goddard)指出的那样：

(1) JIT 适用于生产高度重复性产品的系统，MRP 则适用于批量生产、按用户订单生产、产品多变等不同的生产环境。

(2) MRP 以计算机为工具，需要一定的硬件，软件投资费用高，而 JIT 的物料计划、能力计划、车间控制都可以由人工系统完成，不一定需要有计算机系统。

8.4.2.2 管理的范围不同

MRPII 管理的范围比 JIT 广，它能用于计划工具、维修等其他活动的物料需求，辅助财务计划。MRPII 集成一个企业生产管理的许多功能，它能作为一个经营战略计划系统，也可作为一个生产控制系统使用。

8.4.2.3 管理思想的差异

JIT 起源于日本，它与在美国发展起来的 MRP 系统不同，体现了两国不同的管理思想，对待库存、批量、质量、提前期不同的处理方式。例如，日本企业认为库存是一种浪费，竭尽全力去降低库存，为此要努力采用小批量、降低准结成本。美国虽然也很重视库存控制，防止产生不必要的多余库存。但他们认为，必要的、一定的库存量是一种保护措施，是维持生产稳定的一个因素。又如 JIT 利用看板的“拉动”系统，不断促进操作者降低在制品库存、缩短生产提前期。而在 MRP 系统中，则假定提前期是一个已知的定值，系统根据设定的提前期计算和制订作业计划。不过，实际生产操作的提前期，是随车间的负荷量大小、作业的优先顺序等因素而变化的，与 MRP 假定的情况不相符合。MRP 系统还要求各加工中心按作业计划的要求完成作业，不鼓励操作者提前完工。这样，就不能发挥操作者的积极性去缩短提前期，这是 MRP 的一个主要缺点，也是它受到批评最多的一个方面。

8.4.3 JIT 与 MRP 系统的合理选择

一个企业要想选择应用 MRP 或 JIT 系统，或将两系统结合应用，首先需要考虑本企业生产过程的特点，根据其生产类型采用适宜的管理方法。表 8-6 列出不同生产类型、管理层次与应采用的管理方法之间的对应关系。

MRP 强调系统中各部门、各加工中心的计划与协调，日本企业管理者则强调发挥工人的积极性与小组协作。

表8-6 生产类型、管理层次与管理方法对应关系表

	生产类型	物料计划	订单发出	生产现场控制
小—提前期的变化—大	“拉”流水线	JIT	节 拍	JIT“拉动式”
	“推—拉”结合重复性批量生产	JIT—MRP	“拉”或MRP	“拉”
	“推—拉”结合动态批量生产	MRP	MRP	“拉”或MRP
	“推”单件小批生产	MRP	下达作业计划	作业计划执行

目前一些企业管理专家,试图吸收两种系统的优点,构造更完善的系统。例如,日本雅玛哈摩托车公司建立的Syncho MRP和在美国出现的Micro Kanban,就是这种努力的结果。Micro Kanban是将看板引入已经实施MRP的生产管理系统中,用MRP计划采购、发出订单和交货;用微机看板系统产生生产看板和取货看板,进行现场作业控制。

表8-6中列出流水线生产、重复性批量生产、动态批量生产、单件小批生产四种生产类型,现分述如下。

8.4.3.1 流水线生产

一般生产一种或几种相似的产品,生产连续且平稳,生产提前期可以预测。

由于生产节拍可预测、是固定的,可用JIT方法取料至各加工中心;由于生产平稳,不需对各工作中心下订单,只要说明生产品种、节拍即可;符合JIT物流要求,可用看板进行生产现场控制。

8.4.3.2 重复性批量生产

按批量重复生产相同的零部件,这些零部件可能供应流水线装配用,也可能直接作为产品。

一些物料需用量基本稳定,可按JIT方式取货;另一些物料交货提前期长,应采用MRP来计划采购、交货及厂间协调。由于可预测提前期,MRP能良好进行工作;若无计算机系统不能实施MRP,也可采用“拉”的方式。车间物流相对稳定,可用“拉动式”。

8.4.3.3 动态批量生产

用户按月或按周订货,订货品种或数量是动态变化的,设备负荷也是变化的。不同时间生产“瓶颈”可能不同,在制品出现积压的地方也可能随时间转移。

生产的产品品种、数量动态变化,需要的物料也动态变化,需采用MRP来计划物料的采购与生产;产出变化太大时,不宜用“拉动式”;在毛坯制造工序(如铸、锻等)生产通用性毛坯,产量大,可用看板控制,其余工序用MRP控制。

8.4.3.4 单件小批生产

订购量少或生产工艺复杂的产品,设备负荷变化大。

所用物料无规律性,用MRP计划物料采购与生产;由MRP产生、发出订单,但是由于提前期很难估计,使订单的有效性及交货时间的准确性受到影响;在保持物料库存信息、协调各生产过程方面,MRP仍起着主要作用,执行MRP发出的作业计划,但MRP作业计划排序系统太复杂,花费资金太大,对小工厂不一定适用。

由表8-6可见,不同的生产类型,对管理方法的选择起决定性的作用。在很多情况下可以采用“推—拉”结合方式,目前各种结合方式还在继续发展。

8.5　JIT 在我国的应用

我国 JIT 的管理理念从日本引进，在全国范围内进行了推广。近年的发展，我国企业对 JIT 的思想方法有了更深的认识，并根据实际情况加以创新。

8.5.1　JIT 在我国的应用概况

JIT 生产管理方式在 20 世纪 70 年代末期由日本引入我国，由长春第一汽车制造厂首先开始，应用看板系统控制生产现场作业。到 1982 年，第一汽车制造厂采用看板取货的零件数，已达其生产零件总数的 43％。80 年代初，中国企业管理协会组织推广现代管理方法，看板管理被选择作为推广的现代管理方法之一，在全国范围内进行了宣传，并为许多企业所采用。

近年来，我国企业对 JIT 的思想方法有了更进一步的深刻认识，在汽车工业、电子工业、仪表制造业等实行流水线生产的企业中应用 JIT，获得了明显的成果。例如，第一汽车制造厂、第二汽车制造厂、上海大众汽车有限公司、四川仪表四厂、天津一汽、北京现代等一批企业，应用 JIT 结合我国国情、厂情进行了创造性的工作，取得了丰富的经验，创造了良好的经济效益。

8.5.1.1　国内成功企业的主要做法

A　结合厂情进行生产管理系统的优化设计

生产管理围绕满足用户要求、提高产品质量、降低成本、提高经济效益进行配套设计、同步实施。例如，第一汽车制造厂变速箱厂是 1989 年投产的新厂，在其生产管理系统设计中，贯彻 JIT 的原则，表现在以下几个方面：

(1) 在生产组织上改“推动式”为“拉动式”生产，整个企业以市场需要为目标组织生产。

(2) 在劳动组织上实行多机床操作、多工序管理，人均操作三台设备，有效地提高了劳动生产率。

(3) 在设备管理上实行机、电、修服务到现场，重点工序巡回保全维护和快速修理。

(4) 在工具管理上实行刀具直送工位、强制换刀和线外换刀的管理办法。

(5) 在质量管理上实行生产工人自控、创合格工序、加强质量监督、产品创优等活动，不断提高产品质量。

(6) 在现场管理方面开展不间断的“5S”活动(即整理、整顿、清扫、清洁、素养)。

(7) 在现场管理体制上，实现以现场为中心、以生产操作者为主体、以车间主任为首的管理体制，作为实现 JIT 的组织保证。

这种生产管理系统的优化设计，使生产过程中的劳动力、设备、物资、资金等各种要素能优化组合和使用，达到以必要的劳动，确保在必要的时间，按必需的数量，生产所需的零件和产品，消除无效劳动与浪费，实现用最少的投入实现最大产出的目的。

B　采用各种措施减少库存

不仅努力降低生产过程中的在制品库存，同时还要想方设法降低原材料、协作件，以及产品的库存，建立有效的物料、协作件供应及产品销售流通体系。

例如，第一汽车制造厂与协作厂在使用看板取货的基础上，实现了协作厂将零件直接送往“一汽”各工位的制度。它与在长春地区的 15 个协作厂，就四十多种协作产品和原材料签订了直送工位的协议，从而改变了厂内层层设库，建立储备的老办法。如刹车蹄片，过去由长春石棉厂每月分四次送往“一汽”供应处总仓库，再由总库到分库，从分库送到工位。现改为直送现场，减少了重复劳动。桦林橡胶厂供应的汽车轮胎过去集中发送，最多时一次发货 20 车皮，使汽车厂轮胎库存高达 2 万套，现在实行分批分发，轮胎库存占用的流动资金大为减少。

C 利用看板进行现场生产控制

按照看板规定的品种、时间、数量向供货单位取货，根据看板要求进行生产，保证生产均衡、稳定，减少在制品储备及在制品占用空间，提高生产效益。各工位采用标准容器装工件，在发送中不再倒箱，便于叉吊、堆积、搬运，提高装卸效率，避免或减少零件的磕碰，同时还易于工件的清点、记账和核算。

8.5.1.2 JIT 实施中问题

我国有很多企业试行 JIT 未能成功，主要原因是 JIT 在我国实施有以下的问题。

A 企业不能满足“及时生产，及时交付”

JIT 管理方式要求“及时生产，及时交付”，即在顾客需要的时间，按需要的量，及时交付所需的产品。我国领土广阔，一些产业布局分散，产业供应链上各节点企业地理位置相距较远，这使供应链上的上游企业向下游企业及时交货存在困难，满足 JIT“及时生产，及时交付”的要求存在困难。

B 信息化程度低

企业必须有强大的信息系统支持其采购计划和营销计划，才能做到库存最小化，资源浪费最小化。而我国企业信息化普及率低，信息化程度不高，信息化技术在企业的应用参差不齐，各企业间很难建立起一个畅通的信息平台。

C 产品质量不能保证 100%合格

JIT 不仅强调准时，还要按指定数量交货，以此保证下游企业生产或者销售的顺利进行。上下游之间的衔接依靠保证供应数量，下游对上游的供货数量有很强的依赖性。由于目前很多企业还不能保证产品质量 100%合格，供货商往往会“送多”（以防其中产品质量不合格，送货数量超过实际订货数量）或“送少”（供货数量是需求方指定的，但其中有残次品，使可用数量不足）。不管是多送还是少送，都不能满足 JIT“按指定数量交货”的要求。

D 员工们的素质不高

企业内员工们的素质不高，很多员工素质还不能满足 JIT 的要求，即掌握多种技能的多面手，这就使得弹性工作制很难开展，企业在不同生产阶段都会存在闲置人员，造成人力资本的浪费。

8.5.2 实施 JIT 生产管理的内部与外部条件

8.5.2.1 内部条件

JIT 生产方式只有在生产秩序良好，各道工序设置合理，产品质量稳定的企业才有可能推行和实施，除此之外，企业还应具备下列条件：

(1) 企业领导对 JIT 生产管理方式有深刻的认识、有实施的决心。推行 JIT 方式是管理思想的重大变革，它涉及生产管理系统重新设计，各功能的重新组合与调整，车间布局和作业划分的变更，管理人员和操作人员思想更新等等。这是一项全局性的工作，需要领导班子统一认识，在工作中密切配合才可能顺利实施，领导的认识和决心是推行 JIT 成功的关键。

(2) 推行 JIT 必须更新观念，强化职工的参与意识。实施 JIT 的企业深刻体会到 JIT 是一种全新的生产管理方式，它与传统管理思想是大相径庭的。传统管理把“保险储备”作为均衡生产的条件，而 JIT 把超量生产视为万恶之源，把“零库存”作为追求的目标；传统管理强调职责分工，实行条块分割，而 JIT 管理强调以现场为中心；传统管理工序间在制品实行供足供饱的“推动式”，而 JIT 管理则在工序间实行“一个流”的“拉动式”等等。因此，推行 JIT 必须更新观念，加深对新管理内涵精髓的理解，要对职工进行教育和培训。要使职工认识到 JIT 的目标是要提高企业素质、提高经济效益，是同职工切身利益完全一致的，从而增强职工对新管理方式的承受能力和参与意识，同时要不断提高职工的业务技术水平，适应 JIT 系统的要求。有一支高素质的职工队伍的积极参与，是 JIT 实施成功的保证。

(3) 推行 JIT 管理，必须以相应的经济政策和有效的激励手段为后盾。实施 JIT 以后，普遍实行了多机床操作多工序管理，人均作业率提高、劳动强度增大、劳动报酬也应相应提高，只有贯彻按劳分配、多劳多得的原则，才能激发操作者的生产积极性，努力消除浪费，提高质量，创造更好的经济效益。

(4) 强有力的组织措施，是全面贯彻和推行 JIT 管理的重要保证。为适应新的管理模式，实现以现场为中心的运行体制，必须采取一定的组织措施。例如，一些企业成立了 JIT 生产管理办公室，来领导、帮助和指导各车间、部门贯彻新管理模式，对推行 JIT 不力的中层领导和管理人员，及时进行教育或调整。并且要求工艺员、机械员、动力员等科室人员，下到车间或有关机电维修队组，直接在现场解决生产中的技术问题。有的企业在 JIT 推行过程中，强化检查考核制度，定期检查实施状况，进行讲评等活动，对新管理方式的全面实施起到保证作用。

8.5.2.2　外部条件

企业除具备以上内部条件外，还应具备以下外部条件：

(1) 要有一个比较顺畅的物资供应和产品销售流通体系。JIT 要求达到原材料无库存，产品无积压，这就相应要求企业外部的物资供应和产品销售渠道十分通畅，否则企业就可能为预防供应中断而增加原材料库存或因销售系统不畅而使产品积压，这种外来影响往往会造成 JIT 管理方式流产，使均衡生产无法实现。

(2) 要有一个劳动力调节市场。实行劳动力自然流动，使企业成为一个开放系统，确保企业中劳动力的最优组合，可以不断与外界交换劳动力，吸收适合于本企业需要的人员，排除不适用的人员，保证劳动力队伍素质稳步提高。

随着我国经济体制改革的逐步深入，企业的外部环境正在逐步改善，也将有利于促进我国 JIT 的推广运用。

习　题

8-1　准时化生产方式的本质？

8-2　准时化生产方式的优点是什么？

8-3　JIT 与 MRP 的异同点是什么？

8-4　准时化生产的目标和原则是什么？

8-5　JIT 系统的工作地每小时对 A 零件的需求量为 200 件，一个标准容器放置该零件 30 件。取货看板的循环时间为 0.5h，生产看板的循环时间是 2h，其中取货等待时间和加工时间的效率因子为 0.1，求需要的取货看板和生产看板的数量。

案例

[案例 1]　泰科来公司

泰科来公司(Tekelec)是一家领先的电信信号开发商，在全球有超过 1000 名雇员，最近将供应商管理库存(SMI)整合到了其生产流程中。通过将 SMI 接入生产信息系统，泰科来公司实现了充分整合的系统(闭环、没有交易错误、可供追踪)，并且从客户装运延伸到供应商的仓库补货。在泰科来公司准备将完工的集成电路板发运给客户的同时，其供应商会及时补充电子元器件来完成后续电路板的生产。这些元器件从低端的各种硬件，到高端的奔腾处理器和内存。泰科来公司超过75%的产品都通过这个流程来进行管理。

当泰科来公司将供应商基础减少到70%并且将80%的零部件外包给供应商的时候，就做好了使用这套新流程的准备。另外，公司刚刚完成车间设备布局的优化，并且为实现JIT进行了必要的调整。完工的产品发运给客户；未经测试的产品进入测试部门替换已经测试的产品；泰科来公司的合约制造商从供应商仓库取出零部件送到等待测试库；泰科来公司的零部件供应商及时补充它们在泰科来公司中央仓库的原材料。这里的关键是除非从客户手中拿到了订单，否则泰科来公司不会制造、购买和储存任何产品。

在使用SMI流程之前，泰科来公司就通过使用一种两箱系统来自动补货。（这个所谓的两箱系统，就是将所有的零部件装在相同容积的两个箱子里，操作人员先从第一个箱子中取货，各种部件直到取空为止。）在从第二个箱子取货之前，操作员触发了补货开关，这是一个带有条码的卡片，上面标明需要补充的零部件的数量、质量和位置。条码经过扫描，补货订单就通过EDI发给合适的供应商。补充货物到达后就装在空箱中，这时这个箱子就成为第二个箱子。虽然两周的补货时间不长，但泰科来公司还是不满意其中的冗余时间。泰科来公司最后意识到不断增长的需求，需要一个更有效的流程管理。项目实施后，泰科来公司感受到如下利益：

(1)公司的库存周转比前一年平均提高了40%，达到年平均7.8次。

(2)库存水平降低了30%，装运的准确率从1%提高到了98%。

(3)基于预测的库存供给比前一年下降了30%，而且没有发生过一次缺货现象。

思考题：

(1) 本案例中泰科来公司是如何实现JIT的生产？

(2) 在使用SMI流程前后，对于泰科来公司，在哪些方面有了转变？并讨论JIT的应用前景。

[案例2] 我国企业的精益生产之路

中国早在20世纪70年代末期已开始引入丰田生产模式。长春第一汽车制造厂是最早引进的企业，1979年下半年“一汽”开始边学习、边创造条件、边试点，逐步推广应用丰田生产方式。1981年丰田生产方式的创始人之一、丰田公司的大野耐一先生访问了“一汽”，帮助推广精益生产方式，内容主要是应用看板系统控制生产现场作业，使精益生产方式在“一汽”全面展开。

2000年后，中国汽车市场进入竞争时代。随着生产规模的提升，质量不稳定的问题越来越突出，尤其是在与外资合作时，接触了德国、美国、法国等不同的生产管理模式之后，中国汽车制造商开始深刻认识到精益生产在提高生产效率、控制质量方面的优势。

同时伴随着全球一体化经济的到来和中国加入WTO，在激烈的市场竞争和巨大的生产过剩的压力下，学习精益生产方式也从汽车工业向中国整个制造业扩展，无论国有企业、民营企业还是外资公司，都期望通过精益生产降低浪费、提高效益，中国的精益生产学习从被动模仿进入了主动探索阶段。精益生产正在成为中国制造业的热点研究领域，并已成为中国制造企业持续提高核心竞争力的重要途径。

案例来源：[美]杰弗里·莱克　丰田汽车案例——精益制造的14项管理原则

参考文献

1 乔尔D·威斯纳，梁源强著．供应链管理．北京：机械工业出版社，2006

2 Burt，D N W Dobler，and S. L. Starling. World Class Supply Management：The Key to Supply Chain Management，7th ed. Newyork：McGraw－Hill，2003

3 Smith. G Statistical Process Control and Quality Improvement. Newyork：Macmillian，1991

4 [日]门田安弘．新丰田生产方式. 王瑞珠译．石家庄：河北大学出版社，2001

9 设备管理

本章主要介绍与设备管理相关的基本内容以及设备维护的相关常识。

学习目标：

1. 掌握设备管理的概念和选择设备的标准。
2. 明确设备维护的目标。
3. 了解设备维护的发展过程。
4. 知道企业资产管理系统(EAM)的内容。
5. 认识维护计划和维护工单。

9.1 设备管理

设备指在企业的生产过程中可以反复用于改变生产对象的状态并在使用过程中保持原有的实物形态的生产资料，是企业的有形资产。设备不包括生产中耗用的工装模具。随着时代的发展和科技的进步，产品的制造工艺也在不断改进，现代设备正向精密化、电子化、自动化、模块化、多功能化、可扩展化发展。

设备管理指的是依据企业的生产经营目标，通过一系列的技术、经济和组织措施，对设备寿命周期内的所有物质运动形态和价值运动形态进行的综合管理工作。设备寿命周期指从设备的规划、购买、安装调试到使用维修直至报废的全过程。

具体来说，设备管理包括如下几个内容。

9.1.1 设备的选择与评价

企业在确定所生产的产品及其制造工艺后，就需要确定制造工艺所需要的设备。企业获取设备的途径有自制和购买两种，在社会分工越来越细的今天，企业很少自制设备，更多的是从专业设备制造商处购置。企业为了获得符合工艺要求、性能良好、质量可靠又符合购买能力的设备，需要对设备进行选择和评价。在对设备进行选择时需要考虑的因素有：

(1) 制造能力，指设备必须满足所要生产的产品在加工尺寸、精度、质量等方面的工艺要求。同时，还要考虑到未来产品的更新换代对设备制造能力的要求。制造能力是设备选择需首要考虑的指标。

(2) 生产能力，指设备在单位工作时间能够生产出产品的数量。对于大批量或中批量生产的企业而言，生产能力是非常重要的考虑因素。

(3) 可靠性，指设备在规定的条件下和规定的时间内，完成规定功能的正常运行的能力。如果设备的可靠性出了问题，产品的质量和交货期就得不到保证。因此可靠性也是非常重要的评价指标。

(4) 安全性。设备的安全运行对企业的财产和人员的生命安全关系重大，对于一些重工业企业而言，避免人员在工作中受伤害是重要的考核指标。因此，安全性是设备评价时需要考虑的。

(5) 可维修性，指设备易于维修的特性。设备在运行过程中出现故障是在所难免的，因此在选择设备时可维修性就应作为一个重要的评价因素。在其他因素基本一致的前提下尽量选择易于检查、维护和修理的设备。

(6) 可操作性,指设备易于操作的特性。虽然现代设备功能日趋复杂,但操作却变得简单,复杂的操作往往容易造成操作人员的疲劳和失误,导致人员培训的费用增加,所以应选择操作简便的设备。

(7) 节能性。设备的节能包括两方面的含义:一是对原材料的节省,二是对能源消耗的节省。随着能源的日趋紧张和可持续发展思想的兴起,社会对企业节能降耗的要求越来越高,因此节能也成为企业需重点考虑的内容。

(8) 互换和配套性。企业购买设备时应尽可能使新设备和现有设备配套,并在零部件供应、维护、操作等方面相同或相似,这样可使得设备的维护和培训资源共享,节约设备购置成本。

(9) 易于安装。随着设备的日趋精密和复杂,很多设备对安装条件都有较高的要求,因此企业还需根据自身的条件尽量选择易于安装的设备。

9.1.2 设备的合理使用

是否合理使用设备将直接影响设备的使用寿命,进而影响到生产效率和生产成本。因此,必须根据设备的状况与使用要求正确合理地使用。为了保证设备的合理使用,企业应在如下几个方面做好工作。

(1) 为设备配备合格的操作人员。对于新设备应根据设备的操作技术要求配备相应等级的技术工人。操作工人除具备相应的技术知识外,还应参加针对该设备的培训,做到“三好四会”,即用好、管好、保养好和会使用、会保养、会检查、会排除故障,防止因操作不当而造成设备遭受意外损坏。

(2) 为设备合理安排生产任务。企业在安排生产任务时应将生产任务和设备合理匹配,避免出现“大机小用”、“精机粗用”等现象,应定期对设备进行保养和维护,避免设备超负荷运转。

(3) 为设备使用健全管理规章制度。建立健全设备使用规章制度是管好、用好设备的重要保证。设备使用管理体制及规章制度主要包括设备使用规程、设备维修规程、操作工人职责、班组生产制度等。

(4) 为设备创造良好工作环境。良好的工作环境有利于设备精度和性能的保持。现代设备尤其是高精密设备,对温度、湿度、尘埃、振动等都有一定的要求。根据不同的设备要求,企业应安装必要的环境保障装置,配备必要的控制仪器,为设备创造良好的工作环境。

9.1.3 设备的维护和管理

一台设备,从投入生产到大修或报废,其故障的发生是有一定统计规律的。根据试验研究得知,设备的故障率在整个设备使用期间是按一条所谓的“浴盆曲线”分布的,如图 9-1 所示。

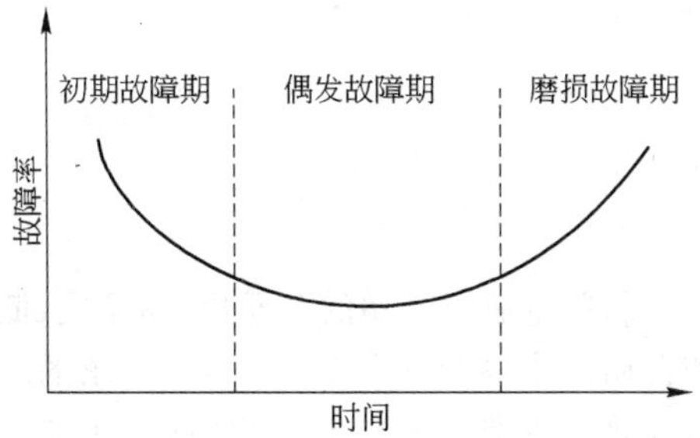

图 9-1 浴盆曲线

从该曲线可以看出，在设备的全生命周期中，设备故障率的变化可分为如下三个阶段：

(1) 初期故障期。这一阶段发生在设备生命周期的早期，此时设备刚刚投入使用，零部件需要磨合，操作者也对设备操作不熟练，往往会导致较多的故障。随着缺陷的消除和使用的熟练，故障会逐渐减少，经过一段时间后，故障率就相对稳定了。

(2) 偶发故障期。这一阶段发生在设备生命周期的中期，此时设备磨合完成，操作者也更熟悉设备的特性，此时所出现的故障往往是由于维护不好或操作失误等偶然因素造成的，发生故障的时间很随机，而且无法预测，这一阶段的特点是故障率较低且稳定，该阶段的时间也较长，是设备的正常运转阶段，这一阶段称为偶发故障期。

(3) 磨损故障期。这一阶段发生在设备生命周期的晚期，此时设备已接近设计的报废期，设备内零部件也达到剧烈磨损阶段，这一阶段故障率又会大幅上升。

针对设备故障变化的特点，可以有针对性地在设备管理中采取不同的对策。

在初期故障期，应在设备投入使用前考虑到故障率较多的特点，做好设备的前期管理工作，在投入生产前要进行严格的试运行，并按规定进行调试和做好维护保养的准备工作。

在偶发故障期，故障主要是运转操作不当所致，因此主要对策是执行正确的操作，进行预防维护，提高操作工人与维修工人的技术水平。

在磨损故障期，由于设备的零部件已经接近设计寿命，因此主要对策除实行设备预防维护外，还应在适当时期进行设备的技术改造并做好设备新旧更替的准备。

因此，当设备进入磨损故障期的时候，设备的维护修理费用和燃料、动力消耗会有大幅增加，此时企业往往需要确定何时需要将设备更新。在实际生产中，影响设备更新的因素有很多，如企业资金状况、产品发展规划、设备供应状况等等，这些因素是企业更新设备所必须考虑的因素，但这些因素往往是确定的或不确定的，很难量化。如果仅仅从某一方面的状况来考虑，在对一些因素进行简化后可以用数学的方法来求解。以仅考虑资金状况为例，目前常用的方法是低劣化数值法。

假定 V 代表设备原始购买价值，报废时设备残值为 0，T 代表设备从购买后到报废所经历的时间，则每年均摊的设备费用为 V/T。随着 T 的增长，每年均摊的设备费不断减少。但是设备使用时间越长，设备的磨损、劣化越严重，维护费用和原材料及动力的消耗越多，假设设备劣化每年以 λ 的量级均匀增加，则第 T 年劣化值为 λT，T 年中平均劣化值为 $\lambda T/2$。则设备年平均费用为：

$$y=\frac{\lambda}{2}T+\frac{V}{T}$$

取 $\frac{\mathrm{d}y}{\mathrm{d}t}=0$，则

设备年平均费用最小的最佳更新期为：$T^{*}=\sqrt{\frac{2V}{\lambda}}$

9.2 设备维护

9.2.1 维护价值观的变化

由于市场竞争的日趋激烈，制造企业对产品的多元化、高品质、低成本、交货期短的要求越来越迫切，现代工业的机械化和自动化使得设备成为保障以上要求的决定因素，性能稳定的设备成为企业满足市场要求的基础，因此设备维护是生产系统维护的主要内容，如何对设备维护进行管理也成为现代生产管理的重要组成部分。

工业发展经历了从手工作坊到机械化、自动化再到集成化的变迁，在工业发展的历程中，随着设备的演变，设备维护的价值观也在发生演变，如图 9-2 所示。

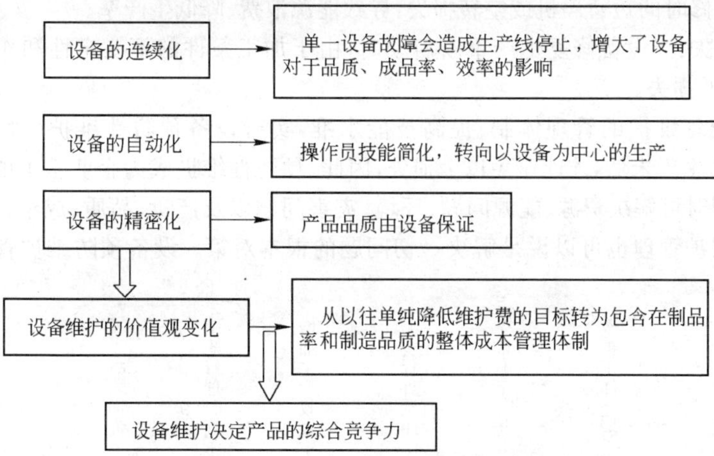

图 9-2 设备演变改变维护的价值观

设备的连续化使得单台设备可决定整条生产线的性能，设备的自动化使得企业由依赖操作工技能转为以设备为中心的生产，设备的精密化使得设备的性能直接决定了产品的质量。由于设备在现代工业中的重要性越来越突出，设备维护的价值观也由以往单纯降低设备维护成本转为以设备维护为中心包含在制品率和制造品质的整体成本管理机制。设备维护管理是随着设备维护价值观的变革而产生的，它所要解决的问题主要有：临时故障、停机损失、作业、修理计划、维护器材、维护预算、维护资料建档、组织、维护人员培训、投资效率、维护效率等。

设备维护管理的目标就是以低的费用维护设备，减少因设备停产和产品质量缺陷而造成的损失。

9.2.2 设备预防维护

9.2.2.1 设备预防维护中常见的问题

近代工业的特色之一可说是机械化、自动化，但迈入机械化、自动化的工厂，大多被如下问题所困扰：

(1) 由于突然的故障而停止生产，使生产计划一团糟，以致发生误期的严重后果，而处理的方法只有无可奈何地加班赶工。

(2) 由于机械装置的精度降低、性能劣化，而产生不良品或二级品，以致降低成品率。

(3) 由于设备效率的降低而出现蒸汽泄漏、油漏等现象，以致造成贵重资源、能源的浪费。

(4) 设备的磨损、腐蚀等情况严重，必须增加保养的人员和成本，才能进行点检、加油、扫除、修理等维护操作。

(5) 由于设备的误操作、设计制作的失误、修理的失误等，以致发生灾害甚至公害。

9.2.2.2 设备出现问题时企业可能蒙受的损失

在企业受上述问题困扰的同时，又常常不得不蒙受下列损失：

(1) 故障损失：设备出现故障没有及时得到修理，以致构成时间与物料的损失，将延误交货期并浪费材料。

(2) 前置作业调整损失：当进行生产之际，如果遇到品种或规格更换的情形，必须要停机，以便进行品种更换前的设备调整作业，而过高的设备调整时间和不成功的设备调整将导致交货期和不良品的损失。

(3) 设备维修时的短暂停机或空转损失：导致能源浪费、降低生产率。

(4) 开机损失：当设备修复生产重新启动时，由于加工条件的不确定性和作业者的技能问题，而带来物料的损失。

只有健全设备维护的管理体制、提高技能水准，实行设备预防性维护（PM——preventive maintenance），防患于未然，才能避免以上损失，因此，预防性维护成为企业基本的生存条件。设备的预防维护同时可解决资源、能源问题、环境、灾害问题以及产量、品质、成本、交货期等问题，因此设备预防维护管理也可以说是解决一切问题的根本对策。设备预防维护管理的目的如图9-3所示。

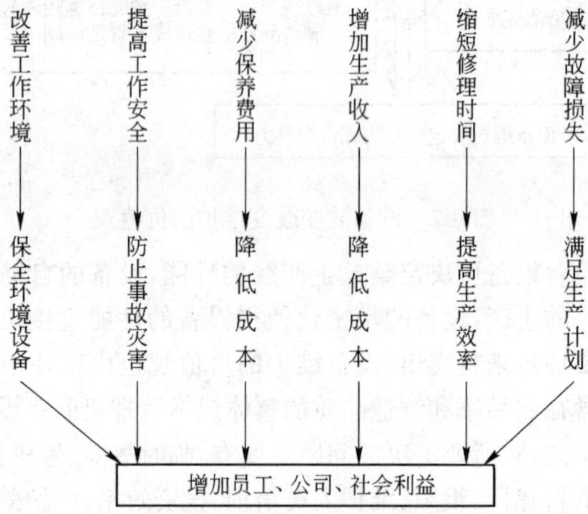

图 9-3 设备预防维护管理的目的

9.2.3 设备维护的发展过程

现代工业的发展使得设备维护与管理的方式也在不断更新和发展，同时演绎出许多不同的理论和学派，从总体上看，可划分为如下四个阶段。

第一阶段，18 世纪第一次产业革命到 19 世纪，事后维修（BM—breakdown maintenance）。这个阶段工业处于手工作坊的时代，因此设备相对简单，设备维修在企业中处于从属地位，设备管理的意识也比较薄弱，检修人员尚未从运行人员中分离出来，此时的检修工作是由运行人员完成的。事后维修是在设备发生故障时再进行非计划性的维修，这种维修方式比较经济，因此目前仍有企业采用这种方式，这种方式仅适合于对生产影响极小的非重点设备、有冗余配置的设备或采用其他检修方式不经济的设备，事后维修又称故障维修。

第二阶段，19 世纪到 20 世纪 30 年代，预防维修（PM—preventive maintenance）。这个阶段的特点是设备比较复杂、管理工作逐渐专业化，设备维护已从生产中分离出来，形成相对独立的专业工作，有了专业性检修队伍。预防维修就是设备的预防医学，通过早期的检查和预防发现设备潜在的故障并将故障消灭在萌芽状态，预防维修包括定期的检查和早期维护，有计划检修和定期检修两种方式。计划检修就是以考虑该设备最大比例的参数（如生产吨数等），决定修理周期（理论值、经验值），如果运转至规定的周期，则无条件地进行修理。计划检修的优点是设备检查的工作量小，缺点是常出现保养过度和修理费过多的情况。定期检修就是通过定期检查测定的数据及其分析，在生产的状态下，把握设备的劣化状况：如果实际劣化的数值达到预定的劣化基准值，则进行修理。定期检修的优点是可防止计划检修过度保养的缺点；缺点是设备检查成本高，比计划检修更需设备维护的人才。

第三阶段，20 世纪 40 年代至 80 年代，全员检修（TPM—total productive maintenance）。这个阶段设备现代化和管理现代化的进程很快，事后维修（BM）、预防维修（PM）、改进维修（CM）和维修预防（MP）等多种维修方式共存，并产生了设备综合工程学、维修工程学等学科，维修组织向集中化发展，维修全员参与。可以说，全员检修是目标，而多种维修方式是方法，如图 9-4 所示。

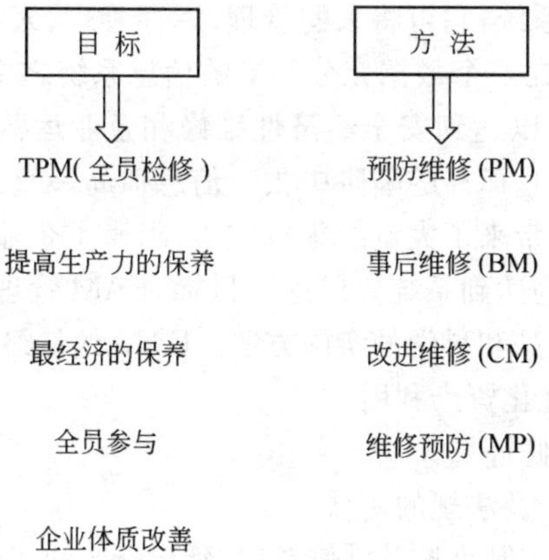

图 9-4 设备预防维修管理的目标和方法

第四阶段，20 世纪 80 年代至今，状态检修（CBM—condition-based maintenance）。这个阶段科技向分化和整合的方向方展，设备事故影响重大，因此对设备管理，不仅有各种理论作指导，而且有监测和诊断的技术作手段，设备维护也向集成化和信息化的方向发展。

9.2.4 企业资产管理系统（EAM）

预防性维护较故障后修复的维护模式更可以优化设备资产，降低非计划的停机时间，减少故障影响范围。在危险性行业，法律规定企业必须采取预防措施保证生产及人员的安全。预防性维护，一方面可使设备利用率最大化，延长设备生命，有效地降低设备折损成本，同时减少停产损失，另一方面，预防性维护会带来额外的人力成本、材料成本和管理成本，成本额和预防性维护频率成正比。如图 9-5 所示，企业和组织需要平衡各种经济和非经济因素，比较预防性维护成本和故障后修复成本，判断对特定的技术对象是采取预防性维护还是故障后维护。在这种背景下，EAM（enterprise asset management），企业资产管理诞生了。

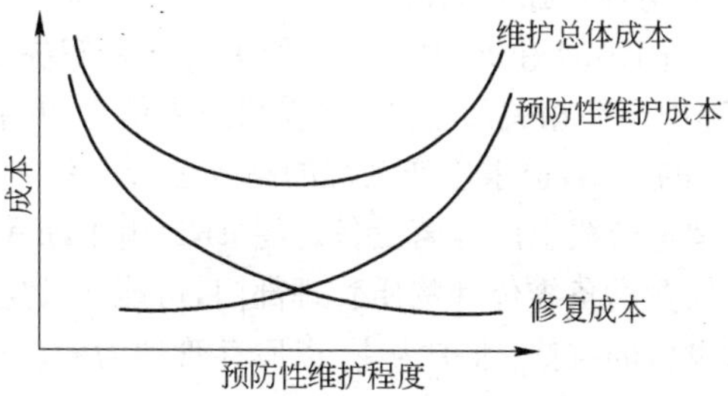

图 9-5 维护成本平衡图

EAM前身称作CMMS(计算机化的维修管理系统，computerized maintenance management system)，其基本定义为：在企业内部围绕资产从采购、安装调试、运行管理到转让报废的全生命周期的管理过程中，运用现代信息技术提高资产的运行可靠性和使用价值，降低维护成本，提高企业管理水平和人员素质，增强企业竞争力的一套管理系统。EAM主要适用于电力、石油、钢铁等设备品质多、价值高，对设备完好率及连续可运转率要求高的资产密集型企业。

EAM是以企业资产、设备台账为基础，以工作单的提交、审核、执行为主线，按照故障维修、预防维修、以可靠性为中心的维修和状态检修等几种可能模式，跟踪、管理资产的全生命周期过程。可见，EAM是一个集成系统，它可将采购管理、库存管理、人力资源管理、设备管理、检修管理等各原本独立的系统集成在一个数据充分共享的信息系统之中，同时与ERP等系统相连，实现企业内部信息的完全共享，以达到安全经济性维修和企业运营成本的实时核算，对于企业来说，这意味着再也不会陷入信息孤岛的陷阱中去。信息孤岛一直是信息化建设实务中努力避免和消除的现象，因为它给企业带来了大量的集成成本，阻碍了企业内部信息的流通和共享，无法形成企业级的业务透明度。为达到系统集成这一目标，EAM管理系统由三个基本要素组成：先进的管理思想、成熟的软件产品和科学的实施方法。EAM的最终目标是：

(1) 集成的资产维护与优化资产利用；

(2) 可动态调整维护、维修计划；

(3) 确保最大化工作安全及法规的遵从；

(4) 提高资产的可靠性，控制维护及维修费用，延长资产的使用生命。

按照著名研究机构Gartner Group的调查，EAM系统可以在不明显增加维修费用下，通过现代信息技术降低停机时间并增加生产产量。EAM可以给企业带来的效益有：提高有效工作时间10%～20%；降低库存成本10%～25%；减少设备停机时间10%～20%；增加设备使用效率20%～30%；延长设备生命周期10%左右；使库存准确率达到95%以上。

总之，EAM就是一种计算机化的资产管理和维护系统，由于它以企业资产管理为中心，并没有涉及更多的生产部门，因此相对ERP而言EAM实施的成功率更大一些，因此在ERP系统实施失败屡见不鲜的情况下，EAM被认为是实施ERP的前提。

EAM和ERP都是从MRP发展起来的，所以EAM和ERP　都包含了物质管理和物质采购，后来由于各自发展方向不同，演变成既相互依赖，又独立发展的两种管理风格。库存模块、采购模块和项目管理模块是EAM和ERP都包含的功能，并且相对都比较完善。对于固定资产管理、工作流程、物料需求计划和人力资源管理等模块，EAM和ERP侧重点各有不同，例如，在物料需求计划模块ERP侧重工艺流程、产品结构和关联产品的管理，EAM侧重检修方式、周期性维护和维护零配件管理等工作流程；人力资源模块ERP功能要更强于EAM，EAM仅看重职员的部门、工种和薪金。其他都是各自独立的模块。

EAM和ERP的差异源自EAM和ERP对企业所关心和要解决的问题各有侧重，ERP的核心思想是管理企业生产过程中产品相关的生产、供应和销售信息，目标是控制生产计划过程，平衡制造产品所消耗资源之间的关系，追求生产系统的高效运行。具体地说，ERP主要管理企业的生产流程，而EAM主要管理生产线上的运营设备。同ERP相比，EAM还具有以下特点：

(1) 涉及部门少，主要涉及设备维修和物质管理部门，可能涉及生产部门和绩效考核部门。

(2) 牵涉流程简单，以设备的维修、维护为主，以库存管理为辅。

(3) 投资规模小，一般为ERP的1/10～1/5；

(4) 实施周期短，一般为ERP的1/10～1/3；

总之ERP大而全，EAM小而专。EAM和ERP的共同特点是管理思想是灵魂，先进技术是基础。ERP主要针对制造性企业，而EAM主要针对资产密集型企业。对资产密集的制造企业而言，EAM和ERP可相互补充，提升企业的管理水准。实际上，ERP和EAM并没有十分明确的阵地，双方都在不断地扩充自己的领域，例如，ORACLE公司的ERP软件在2002年以后已经将EAM纳入ERP管理模块中，形成比较全面的企业管理解决方案，而EAM厂商也在不断扩充EAM的功能，有向ERP扩充的势头。

9.3 维护计划和维护工单

9.3.1 维护计划

维护计划是设备维护的核心部分，在预防性维护模式中维护活动要由维护计划来驱动。如图9-6所示，在EAM系统中，预防维护计划制定与执行的业务流程可以分为五大步骤。

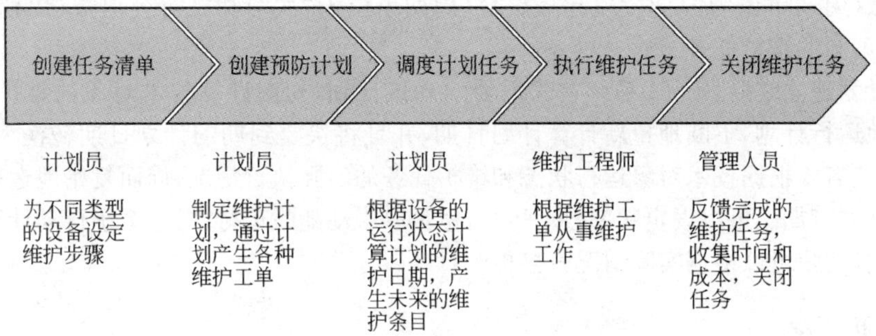

图9-6 维护管理流程

(1) 创建任务清单：标准化维护过程的工序，作为资源计划及调度的基础。

(2) 创建预防计划：创建维修策略，为技术对象建立维护计划。

(3) 调度计划任务：定期激活预防计划，产生维护通知单或者工单，自动产生资源需求计划。

(4) 执行维护任务：维护任务进入维护工程师工作清单，执行维护任务。

(5) 关闭维护任务：统计资源消耗、实际时间和其他数据，关闭该阶段的维护任务。

任务清单指某一特定维护任务(包括检查、维护和计划维修)所需重复执行的工序序列，其概念类似于制造业的生产工艺路线。任务清单可以标准化公司的维护作业，避免在每次发出维修维护工单时都录入工序指令，提高效率并减少失误。

任务清单按照其相似程度被分为不同的组，分组的主要用途在于简化维护的工作量，增强系统应用效率。例如，泵类拥有多种不同情况下的维护任务清单，可以设置如下。

组号：PUMP，"泵类维护工序组"

(1) 检查工序。

(2) 更换齿轮工序。

(3) 马达维护工序。

任务清单是维护管理的基础性工作，完成任务清单的编排之后，就可根据设备不同的状况启动不同的标准化维护程序，执行维护操作。

在EAM系统中，维护计划可以分为三种形式。

(1) 基于时间：每隔一定的时段就进行预防维护，例如6个月。

(2) 基于绩效：当技术对象的运行达到一定水平时进行预防维护。如行程达到10000km或者起降次数达到5000次。绩效数据来自于技术对象的计数器。

(3) 基于条件:当某状态超出或者进入某一数值范围时进行预防维护。如温度超过 75℃或者厚度低于 15mm。状态数据来自于技术对象的测量点。

在基于时间和基于绩效的维护计划类型中,其应用逻辑都是根据系统内定义的周期进行触发的。"循环周期"代表了维护任务的重复频率,用来确定下一次维护任务的具体日期。有时候,周期是单一的,有时是包含一系列复杂的组合。为了细化维护计划的管理,EAM 系统将维护计划划分为三种不同的类型:

(1) 单一周期型:只有一个循环周期。如汽车一年进行一次检修;复印机的累计复印张数每达到 1 万张就进行检修。

(2) 策略周期型:按照同一周期单位、不同的周期长度进行不同的维护任务。如水泵维护计划包括,一月进行一次的外观检查(铁锈,不透水性);12 个月进行一次变速箱的磨损检查。

(3) 多计数点型:具有多个循环周期,且每个周期具有不同的单位。如飞机的维护任务依据飞行小时数(周期单位为"小时")、起降次数(周期单位为"次")和飞行公里数(周期单位为"公里"),制订不同的维护任务。

维护计划建立之后,EAM 系统首先需要启动该计划,初次计算技术对象的维护计划日期。随后定期地运行计划,不断地重新计算计划日期,并且将快要到期的计划日期转换为维护工单。运行后,系统需要根据技术对象运行状态和维护任务的实际执行情况,周而复始地运行计划逻辑滚动计算计划日期。可以设定频率自动运行,也可以手动随时运行,对于系统自动计算得出的维护计划日期,用户可以根据实际情况直接更改日期。

9.3.2 维护工单

无论是事后维修还是事前预防,全员检修还是状态检修,最终都要定位到维护工单上。工单流程不是一个独立的流程,除了 9.2 节中提到的预防性维修工单外,还有出现事故后进行维修的缺陷工单、定期保养的大小修工单和设备状态巡视的点检工单。

缺陷工单是从发现设备故障到维修处理的全过程,其主要流程是:

(1) 由运行或点检人员发现缺陷后,填写工单申请;

(2) 由专人对工单申请的缺陷做甄别,对工单进行审核;

(3) 经审核正确的,批准生成工单,同时分发到各检修、维护单位,各单位根据自己业务安排维护资源;

(4) 维护资源到位后,工单处于许可状态,此时开始检修工作,工作完成验收合格后,填写实际的用工用料等信息,验收不合格则返工;

(5) 完成后相关负责人签字,工单关闭形成工单历史。

设备大小修是企业常规的预防性维修手段。小修是对设备进行局部的修理,通常只需修复、更换部分磨损较快和使用期限等于或小于修理间隔期的零件,调整设备的局部结构,以保证设备正常运转到下一次计划修理时间。中修是对设备进行部分解体、修理或更换部分主要零配件,修理使用期限等于或小于修理间隔期的零件。大修是将设备全部拆开分解,更换或修复所有磨损、腐蚀、老化等已经丧失工作性能的主要部件或零件,大修后要组织验收并经过一定保修期才能移交生产。

设备大小修管理的范围是企业的大修理项目,一般要在一定运行周期后,企业根据设备不同情况,集中停产对设备进行维修,如间隔 2~3 年的大修,间隔 4~8 个月的小修等,其维修工单的主要流程包括:

(1) 制定大小修项目标准任务模板,编制大小修计划;

(2) 编制的计划要交给主管部门审核,审核通过后下达到相关部门;

(3) 根据计划拆分维护工单,各维护工单需经主管部门批准;

(4) 根据维护工单查看是否需要外委;

(5) 非外委工单安排工单需要的资源,在规定的时间执行工单;

(6) 在关键点对工单执行状况进行控制;

(7) 工单执行完毕后进行验收,相关负责人签字,关闭工单形成工单历史。

设备点检主要完成点检标准、计划的标准,点检计划的下达,点检结果上报,点检结果分析等过程,希望通过点检的实施加强设备保养,找出设备的异常状况、发现隐患,掌握设备故障的初期信息,并将这些信息传递到工单,使故障得到及时处理。设备点检包括日常点检、专业点检、精密点检、技术点检、精度与性能检测等内容,其主要管理流程如下:

(1) 编订点检标准;

(2) 编制点检计划和周期管理表;

(3)实施点检,将检查结果上报;

(4) 分析检查结果,确定设备或系统运行状况是否正常;

(5) 如有问题,生成维修工单;

(6) 如无问题,进行统计分析工作;

(7) 根据劣化倾向分析结果和故障后的维修结果来修订点检标准。

如图 9-7 所示,以维护业务为核心,触发工单的条件有工单申请、点检数据超标、满足预防性维修条件、周期性维护任务等,此外,新设备的安装调试,可修复件的修理及检修部门的自查缺陷等可直接填入工单,或作为领料单使用。工单类型可分为预算工单、领料工单、外委工单和维护工单,其中最多的是维护工单。

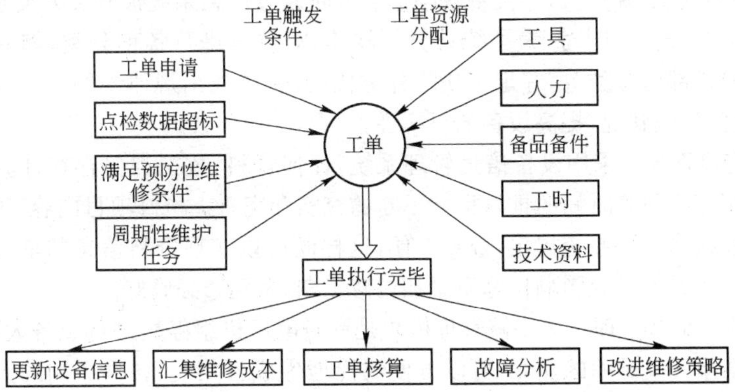

图 9-7 工单流程体系

不管是何种条件触发的维护工单,维护工单的使用对象一定是设备,而为了实现维护行为则需要一定的资源。这些资源包括:维护工具、维修和检查人员、备品备件、工时和技术资料等。

工单执行完毕后,要形成完整的检修记录,形成工单历史,同时更新设备性能参数、资产折旧和维修历史等相关信息,完成工单的成本核算及按项目、部门和设备等的成本汇集,形成可供管理人员参考的资产折旧和维护成本报表,辅助完善管理规范,提高企业维修策略。

习 题

9-1 什么是设备管理?

9-2 选择设备的标准有哪些?

9-3 怎样能够更好地合理使用设备？
9-4 设备故障率分为哪几个阶段？
9-5 设备维护的发展过程分为哪几个阶段？
9-6 什么是企业资产管理系统(EAM)？
9-7 设备维护管理的流程是什么？

案例

电力工业是设备、技术、资金密集型的企业，具有产、供、销同一瞬间完成的特点，为了保证连续不断地供电，必须保证电力生产设备处于良好的运行状态，因此，电力生产设备的可靠性是每一个电厂都十分关注的问题。可以说，设备管理是电厂生产管理的核心。

华能大连电厂是由华能国际电力股份有限公司利用外资和辽宁省大连市共同集资建设的大型火力发电厂，拥有 4 台 350MW 机组，总装机容量为 1400MW，分两期工程建设。多年来华能大连电厂一直努力造就数字化发电企业，建设具有国际竞争力的现代化火力发电厂。

华能大连电厂 1993 年引进一套澳大利亚的设备维护管理软件 MAINPAC 系统，经过几年消化吸收，借鉴国外电厂的先进管理理念，于 1995 年、1999 年两次重新开发，设备检修管理信息系统应用不断扩大完善，基本形成一套较为成熟的具有华能发电企业特色的电厂设备检修管理信息系统。借助这套信息管理系统，华能大连电厂实现了检修过程的自动化控制。该厂设备管理的特色如下：

(1) 以检修管理为重点。运行和检修人员都可以将发现的缺陷信息录入到设备检修信息管理系统中，做到谁发现、谁录入，使设备缺陷信息及时通过信息系统被有关人员掌握，为缺陷的及时处理提供了前提条件。同时，为了统计分析缺陷，对缺陷进行各种分类，如专业分类、单元分类、作业分类、检修部位分类等，并定义缺陷分类代码，从中找出规律性的信息，避免缺陷重复发生，以保持设备的健康状况，提高设备的可靠性。

(2) 设备定检管理。采用设备信息管理系统，任何资料、数据都保存在计算机里，可供随时调用，资料、数据等会随着时间的推移得到不断的充实和完善。检修项目内容、工作步骤、质量标准等均可由设备检修管理系统提出，查阅方便，这样既可以实现资料信息共享，又可以克服由于检修人员技术水平的差异而影响检修质量和检修工期，做到修必修好。

(3) 机组的大小修管理。大小修管理模块是针对电厂机组停机进行设备大面积检修而设计的。大小修标准项目基础库的建立，可以方便快捷地生成各年度、各种级别的大小修工程项目，以及相应的备件计划、工种工时计划、检修文件包等，提高了大小修计划的准确性、透明性。

(4) 工单管理。工单管理包括热力机械检修工单、电气检修工单、外包工程热力机械检修工单、外包工程电气检修工单及缺陷工单。对工单的处理设置了几种状态，包括计划、签发、开工许可、完工、延期，可以查阅工单内容及工作进行状态，从而合理分配劳动力，有效提高劳动效率。

(5) 设备档案管理。设备档案管理模块为每一设备建立唯一可识别的设备编码，包括设备技术参数、技术规范、备品备件和图纸等档案，随时得到设备的详细动、静态资料，并且可以对设备各种技术参数进行维护，以便在检修操作时得到详细的操作规范及设备历次检修维护记事。

(6) 逐步转变。经过 10 多年间的摸索，华能大连电厂的设备检修策略将原来的以计划检修为主要方式逐渐过渡到以状态检修为主体，以计划(定期)检修为基础，以故障检修、改进性检修为辅助的优化检修的综合检修体系。

(7) 实施优化检修。实现设备的多元化管理。华能大连电厂开展状态监测，根据设备特点和设备状态采取不同的检修策略，实行定期检修、状态检修、故障检修、改进性检修等多种检修方式并存的优化检修体制。

(8) 降低发电成本。多年来，华能大连电厂设备信息管理系统建设与应用的实践证明，先进的生产设备必须与现代企业管理思想有机地结合起来，建立适合自己特点的设备管理系统，才能够科学地管理好设备，为提高电厂长周期安全生产创造有利的条件，从而创造可观的经济效益。

几年来，华能大连电厂年完成或超额完成公司下达的发电任务及各项经济技术指标。安全生产、供电煤耗，厂用电率、实现利润和劳动生产率等主要经济技术指标在国内同类型电厂中始终居于领先地位，有些指标已接近或达到国际同类型电厂的先进水平。

参 考 文 献

1 于俭．运作管理．北京：机械工业出版社，2006

2 刘丽文．生产与运作管理．北京：清华大学出版社，2002

3 信江艳，董杰，陈代川．企业资产管理系统（EAM）设计与实施．北京：中国铁道出版社，2005

4 肖荣强，张敏，滕人仆．华能大连电厂设备检修管理信息化建设案例．中国计算机报，2007，12

10 生产管理新进展

近些年来，现代企业的生产经营规模不断扩大，产品本身的技术和知识密集程度不断提高，产品的生产和服务过程日趋复杂，市场需求日益多样化、多变化，世界范围内的竞争日益激烈，这些因素使生产与运作管理增添了新的有力手段，也使生产与运作管理学的研究进入了一个新阶段，使其内容更加丰富，范围更加扩大，体系更加完整。

本章将详细介绍生产管理领域的新进展以及未来生产管理的发展方向。

学习目标：

1. 了解计算机集成制造系统的功能，技术优势。
2. 了解精益生产的产生、发展、核心思想、特点及技术体系。
3. 了解敏捷制造的含义、主要特征、研究内容、实施步骤、实施技术。

10.1 计算机集成制造系统

计算机集成制造系统（computer integrated manufacturing systems，简称 CIMS），是随着计算机辅助设计与制造的发展而产生的。它借助于计算机的硬件、软件技术，综合运用现代管理技术、制造技术、信息技术、自动化技术、系统工程技术，对企业的生产作业、管理、计划、调度、经营、销售等整个生产过程中的信息进行统一处理，并对分散在产品设计制造过程中的各种孤立的自动化子系统的功能进行有机地集成，并优化运行，从而缩短产品开发周期，提高质量，降低成本。它是工厂自动化的发展方向，未来制造业工厂的模式，是当代生产自动化领域的前沿学科，也是集中多种高新技术为一体的现代化制造技术。

10.1.1 CIMS 系统的功能组成

一般 CIMS 系统由六部分组成：

（1）管理信息应用分系统，其具有生产计划与控制、经营管理、销售管理、采购管理、财务管理等功能，处理生产任务方面的信息。

（2）工程设计应用分系统，它由计算机辅助设计、计算机辅助工艺编制和数控程序编制等功能组成，用以支持产品的设计和工艺准备，处理有关产品结构方面的信息。

（3）车间管理与自动化应用分系统，也可以称为计算机辅助制造分系统，它包括各种不同自动化程度的制造设备和子系统，用来实现信息流对物流的控制和完成物流的转换。它是信息流和物流的接合部，用来支持企业的制造功能。

（4）计算机辅助质量保障分系统，其具有制定质量管理计划、实施质量管理、处理质量方面信息、支持质量保证等功能。

（5）数据库存管理分系统，其用以管理整个 CIMS 的数据，实现数据的集成与共享。

（6）计算机与网络分系统，其用以传递 CIMS 各分系统之间和分系统内部的信息，实现 CIMS 的数据传递和系统通信功能。它们的连接关系如图 10-1 所示。

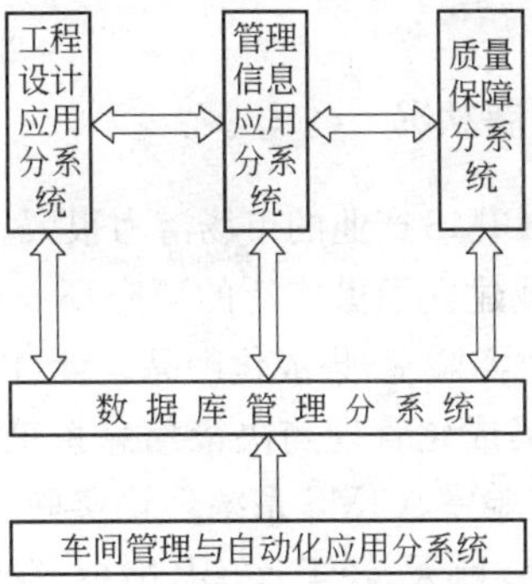

图 10-1 CIMS 系统的功能构成示意图

10.1.2 CIMS 系统的技术优势分析

10.1.2.1 保障和提高了新产品开发的质量

CIMS(包括并行工程和虚拟制造技术等)使企业提高了产品创新设计的深度,大大有利于提高企业产品的技术含量。CIMS 建立了企业从产品设计、生产制造、经营管理全方位的计算机集成制造环境,做到了企业信息流、物流、资金流的集成。市场综合反馈信息在 CIMS(MIS 部分:管理信息分系统)的支持下,迅速反馈到 CIMS 工程设计自动化分系统(CAD/CAPP/CAM/CAE)。在 PDM(产品数据管理)、CAD 等系统支持下,在 MIS 过去的市场综合反馈信息的推动下,产品设计人员综合产品过去设计成果及各项信息(包括零部件明细、价格、供货质量、生产加工能力等),就能不断设计出更加满足市场需求的高质量、低成本、适销对路的产品。

10.1.2.2 缩短了新产品的上市周期

CIMS 是一个集成化的生产模式,覆盖了市场分析、经营决策、新产品研制、工程设计、加工制造、库存供应、质量保证、售后服务等整个制造业的活动,并力图实现三流集成。在这种环境支持下,通过企业信息的快速流动,缩短了产品的设计周期。同时,由于在设计时参考了产品的可制造性等特性,在 MIS 及制造自动化系统的支持下,也极大地提高了产品的生产及销售分派效率,这些都保证了企业新产品上市周期的显著缩短。

10.1.2.3 使经营管理科学化,同时降低了产品的成本

在经营管理方面,使企业的经营决策和生产管理趋于科学化。使企业能够在市场竞争中,快速、准确地报价,赢得时间;在实际生产中,解决"瓶颈"问题,减少再制品,同时,降低库存资金的占用。调查材料表明,采用计算机集成制造系统后,企业新产品的各项因素发生了明显的变化,数据变化如表 10-1 所示。

表 10-1 新产品各项数据的变化

项 目	变 化	比 例/%
生产周期	缩 短	20~40
工人数量	减 少	40~70
人力费用	减 少	5~20
流动资金	减 少	20~30
设备利用率	提 高	200~300
产品质量	提 高	200~500

10.1.3 现阶段我国 CIMS 的发展状况

我国共有数十万个制造企业，CIMS 产业的市场潜力很大。目前，我国 CIMS 技术在研究、应用领域也在不断开拓。在研究领域建立了更广泛的研究环境和工程环境，包括国家 CIMS 实验工程研究中心和 7 个单元技术开放实验室（集成化产品设计自动化实验室、集成化工艺设计自动化实验室、柔性制造工程实验室、集成化管理与决策信息系统实验室、集成化质量控制实验室、CIMS 计算机网络与数据库系统实验室、CIMS 系统理论实验室）。当前，CIMS 的进一步试点推广应用已经扩展到机械、电子、航空、航天、轻工、纺织、冶金、石油化工等诸多领域，正得到各行各业越来越多的关注和投入。

此外，CIMS 作为新型的生产模式，其本身也处于不断的发展和更新当中，并且有着非常强的应用前景，制造业实际的变化和需要也会推动 CIMS 的研究和发展。人们围绕 CIMS 的总目标，将并行工程、精良生产、敏捷制造、智能制造、虚拟制造、绿色制造以及全球制造等许多新概念、新思想、新技术、新方法引入到 CIMS 当中来。这些新的制造理念都有其自身特有的生产过程组织形式，并与特定的生产管理方法相联系，形成人、技术、管理的全面集成。同时这些新的制造理念的提出和研究应用也推动了 CIMS 的发展，使制造业展现出前所未有的新的发展局面。

现阶段我国企业实施 CIMS 技术应注意的问题有：

第一，要在我国企业实施 CIMS 技术，首先要建立相应的重视科学管理的制度基础，否则即使实施也会流于形式。

第二，重视企业管理基础工作。实施 CIMS 的企业，必须有一套完整的规章制度，包括财务管理、经济核算、质量管理、仓库管理、合同管理、生产管理等，还要具备完整、准确、及时的数据资料，包括各项定额、原始记录、会计凭证、统计资料等，我国企业现阶段更要处理好管理创新和加强管理基础工作的关系，狠抓企业管理基础工作。

第三，对 CIMS 项目的实施要进行科学的管理。首先要有具体的目标规划；其次要对组织机构进行保证；再次要重视业绩评价；最后要重视后继培训。

尽管 CIMS 在我国的应用和开发的起步比较晚，但作为 21 世纪制造领域的先进技术，将会被我国越来越多的制造企业所研究应用。根据我国的实际情况和行业现状，应把“将 CIMS 技术向中小型企业推广应用”作为研究应用的重点。同时注重在计算机网络技术的支持下开发更新更完善的配套软件。CIMS 技术的应用将会加快我国制造企业适应市场经济的速度，促进企业经济增长方式向集约型转变，提高我国制造企业在国际市场的竞争力。

10.2 精益生产

精益生产（lean production，简称 LP）源于日本丰田汽车公司所创造的丰田生产方式，是继单件小批量和福特生产方式（大量装配线方式）之后诞生的生产方式。它的基本理念是通过寻找和消除生产过程中各种各样的浪费现象达到彻底降低成本的目的。它提出的准时化生产（just in time）和自动化（jidoka）思想改变了日本企业的经营方式，极大地促进了日本工业的飞速发展，被称为“改变世界的机器”。

今天精益生产又进一步升华为精益思想、精益理念。全球各行业（例如：汽车业、航空航天、机械制造、电子、食品、邮政服务等）运用精益思想的实践正在进行。越来越多的中国企业正在追求用“消除浪费，提高效率”的低成本方式提升企业竞争力，成为精益制造者。

10.2.1 精益生产的技术体系

精益生产是一个包含了多种制造技术和管理技术的综合技术体系。图 10-2 示出了精益生产的体系构造,同时也表明了该体系的目标以及实现目标的各种技术、手段和方法及其相互间的关系。

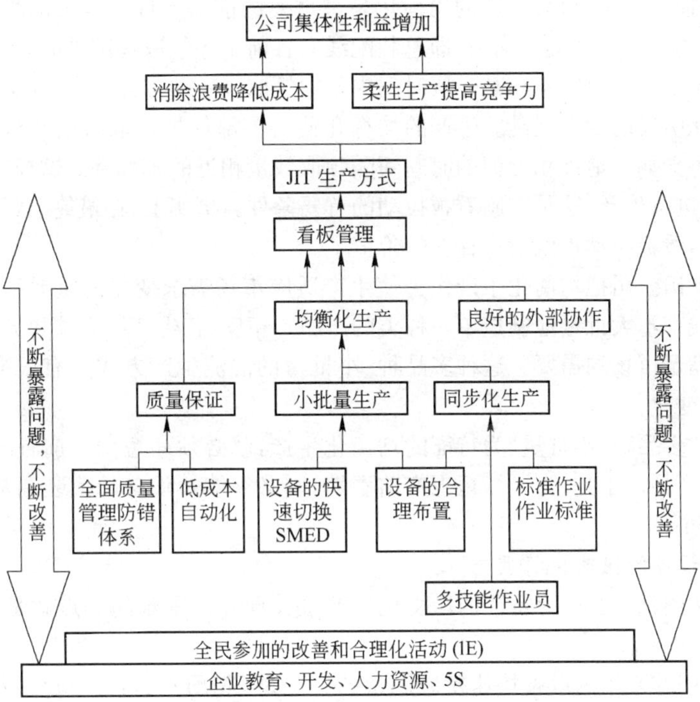

图 10-2 精益生产的技术体系

下面将对精益生产的技术体系作简要的说明。

10.2.1.1 体系的核心

要实现"消除浪费、增加利润"这一基本目标,就必须彻底杜绝过量生产以及由此而产生的在制品过量和人员过剩等各种直接浪费和间接浪费。如果生产系统能够具有足够的柔性,能够适应市场需求的不断变化(即实行准时化生产,在必要的时刻生产必要数量的必要产品或零部件),创造出能够灵活地适应市场需求变化的生产系统,这种生产系统就能够从经济性和适应性两个方面来保证公司整体性利润的不断提高。此外,这种生产系统还要具有一种内在的动态自我完善机制,即在准时化生产的激发下,通过不断地缩小加工批量和减少在制品储备,使生产系统中的问题不断地暴露出来,使生产系统本身得到不断的完善,从而保证精益生产的顺利进行。

10.2.1.2 看板拉动式生产

看板是对生产过程中各工序生产活动进行控制的信息系统。通常,看板是一张放在透明塑料袋内的卡片。经常被使用的看板主要有两种:取料看板和生产看板。取料看板标明了后道工序应领取物料的数量等信息,生产看板则显示着前道工序应生产物品的数量等信息。精益生产以"逆向拉动式"方式控制着整个生产过程,即从生产终点的总装配线开始,依次由后道工序向前工序"在必要的时刻领取必要数量的必要零部件",而前道工序则"在必要的时刻生产必要数量的必要零部件",以补充被后道工序领取走的零部件。这样,看板就在生产过程中的各工序之间周转,从而将信息(与取料和生产的时间、数量、品种等有关的信息)从生产过程的下游传递到上游,并将相对独立的工序个体联结为一个有机的整体。实施看板拉动是有条件的,例如:生产的均衡化、作业的标准化、设备布置的合理化等。如果这些先决条件不具备,看板拉动就不能发挥应有的作用,从而难以实现精益生产。

10.2.1.3　均衡化生产

用看板拉动控制生产过程,生产的均衡化是最重要的前提条件。丰田的均衡化生产要求的是生产数量的均衡和产品种类的均衡,即总装配线向各前工序领取零部件时,要均匀地领取各种零部件,实行混流生产。要防止在某一段时间内集中领取同一种零部件,以免造成前方工序的闲忙不均,以及由此引发的生产混乱。生产的均衡化使得零部件被领取时的数量变化达到最小程度,即各后工序每天如一地以相近似的时间间隔领取数量相近的零部件。这样,各工序得以一定速度和一定数量进行生产,这是实施看板拉动的首要条件。事实上,在最终装配线没有实现均衡化生产的情况下,看板拉动也就没有存在的价值了。

除此之外,丰田公司把均衡化生产作为使生产适应市场需求变化的重要手段。通过均衡化生产,任何生产线都不大批量地制造单一种类的产品。相反,各生产线必须每天同时生产多种类型的产品,以期满足市场的需要。这种多品种、小批量的混流生产方式具有很强的柔性,能迅速适应市场需求的变化。

为了实现以“多品种、小批量”为特征的均衡化生产,就必须缩短生产前置期,以利于迅速而适时地生产各类产品。于是,为了缩短生产前置期,则必须缩短设备的换装调整时间,以便将生产批量降低到最小。

10.2.1.4　设备的快速换装调整

实现以“多品种、小批量”为特征的均衡化生产最关键和最困难的一点就是设备的快速换装调整问题。

丰田公司发明并采用的设备快速换装调整的方法是SMED法,即“10min内整备法”。这种方法的要领就是把设备换装调整的所有作业划分为两大部分,即“外部换装调整作业”和“内部换装调整作业”。

所谓“外部换装调整作业”是指那些能够在设备运转之中进行的换装调整作业,而“内部换装调整作业”是指那些必须或只能够在设备停止运转时才能进行的换装调整作业。为了缩短换装调整时间,操作人员必须在设备运行中完成所有的“外部换装调整作业”,一旦设备停下来则应集中全力于“内部换装调整作业”。这里,最重要的一点就是要尽可能地把“内部换装调整作业”转变为“外部换装调整作业”,并尽量缩短这两种作业的时间,以保证迅速完成换装调整作业。

丰田公司把“设备的快速换装调整”视为提高企业竞争力的关键因素之一。

10.2.1.5　设备的合理布置

设备的快速换装调整为以下两方面提供了重要的基础:

第一,满足后工序频繁领取零部件制品的生产要求。

第二,满足“多品种、小批量”的均衡化生产要求。

但是,这种频繁领取制品的方式必然增加运输作业量和运输成本,特别是如果运输不便,将会影响精益生产的顺利进行。可见,生产工序的合理设计和生产设备的合理布置是实现小批量频繁运输和单件生产、单件传送的另一个重要基础。

丰田公司改变了传统的设备布置方式,采用了“U”形单元式布置方式,即按零件的加工工艺要求,把功能不同的机器设备集中布置在一起组成一个个小的加工单元。这种设备布置方式可以简化物流路线,加快物流速度,减少工序之间不必要的在制品储量,减少运输成本。

10.2.1.6 技能作业员

多技能作业员(或称“多面手”)是指那些能够操作多种机床的生产作业工人。多技能作业员是与设备的单元式布置紧密联系的。在U形生产单元内,由于多种机床紧凑地组合在一起,这就要求生产作业工人能够进行多种机床的操作,同时负责多道工序的作业,排除了工序间不必要的在制品,加快了物流速度,有利于生产单元内作业人员之间的相互协作等。特别是,多技能作业员和组合U形生产线可以将各工序节省的零星工时集中起来,以便削减多余的生产人员,从而有利于提高劳动生产率。

10.2.1.7 标准化作业

标准化作业主要是指每一位多技能作业员所操作的多种不同机床的作业程序,是指在标准周期时间内,把每一位多技能作业员所承担的一系列的多种作业标准化。主要包括3个内容:标准周期时间、标准作业顺序、标准在制品存量。根据标准化作业的要求(通常用标准作业组合表表示),所有作业人员都必须在标准周期时间之内完成单位制品所需要的全部加工作业,并以此为基础,对作业人员进行训练和对工序进行改善。

10.2.2 精益生产的应用及效果

有效推行精益生产能为企业带来极为可观的效益,一些成功企业的数据表明,精益生产可以缩短前置期(lead time)达95%;提升生产力达50%;减少在制品达90%;质量改善达90%;减少生产所需的空间达75%。

2003年丰田生产汽车678万辆,首次超过美国福特汽车仅次于通用汽车,成为世界第二大汽车制造商。但在获取利润方面,丰田几年前就已经超过了通用。2004年丰田净利润达到102亿美元,超过美国三大汽车通用、福特、戴姆勒-克莱斯勒的总和。

2006年,丰田将全面增产达到906万辆,从而压倒通用,一举坐上世界汽车业的头把交椅。在经济低迷的环境下却能实现持续增长,并提前10年打败美国通用,这主要归功于丰田几十年所实施的精益生产方式。

精益生产不仅在日本丰田以及汽车制造业获得了成功,在欧美企业、中国企业以及其他制造业也同样适用并不断有企业获得成功。

10.3 敏捷制造

20世纪80年代,原联邦德国和日本生产的高质量产品(例如:汽车)大量进入美国市场,迫使美国的制造战略由注重成本转向产品质量。进入20世纪90年代,产品更新换代加快,市场竞争加剧,仅仅依靠降低成本、提高产品质量还难以赢得市场竞争,还必须缩短产品开发周期。当时,日本汽车更新换代的速度已经比美国快了一倍以上,开发和生产速度已成为美国制造商关注的重心。

同时,20世纪70~80年代,被列为“夕阳产业”不再予以重视的美国制造业,一度成为美国经济严重衰退的重要因素之一。此时,美国通过分析研究得出了“一个国家要生活得好,必须生产得好”的基本结论。

进入20世纪90年代,美国为了在世界经济中重振雄风并在未来的全球市场中处于竞争的优势地位,由国防部牵头,组织了美国通用汽车公司(GM)和里海(leigh)大学的亚柯卡(iacocca)研究所等百余家企业和公司,耗资50万美元,分析研究400余篇优秀报告后,做出《21世纪制造企业战略》的报告。该报告明确提出了敏捷制造(agile manufacturing,简称AM)的概念。这一概念向社会半公开以后,立即受到世界各国的重视。1992年,美国政府将敏捷制造这种全新的制造模式作为21世纪制造企业的战略。

10.3.1　敏捷制造企业的主要特征

10.3.1.1　AM的制造模式特征

敏捷制造的制造模式有以下特征：

第一，以满足敏捷性用户需求，获得利润为目标。

第二，以竞争能力和信誉为依据，选择组成动态联盟（公司）的合作伙伴。AM系统促使企业采用较小规模的模块化生产设施，促进企业间的相互合作。每一个企业都将对新的生产能力做出部分贡献。在动态联盟中，竞争和合作是相辅相成的。

第三，基于合作企业间的相互信任、分工协作、共同目标来有力地增强整体实力。

第四，信息技术是AM的有力支持。基于开放式计算机网络的信息集成框架是AM的重要内容。根据客户需要和社会经济效益组成了未来企业组织的最高形式——虚拟企业。参与虚拟企业的各个企业的组成和体系结构具有前所未有的柔性。

第五，把知识、技艺、信息投入最底层生产线。

10.3.1.2　AM的生产方式特征

敏捷制造的生产方式具有以下特征：

第一，全新的企业合作关系——虚拟企业或动态联盟。

第二，高度柔性的、模块化的、可伸缩的生产制造系统。这种柔性生产系统虽然规模不大，但生产成本与批量无关，在同一系统内可生产出的产品种类却是无限的。

第三，为订单而设计，为订单而制造的生产方式。

第四，大范围的通信基础结构。在信息交换及通信联系方面，在AM中具有一个能将正确的信息、在正确的时间送给正确的人的"准时信息系统"（just in time information system），它是灵活的管理系统的基础，通过信息高速公路与国际互联网络将全球范围内的企业相连通。

第五，柔性化、模块化的产品设计方法。

第六，"高质量"的产品。AM的质量观念已变成使整个产品生命周期内的用户满意，企业将把产品质量持续跟踪到产品报废为止。

第七，具有高素质的劳动者。在AM中，解决问题靠的是人，不是单纯的技术，AM系统的能力将不受限于设备，而只受限于劳动者的想像力、创造力及技能。

第八，基于信任的雇佣关系。雇主与雇员之间建立了一种新型的"社会合同"的关系，大家都能意识到为了长远利益而和睦相处。每个员工都具有一定的敏捷性，都愿意并善于与别人合作。

第九，基于任务的组织与管理。AM企业的基层单位是"多学科群体"（multi—discipline team）的项目组，是以任务为中心的一种动态组合。AM强调权力分散，把职权下放到项目组，提倡一种"基于统观全局"的管理模式。要求各个项目组都能了解全局的远景，胸怀企业全局，明确工作的目标和任务的时间要求，而完成任务的中间过程则完全可以自主。为此，企业能够最大限度地调动、发挥人的作用，并使员工的素质及创新能力不断提高。

第十，对社会的正效应。AM不但关心企业本身的效益，而且非常关心社会问题，例如，环境污染，能源浪费及失业等。AM要全面消除企业生产给社会造成的负面影响，企业必须完全服务于社会。

AM最主要的特征就是虚拟企业。虚拟企业是指利用不同地区的现有资源（设备、技术、人员），并把它们迅速组合成为一种没有围墙的、超越空间约束的、靠电子手段联系的、统一指挥的经营实体。它能以最快的速度推出高质量、低成本的新产品。

10.3.2 敏捷制造研究的内容

AM研究的核心内容为制造柔性和组织柔性。

制造柔性主要指企业能够针对市场的需求迅速转产，转产后能够实现多品种、变批量产品的快速制造，以适应社会需求。制造柔性是制造系统对外部因素的响应能力和对系统内部因素变化的适应能力，包括人员、设备仪器和软件三方面的柔性。

组织柔性主要指企业淡化宝塔型的管理模式，更强调扁平式管理（即权利下放），项目组具有一定的决策能力。充分发挥每个人的主观能动性，随时发现问题，随时解决，以便以最少的投资、最快的速度对市场机遇做出反应。

AM被认为是21世纪企业制造的战略，目前研究的主要内容为：分布式数据库子系统；分布式群决策软件子系统；智能控制子系统；基于知识的人工智能研究；快速合作子系统；企业集成子系统；人与技术接口子系统；教育培训子系统；模块化可重构的硬件子系统；仿真与建模子系统；废物处理和消除子系统；零故障方法学子系统；节能子系统；动态合作子系统；性能测试与评价子系统。

10.3.3 实施敏捷制造的技术

10.3.3.1 AM的总体技术

(1) AM方法论。这是为正确理解AM哲理，正确考察、分析和描述AM系统，正确开发和实施AM系统而提出的一套完整的、开放的方法体系。

(2) AM综合基础。它为AM方法论提供了全方位的支持环境、技术与工具等。其中包括四类AM使能技术（AM信息服务技术、敏捷管理技术、敏捷设计技术和可重组与可重构的制造技术）与3层AM基础结构（信息基础结构、组织基础结构和智能基础结构）。

10.3.3.2 AM的关键技术

AM的关键技术主要有如下几个方面：

(1) 跨企业、跨行业、跨地域的信息技术框架。它是为了：

1) 响应来自多方市场的不同挑战，支持动态联盟的运行；

2) 实现异构分布环境下多功能小组内和多功能小组间的异地合作（设计、加工、物流供应等）。

(2) 集成化产品过程设计的模型和工作流控制系统。工作流控制系统是在多功能小组内和多功能小组间进行协同工作、全局优化应用集成和过程优化的重要工具。

(3) 企业资源计划系统和供应链管理系统。企业资源计划（ERP）主要处理企业内部的资源管理及计划安排。ERP系统具有同其他应用系统紧密、动态集成的功能，可以支持多功能小组并行设计的需要，配合支持动态联盟的系统进行工作，实现资源优化的目标。

供应链管理系统则以企业间资源关系的优化利用为目标，支持企业间的资源共享和信息集成，支持不同企业在以动态联盟方式工作过程中对各个企业的资源进行统一管理和调度。

(4) 设备、工艺过程及车间调度的敏捷化。为了更大地提高企业的敏捷性，必须提高企业内部各个生产活动环节的敏捷性，通过敏捷过程制造敏捷产品。有关敏捷设备和敏捷过程概念的研究和应用是AM环境下新的设计理论和加工方法研究的重要组成部分。

10.3.3.3 AM的相关技术

AM的主要相关技术有：先进的现代化企业管理技术；并行工程及其支撑技术；虚拟现实制造技术；分布对象和代理（agent）技术；工作流及其管理技术；电子数据交换（EDI）技术；电子商务

及其相关技术;集成框架技术;标准化技术。

10.3.4　敏捷制造的发展现状及应用

AM起源于日本,诞生于美国,AM研究首先在美国开展。AM是先有成果后有理论,这与其他制造模式是不同的。AM的发展主要集中在美国、日本、韩国、法国及欧洲国家。

美国在20世纪90年代初分别在航天航空、机床和电子制造业建立了AM研究中心。AM在世界范围内引起了强烈的反响,受到各国政府及工业界、学术界的广泛重视。1992年,由美国国防部高级研究计划局(advanced research projects agency,简称ARPA)和美国国家自然科学基金会(NSF)投资500万美元,组建了敏捷制造协会(agility forum,简称AF)。该协会主要负责组织进行有关AM理论和实践的研讨,每年召开一次有关AM的国际会议。目前,大约有250个公司和组织参加了该协会的有关工作。

1992年,美国还开展了敏捷制造技术项目(technologies enabling agile manufacturing,简称TEAM)的研究活动。参加该项目的有包括国防部、劳伦斯·利弗莫尔国家实验室(美国知名的核实验室)、国家自然科学基金会等政府机构在内的75家以上的研究所、公司和工业集团(包括先进AM技术的提供者和最终用户)。其目的在于,集中工业资源、政府实验室和军工生产厂的力量,研究先进AM技术。至今,已有25家以上企业在进行TEAM项目的技术研究活动。其主要研究内容包括:集成的产品设计工具、先进的仿真与建模能力、制造计划及控制、智能闭环过程控制、制造及经营系统集成工具等5个方面。

美国国防部发起组建了一个开发集团——国家工业信息基础结构协议,主要研究虚拟组织所用的系列计算机协议,提供软件结构、工具及机制。由美国空军资助组建的莱特实验室,从事虚拟制造技术开发,主要研究虚拟制造的混合系统理论及完全现实虚拟制造的技术。

1993年,美国ARPA和NSF又投资1500万美元支持AM实验项目,有选择性地资助了3个大学的先进制造技术研究所(advanced manufacturing research institute,简称AMRI),即纽约州的伦斯勒理工学院的电子AMRI、依利诺大学的机床AMRI和得克萨斯大学的自动化机器人AMRI,支持他们进行AM方面的活动。三个研究所分别研究电子工业、机床工业、航天工业中的AM问题。

从1994年开始,由AMEF牵头开展了“最佳敏捷实践参考基础”研究,有近百家公司和大学研究机构分别就AM的6个领域(集成产品与过程开发/并行工程、人员问题、动态联盟(虚拟企业)、信息与控制、过程与设备、法律问题等)进行了研究与实践相结合的深入工作。

另外,由美国里海大学亚柯卡研究所主办,每年一期的《敏捷制造企业论坛》,主要刊登AM的理论研究以及参考模型等方面的论文。

日本于1990年和1995年实施的IMS计划,分别投资了10亿美元和40亿美元。韩国于1991年8月实施的G7计划投资了5.95亿美元。1995年正式实施的13个智能制造系统(IMS),计划中有两个项目与AM有关,一个是自治和分布制造系统,另一个是生物制造系统(较为长期的自治和分布制造系统)。

德国、英国和法国也都参加了一项主题为“未来的工厂”的尤里卡项目,为实施AM进行基础性研究工作。德国对未来制造业开展了一些工作,例如:21世纪制造业战略等。我国于1996年开始AM研究。

10.3.5　敏捷制造的发展前景

AM的研究刚兴起不久,完整的理论体系尚未形成,其实施方法、手段和途径仍有待进一步探索。在实施 AM 过程中,尚有许多问题有待解决。

为此,美国等国政府对 AM 的开发及应用给予了高度重视,资助许多研究机构开发实现 AM 的参考模型和支持工具,并鼓励在不同行业进行示范应用,以期在边研究、边应用的过程中积累经验,完善 AM 工具产品,为更多行业、企业的 AM 应用打下基础。

在开发实现 AM 的参考模型及支持工具方面,第一,要建立并完善敏捷化工程模型;第二,进一步加强经营决策工具和实验性实施设计策略开发工作;第三,探索企业敏捷因素的评价准则和分析技术将受到广泛的重视。第四,进一步开发支持实施 AM 的各种技术和工具。

在典型行业应用示范方面,由于现有的大批量生产模式与变批量、多品种生产模式之间存在很大的差距,以及现有的生产过程又不具备足够的柔性等限制因素的存在,所以 AM 示范项目仍有待于探索和改进。

企业一方面需要充分利用现有的制造能力和技术经验有效地改进生产过程配置,另一方面需要建立企业信息网,完善各种数据库系统,同时开发先进的并行基础结构,提供同工作中人员、工具及产品实现环境的三维集成,以促进企业集成的实现,这样才能尽快完成从当前生产方式向 AM 生产方式的转变。

由于 AM 具有资源、技术等集成优势,为此美国 AM 协会的专家认为,受资源限制的中小企业将成为应用 AM 的重要力量。今后,敏捷的概念、内涵及实践都将得到更深入地研究和发展,以便更好地将 AM 应用于中小企业。

由于产品市场总的发展趋势是从当今的标准化和大批量到未来的多元化和个体化,所以与产品发展多元化、个体化相应的是未来产品的利润和成本结构也将发生变化。在大批量生产占据主要地位的今天,决定产品成本及利润的主要因素是制造过程中的多种消耗,而 AM 的倡导者则认为,决定产品成本、利润和竞争能力的主要因素是开发、生产该产品所需的知识的价值。正是基于这一出发点,动态联盟(虚拟企业)成为一种越来越受到重视的新的组织结构。它使企业能够在不增加厂房、设备和人员投资的情况下,与动态联盟的其他成员共享各种知识、技能、信息和资源,迅速获得广大范围的资源、技术及人员的最优配置,有效地扩充生产能力。这样就使企业有可能生产出技术含量超出其生产能力的产品,从而形成超出自身的竞争优势。

从 AM 的发展与应用情况来看,它是工业企业适应经济全球化和先进制造技术及其相关技术发展的必然产物,已有非常深厚的实践基础和基本雏形。AM 的基本思想和方法可以应用于绝大多数类型的行业和企业,并以制造加工业最为典型。AM 的应用将在世界范围内(尤其是发达国家)逐步实施。由于 AM 中的诸多支柱(例如:计算机集成制造系统、并行工程等)和保障条件(例如:CAD/CAM 等)将随着大多数企业自身发展和改造逐步得以推进和实施,可以说,AM 的实施在硬件上并非另起一套,而是在理念上和企业系统集成上更上一层,其实施和推进将与已有的 CAD/CAM 改造、并行工程甚至 CIMS 逐步融为一体。因而,其可行性是显而易见的。可以预见,随着 AM 的研究和实践的不断深入,其应用前景十分广阔。

10.4 生产管理发展展望

21 世纪,随着信息技术、网络技术的飞速发展和经济的全球化,市场竞争将更趋激烈。企业为了生存和发展,不得不在生产技术、组织形式和管理方式方法方面进行创新和变革。另外,随着知识经济时代的到来,人们认识到工业经济时代对自然资源的过度消耗和对环境的污染破坏,已经对社会经济的进一步发展和人类的生存构成严重威胁,在此背景下,制造业今后将如何发展,生产管理应采取何种方式,是一个亟待解决的问题。

10.4.1　新时期制造业面临的环境特点

10.4.1.1　需求个性化的发展趋势

20世纪70年代以后，随着经济的发展，在全球范围内卖方市场逐渐转化为买方市场，顾客成为市场的主宰。在社会消费水平不断提高，消费观念不断更新的同时，市场需求不仅日趋多样化，而且顾客需求的个性化趋势越来越强烈。在激烈的市场竞争中，企业既要为不同的顾客定制符合他们需求的个性化产品，又要努力降低成本，以便能用较低的价格去赢得竞争优势。传统的定制生产通常比大规模批量生产的成本要高得多。定制生产和高效率、低成本是矛盾的。在生产中如何解决这对矛盾，理想的方式是创建一种把大规模生产和单件定制结合起来的新的生产方式。

早在1987年，美国的戴维斯(Davis Stanley)就提出了大规模定制生产的概念，但是受当时条件的限制，那时还不可能实现这种生产。随着信息技术、制造技术和管理理念和方法的飞速发展，今天大规模定制生产不仅成为可能，而且已成为制造业发展的一个重要方向。

10.4.1.2　经济全球化的影响

由于信息技术和网络技术的飞速发展，20世纪90年代以来世界各国经济在生产、分配、消费等环节上逐步趋向全球化。经济全球化促进了全世界范围内的经济融合，使国与国之间的经济关系逐步互相渗透，广泛合作，彼此之间的依存关系日益加深。

生产活动全球化使国际分工从传统的以自然资源为基础的分工，逐步发展为以现代工艺、技术为基础的分工；从产业部门间的分工，发展为各个产业部门内部的分工。这种分工包括产品型号的分工、产品零部件的分工和产品工艺流程的分工。这种分工不但是跨行业、跨部门的，而且是跨国界的，这样就形成了世界性的生产网络，每个参与国都是世界生产网络中的一环，生产全球化有利于实现世界资源的优化配置。

在全球化经济环境中，网络化制造成为制造业发展的重要方向。企业必须广泛地联结顾客、供应商、分销商和其他的合作伙伴，并使自己成为全球经济运行网络中的一个节点。现代企业应该大力发展自己的核心能力，以便在国际分工中发挥自己独特的竞争优势，只有开展基于核心能力的生产经营，企业才能在全球经济中找到广阔的发展空间。

10.4.1.3　知识经济时代的到来

知识经济最早是联合国研究机构于1990年提出的。1996年国际经济合作发展组织(OECD)在一份《以知识为基础的经济》的报告中，首次对知识经济下了一个定义，并指出一个区别于农业经济、工业经济的新的经济形态正在兴起，即一个“以知识为基础的经济”(简称知识经济)的时代已经来临。以知识的生产、传播和使用为基础的新的经济，将对人们的价值观念、社会的资源配置、分配方式、经济结构等产生深远的影响。

知识经济与农业经济、工业经济有很大的不同，它有自己的许多特征。

A　知识经济是一种信息化经济

知识经济是信息技术、网络技术高度发展的产物，是信息社会的经济形态。信息和知识成为重要的资源和财富，信息产业成为国民经济的主要经济部门。随着互联网的飞速发展和电脑的广泛应用，知识和信息的获取、处理、传播、存储和利用都大为方便，网络化制造和电子商务成为生产领域和流通领域中的重要发展方向，社会经济的发展日益与信息技术、网络技术的发展分不开了。

B　知识经济是一种以智力支撑的创新型经济

在知识经济社会，创新是经济增长的主要动力。一个企业竞争力的强弱，取决于该企业创新能力的强弱。一个缺乏创新能力的企业,在技术和产品的生命周期日益缩短的知识经济社会里是难以生存的。这里所说的创新能力,包括技术创新、产品创新、制度创新、组织创新和管理创新等,并能将这些创新互相结合,形成一种全面的创新能力。在传统的经济发展中,大量资本、设备、工具等有形资产的投入起决定性作用,而在知识经济社会,则是信息、知识等无形资产的投入起决定性作用。

创新能力主要依赖于人的智力。企业要想取得和保持竞争优势,必须重视智力资源的充分开发和有效利用,并要建立起一种持续的创新机制。所以现代企业强调人才的作用,重视对员工的教育和培训,通过物质鼓励和精神激励来调动广大员工的积极性和创造性,还要在组织中创造一种团结合作、拼搏进取、和谐愉快的工作氛围,形成一种良好的企业文化。

10.4.1.4 可持续发展战略的提出

工业经济社会在二百年中创造了巨大的、丰富的物质财富,大大推进了人类社会的经济繁荣和物质文明,但是工业经济在发展中不考虑或极少考虑环境问题和生态效益。由于对自然资源的过量消耗,使有些稀缺资源几乎消耗殆尽,另外,在经济发展的同时,严重污染了自然环境,破坏了自然界的生态平衡,从而危及人类的长期生存。可持续发展战略的提出,反映人们已经认识到人类赖以生存的地球只有一个,对自然资源的掠夺性开采和对环境的污染与破坏,最终将危及人类自身的生存安全。知识经济的发展是以可持续发展战略为宗旨的,所以它对现有的制造业、农业、建筑业,运输业以及能源工业等必然要求进行彻底的改革。它要求用清洁的可再生能源取代现行的石油和煤炭;要求研究开发性能更好可循环使用的新材料,尽量减少废弃物,实现封闭的工业生态循环;要消除和严格控制环境污染。

总之,企业所处的新的社会环境和市场环境,与工业经济时期相比,发生了巨大的变化。知识经济作为一种新的经济形态,是以知识的生产和人的智力的充分发挥为支撑,以信息化和网络化为手段,通过企业持续、全面的创新,最科学、合理地利用资源,促进经济快速增长,使人类社会和自然环境和谐统一,实现可持续发展。今后企业必须能适应以上新时期环境发展的要求,才能很好地生存和发展。

下面结合企业所处的环境特点,对生产管理的未来发展做一些探讨。

10.4.2 大规模定制生产

采取定制生产方式是为了满足客户的个性化需求,但是任何的个性化需求并不会要求在产品和服务的所有方面都是独特的,都与其他顾客的需求完全不同,而只是在其中的某些方面、某些环节上有独特的要求,所以定制生产才有和大批量生产结合的可能。实施大规模定制生产首先要弄清楚顾客的实质性需求是什么,然后对产品设计、加工制造、装配、供应和售后服务等整个生产销售过程的各个环节进行规划研究,以便确定在哪些阶段和环节上应采取措施进行定制生产,以满足顾客的个性化需求,而在其他的环节上则仍采用批量生产方式,以求获得较低的生产成本。下面就来讨论大规模定制生产可采取哪些形式,既能保证很好地满足顾客的个性化需求,又能维持较低的成本水平。

10.4.2.1 大规模定制生产与产品模块化

产品模块化是取得低成本定制生产的有效途径。模块化设计是将产品的部件设计成许多产品都可共用的通用部件,最终产品的特色是通过这些通用部件的不同配置和适量修改得到的。由于这些通用部件可以采用批量生产方式,从而使其制造成本也能达到批量生产的成本水平。

模块化设计是大规模定制生产的重要组成部分,可划分成部件共享型(component sharing)、部件交换型(component swapping modularity)、部件加工型(cut-to-fit modularity)、混合型模块化(mix modularity)、总线型模块化(bus modularity)、组合型模块化(sectional modularity)等多种类型。

在上述类型中前两种要对部件进行重新设计或修改设计,而后四种采取选用通用部件,并不对部件进行修改。以上每一种类型的模块化都可提供不同程度的定制化产品。例如,美国通用电气公司(General Electric)重新设计了其断路开关箱,用1275个通用零部件代替原来的28000个专用零件,可以获得约40000种不同的配置,从而能更好地满足不同用户的各种个性化需求。又如,眼镜架和镜片的毛坯都是集中在工厂进行批量生产,而镜片最后的几何形状,则是在销售现场根据顾客的个性化需求定制的。

所谓的"混合型模块化"是指采用不同的配方将不同的材料混合在一起制成不同的产品。例如,根据不同的土壤类型、地区气候、光照强度等不同条件,定制适合于该地区的化肥配方。同样,农药的配方也可以根据不同地区不同的虫害情况进行定制。

"总线型模块化"中的总线是一个计算机用语,总线往往具有标准的接口或标准的结构,通过在相同的总线上插入不同的部件而形成不同的产品。通常在服务行业中其基础设施就是总线,当将不同的服务内容插入总线,就可以开展个性化的定制服务。

"组合型模块化"的思路来自于积木玩具,即将每一个部件都设计成具有标准接口的形式,使每一部件与其他部件都可以以标准接口进行连接,从而允许各种部件按任意方式进行配置。由于产品本身的结构是可以变化的,所以可以方便地提供多样化的定制产品。

10.4.2.2 大规模定制生产的基本形式

大规模定制生产是通过让顾客参与到产品的设计、制造、装配和销售服务的过程中来,以实现顾客的个性化需求。产品模块化是为了产生通用部件,以便进行批量生产,取得重复性批量生产的成本和质量。大规模定制生产要把产品模块化和顾客的参与结合起来,顾客参与得越早,产品的定制化程度越高,不同类型的顾客参与和不同类型的模块化就形成大规模定制生产的多种形式。

A 顾客的参与在产品设计阶段

企业对每一类产品都有个模块化的基础设计方案,顾客根据产品的用途,对产品的功能和结构可提出自己的要求。企业对已有的设计好的可用的部件进行选择配置,并重新设计和修改其中的某些部件,来满足顾客的个性化需求。企业对新设计的部件和被修改的部件要单独进行加工制造。企业加工不了的,则要采取外包和外协。例如,工业汽轮机一般是按模块化设计的系列化产品,其机座、支架、机罩等部件都是经过模块化设计的通用部件,而叶轮叶片的形状和尺寸,必须根据蒸汽的温度、压力、背压等汽轮机的具体使用条件进行专门的设计和制造。

B 顾客的参与在产品制造阶段

顾客对设计和制造好的模块化的产品部件和毛坯,提出自己对材质、型号规格的要求。企业根据顾客的要求,选用和加工所需的部件和零件,制成满足顾客个性化要求的产品。对其中的有些零部件也可采取外包和外协。例如,眼镜的配置,企业准备了各种材质和形状、规格的镜片和镜架,顾客来购买时,再根据顾客的验光数据和所选的镜架对镜片进行加工。

C 顾客的参与在产品装配阶段

企业设计制造好了模块化的各种产品部件和零件,顾客从企业提供的零部件清单中选择自己需要的零部件,企业按顾客的要求装配出所需的产品。例如,选购个人电脑,不同的顾客可以选择不同的配置,企业按顾客要求进行装配,就可得到顾客所需的个性化产品。现在汽车制造厂生产的小轿车也都是按顾客的定单进行装配的。

D 顾客的参与在销售服务阶段

人们到商场去购买裤子，只要选定合适的裤腰尺寸，而裤子的长度，有专设的服务点，在现场测量你的身高后，再确定裤长和进行锁边。把确定裤长和锁边的工序后移到销售阶段后，服装制造厂就不必生产许许多多规格的裤子，大大提高了同一规格裤子的生产批量。同时由于减少了品种规格，也可大大降低裤子的商品库存。由于一种新的、方便的速热印花技术的出现，现在生产T恤衫的厂家可以大批量地生产T恤衫的坯衣，而满足顾客个性化需求的T恤衫上的图案，可以在销售现场由顾客自己挑选后在现场印制。

从以上情况可知，顾客参与定制生产的阶段越早，产品的定制化程度越高，其制造成本也会相应较高。反之，顾客参与的阶段越晚，则通用零部件越多，定制化的程度越低，其制造成本也相应越低。

10.4.2.3 实施大规模定制生产的规划和组织

企业为了有效地实施大规模定制生产需要在三个方面做好准备工作。

A 做好产品的模块化设计和优化产品系列

针对一类产品在进行产品结构的模块化的同时，开展产品的系列化设计。同一个产品族在型号规格上要制定合理的型谱，尽量减少不必要的多样性，优化产品系列，并要使同一系列产品的零部件具有广泛的通用性。

B 全面规划，重组企业的生产经营流程

在10.4.2.2节中谈到大规模定制生产可以采取不同的形式，因此企业要实施大规模定制生产，就要根据产品、工艺和顾客个性化需求的特点很好地进行规划：产品模块化应采用何种形式，顾客宜在何阶段参与定制化过程，只有使两者正确的结合才能取得良好的效果。通过正确规划，企业需要改组原有的生产经营流程，以便把实现顾客个性化需求的环节尽量后移，从而使前面的生产经营环节可以按批量生产方式运作，降低产品的定制化程度。对于顾客对个性化需求高的产品（例如：科研用的专用仪器设备），顾客必须在产品设计的开始阶段就参与进来，企业的措施是尽量多采用标准的通用零部件。对于元器件标准化程度高的产品（例如：个人电脑等），则可以让顾客在产品装配阶段才参与，企业可以实施按订单装配。例如：前面谈到的T恤衫上图案的印制，延迟到在销售的现场进行，这样既满足了顾客的个性化需求，又可以最大限度地降低制造成本和减少库存积压。延迟产品差别化的大规模定制策略在需求变化迅速，顾客的个性化需求十分强烈的服装行业得到了广泛的应用。

C 革新企业的组织机构

传统企业的管理机构通常采用金字塔形的层级式组织。在这种组织形式下管理部门是按职能进行分工，通过详尽的规章制度，给每个岗位都规定了明确的职责，分工十分精确，整个机构按等级分配权力，一级管一级进行递阶控制，形成统一的指挥链，控制十分严密。这种组织形式在市场稳定，企业的业务流程也是规范和稳定的条件下，能保证指挥上的统一和很高的工作效率。但是在市场瞬息万变，产品生命周期日益缩短的今天，这种组织形式就不适应了。动态变化的市场信息，由基层一级级地向上传递，经高层研究决策后再层层下达，当层级较多时，这一传递过程往往耽误很多时间，容易使企业错失商机。另外，信息传递经历的部门越多，信息失真的现象会越严重，如果领导得到的是不真实的信息，就容易导致决策失误。目前不少大型企业出现的机构臃肿、对外界的反应迟钝的大企业病都是与其金字塔形的层级式组织分不开的。

要实施大规模定制生产，必须提高企业对市场变化的反应速度和应变能力。为此企业要减少管理机构的层次，使管理组织扁平化。同时，在基层应建立含多种专业的综合性的团队组织，并向基层团队适当放权，使基层团队在工作时，可以根据不断变化的实际情况，在其授权范围内进行自主决策。这样既可以使企业领导摆脱许多日常的事务性工作,能有更多的精力去规划企业的明天,研究制定企业的发展战略,又可以很好地调动基层员工的工作积极性和创造性,提高企业对市场变化的反应速度和应变能力。

为了提高企业的应变能力,不仅要充分利用企业内部的各种资源,还应通过外包、协作广泛地利用社会上的各种资源。贯彻互利原则,只要能实现"双赢",企业应该和外部的各种力量进行合作,包括自己的竞争对手。企业今后发展的重要方向是:为抓住市场机遇,而积极组织"动态联盟",实现优势互补,以更快更好地满足顾客的需求。

10.4.2.4 大规模定制生产的技术支撑体系

市场经济的本质是竞争,企业要想在激烈的市场竞争中赢得并保持竞争优势,就必须依托现代管理思想和先进的管理手段,针对市场需求,有效地对企业的内部资源和外部资源进行整合。现代先进的信息技术、网络技术和制造技术是实现大规模定制生产的有力手段。

A 方便顾客直接参与

企业利用信息技术、网络技术和各种管理软件(例如:CRM 系统)可以与顾客建立直接的和更为密切的联系,方便顾客与企业沟通,有利于顾客参与到企业大规模定制生产的各个阶段中来。例如,当顾客把他的脚放在某种特制的扫描仪或摄像机前时,就可以很快获得该顾客脚的形状、大小和所有的三维尺寸,再将这些数据迅速传送到制造厂的生产部门,从而使按顾客的要求定制合脚的鞋成为轻而易举的事。现代服装行业应用虚拟现实技术可以模拟出设计的服装穿在顾客身上的效果,所以在服装设计时请顾客参与,顾客根据电脑中试穿的情况,对设计提出修改意见和建议,直到把各部分形状、尺寸调整到自己满意为止,这就使服装的定制生产达到了一种新的水平。通过 CRM 系统,企业可以及时了解顾客的各种需求,据此建立用户档案积累所需的资料,通过这些资料可以帮助企业掌握每个顾客的需求特点,以便能开展有针对性的产品设计和销售服务活动。

B 顾客信息的挖掘与分析

在竞争激烈的买方市场中,任何与消费者行为相关的信息对商家来说都是非常宝贵的。但是企业的麻烦在于:面对空前丰富的数据资源不知如何应用。数据挖掘是近年随着数据库技术和人工智能技术的发展而出现的一种新技术。它反复使用多种数据挖掘算法,对被观察数据进行分析、归纳、推理,从中挖掘出有用的信息,帮助企业预测顾客的行为,调整市场策略,做出正确的决策。例如,到企业站点的所有访问者都会留下浏览的信息,这些信息自动地存储在 WEB 服务器的日志文件里,挖掘工具通过分析和处理 WEB 服务日志文件生成有价值的信息(例如:有多少人访问了该页面,哪些页面、哪些商品最受欢迎等),从这些数据中可以了解和推测到顾客的爱好、价值取向,不同类型顾客的需求特点等,从而为制定企业的营销策略提供依据。开展大规模定制生产的基本点就是:切实掌握不同顾客在需求上的差异性,以便通过定制生产来满足他们的个性化需求,从而赢得更多的顾客,获取更大的市场份额。

C 高效的现代制造技术与对市场的快速响应

采用各种先进的加工方法和建立柔性化的生产系统,使现在的定制生产能够达到较高的生产率,而且比传统的单件生产有低得多的制造成本。例如,传统的单件定制生产通常都是采用普通的万能机床,在工件形状复杂或精度要求很高的情况下,不采用专门的工艺装备就无法保证所要的形状和精度。现在采用数控机床或加工中心,一般不需要工艺装备就能加工形状复杂的工件,而且能达到很高的精度。众所周知,设计、制造专用工艺装备不仅费用高,而且费时多,是很难做到对市场的快速响应的。

D 广泛的沟通与协作

前面谈到要实施大规模定制生产，需要改进企业的组织结构。这不仅要求企业内部各部门之间加强沟通和协调，而且为了广泛利用外部的社会资源，还需要企业和供应商、分销商、零售商、顾客保持紧密联系，以加强供应链内部的沟通和管理，还要和众多的合作伙伴建立动态联盟，这些都离不开现代信息技术、网络技术和各种应用软件的支撑。所以基于 Internet、Intranet 和大型数据库技术的 ERP、CRM 等是实施大规模定制生产的不可缺少的技术支撑。

10.4.3 网络化制造与服务

随着经济全球化的进展，制造业和服务业都已打破地区的局限性，使自己的市场、服务对象、原材料供应基地、合作伙伴遍布世界各地。20 世纪 90 年代以来，网络技术、数据库技术、软件技术等 IT 技术的飞速发展，为这一发展趋势提供了有力的技术支撑。目前，网络化制造和网络化服务已成为制造业和服务业发展的重要方向。

10.4.3.1 网络化制造的概念

网络化制造（这里的“制造”是指包含企业全部生产经营活动的大制造）是按照敏捷制造思想，采用 Internet 技术，建立优势互补、灵活运作的动态联盟，有效地实现设计开发、生产加工、销售服务等环节的重组，从而大大提高企业的市场快速响应能力和竞争能力。由于网络化制造可以通过计算机网络，实现对全球制造资源的快速调集与利用；通过异地并行设计和虚拟制造方法，可以跨越时空快速地设计制造出所需产品，响应市场需求；通过动态企业联盟的组织形式，进行制造企业的快速动态重组，实现优势互补，充分发挥社会存量资产的作用，所以网络化制造能够以较低的成本，很快的响应速度，制造出符合市场需求的高质量产品。这种利用因特网技术实现跨企业、跨地区的协作模式是新世纪制造业发展的重要趋势。

10.4.3.2 网络化制造的应用形式

搭建了网络化制造系统的集成平台之后，在其上可以开展多种形式的应用：

(1) 企业协作平台。通过因特网把各方企业与平台连接，企业可以方便地发布自身的各种信息（包括产品信息、加工能力等），也可以查询其他企业的各种信息，寻求合作伙伴。平台将为企业间的协作活动提供方便的沟通渠道。

(2) 产品协同设计。异地企业产品图纸和工程技术资料的网上传送和在线浏览；产品的网上协同设计；设计任务的进度监控和信息管理等。

(3) 网络化产品销售和售后服务。建立网上产品展示系统；开展顾客化产品的定制工作；订单管理；网上支付；为顾客提供咨询服务和技术服务等。

(4) ASP(Application Service Provider)服务和软件资源的共享系统。ASP 应用服务供应商将应用软件及相关硬件通过网络平台远程租赁给客户企业，利用集中管理的设施为客户企业提供所需的各种服务。ASP 可以提供 ERP 系统、CRM 系统、供应链管理、项目管理、分销计划优化等应用软件及其相应的服务。客户企业无需购买软件和硬件，只需缴纳 ASP 提供的软件与硬件的租金以及专项的服务费用（包括平台费用和集成在平台上的应用软件和工具的使用费用）。

(5) 利用网络化制造平台组织供应链，进行供应链管理。

10.4.3.3 网络化制造涉及的组织管理问题和关键技术

网络化制造涉及的组织管理问题和关键技术，大致可以归纳为四个方面：总体方面、应用实施方面、基础技术方面和集成平台技术方面。

A 总体方面

总体方面涉及网络化制造系统的运行模式；网络化制造系统的体系结构；网络化制造系统的

构建和组织实施方法；网络化制造系统的运行管理技术等。

B　应用实施方面

应用实施方面涉及企业间/区域间资源的优化配置方法；企业动态联盟的组织与管理；企业协同管理技术；并行工程的组织与管理；应用系统的集成与接口技术等。

C　网络化制造涉及的基础技术

网络化制造涉及的基础技术包括网络化制造系统的协议、规范和标准；网络安全技术；面向网络化制造的设计制造资源库、知识库的开发技术；企业建模及过程管理技术；虚拟制造技术，快速成形制造技术等。

网络化制造系统是一个运行在分布环境下的异构系统，它包含多种企业实体、多种运行模式，还包含企业生产经营的所有功能。这些分布式的系统之间根据协作的要求，能够快速灵活地进行重构。由于组成企业间协同系统的各个企业都是独立的法人，所以在协同系统中，它们仍要保持独立性。这些要求反映在制造网络集成平台的功能上，集成平台应该具有可重构、支持企业间协作、支持多种运行模式和保持协作企业个体的独立自治等特性。

D　制造网络集成平台涉及的技术

制造网络集成平台涉及的技术包含：EAI 技术、ASP 服务平台技术、分布式应用集成技术、多代理系统技术、电子商务和 EDI 技术等。

10.4.3.4　网络化制造系统的模式和发展策略

网络化制造系统常见的有 3 种模式：

A　基于龙头企业的网络化制造

这种模式以龙头企业（产品研制开发能力强，市场控制能力强，在行业中处于领先地位）为盟主，组织动态联盟，形成面向某类产品（或行业）的产业链。依靠这类龙头企业构建制造网络集成平台，一方面发挥龙头企业自身资金、人才、技术和品牌的优势；另一方面，通过动态联盟，发挥联盟中盟员企业各自的专长，充分利用全球制造资源，真正实现敏捷化制造，从而确立并保持其在市场上的竞争优势。

B　基于 ASP 的网络化制造

当一个地区（或行业）内拥有一批各具专长的中小企业，但尚缺少具有人才、技术和品牌优势的龙头企业，此时可以发展基于 ASP 的网络化制造系统，为本行业（本地区）内的广大中小企业提供进行资源整合的各种服务，实现优势互补，从而可以形成具有整体优势的供应链、产业链。这样的产业链通过市场竞争的磨炼，其中某些骨干企业会成长为具有一定优势的龙头企业，从而可带动本行业（本地区）的发展。

C　形成互联的网络化制造系统

在实际的市场环境中，各个基于龙头企业的网络化制造系统和基于 ASP 的网络化制造系统之间并非彼此隔离、互不沟通的，各个网络化制造系统的成员企业之间实际上存在纵横交错的供需关系。它们通过互联网进行着多种形式的沟通与协作。所以在网络经济环境下，客观上还存在着由多个网络化制造系统相互联结构成的庞大的互联系统。

为其他企业提供一般零部件、粗加工产品和基础制造资源的，在供应链中处于弱势地位的中小企业通过网络化制造系统，与供应链中其他企业进行协作，可以被带动和提高。在这一过程中如果注意发展自己的核心能力，这些企业逐渐也能成为产业链中的骨干企业。

由上可知，网络化制造不仅有利于社会资源的优化配置，充分利用全球范围内的各种制造资源，而且可以带动许多弱势企业提高技术水平和管理水平，从而使整个社会的生产力水平得到提高。

10.4.4 可持续发展和绿色制造

自20世纪中叶以来，世界经济以前所未有的高速度持续发展。但是由于忽视了环境保护问题，结果造成诸如全球气候变暖、臭氧层遭破坏、水源受污染、大气受污染和频降酸雨等灾难性的后果。另外，还存在着能源和稀缺资源的大量消耗、工业废弃物的迅猛增加的状况。显然，环境问题已经成为威胁人类生存的严重问题。据有关资料统计，造成环境污染的排放物有70%以上来自制造业（每年约产生55亿t无害废物和7亿t有害废物）。废弃物的堆放和处理，已经成为各个城市的棘手问题。我国的环境污染问题十分严峻，我国以煤为主的能源结构导致大气污染严重，目前工业污水处理率仅68%，生活污水处理率不到10%，固体废弃物和生活垃圾得到有效处理的仅占整体的30%左右。

要想彻底解决环境污染问题，必须从根本上实现对环境的保护，从源头上进行治理。具体到制造业，就是要求制造业考虑产品整个生命周期对环境产生的影响，最经济合理地利用原材料、能源，对有害废弃物和固态、液态、气态排放物进行无害化处理，改进制造工艺，控制制造过程对环境的污染等。

1992年在巴西里约热内卢召开的联合国环境与发展大会上，对人类环境与发展问题进行了全球性规划，提出"可持续发展"的战略思想。这一战略思想很快得到世界各国政府的认同，环境保护已成为新世纪各国政府议事日程中的重要内容。我国政府1992年制定了《中国环境与发展十大对策》，1994年又提出《中国21世纪议程》，1996年第八届全国人大第四次会议审议通过了《关于国民经济和社会发展"九五"计划和2010年远景目标纲要》，其中明确规定把"科教兴国"和"可持续发展"作为两项基本国策，并积极实施"绿色计划"中提出的一系列环境保护措施。1997年12月，由160个国家在日本京都召开的联合国气候变化框架公约第三次缔约方大会上通过了《京都议定书》。该议定书规定，在2008～2012年期间，发达国家的温室气体排放量要在1990年的基础上平均削减5.2%，其中美国削减7%，欧盟削减8%，日本削减6%。

10.4.4.1 绿色制造

对生态环境日益恶化产生的危机感、越来越严厉的法律法规的制约以及消费者对绿色产品的强烈要求，未来的制造业必须是环保型的，其产品应该是绿色产品，所以发展绿色制造就成为制造业的唯一出路。

绿色制造是综合考虑环境保护和资源消耗的一种新的制造模式。绿色制造不仅仅要考虑最终产品，而且要考虑产品的整个生命周期（包括产品的研制开发、加工制造、使用维修和最后的报废处置）对环境造成的各种影响，以及各个阶段对环境造成的影响。

绿色制造的理论依据是社会生态学，社会生态学的研究对象是人与自然所组成的社会生态系统，它的研究目的是为了实现人类社会的可持续发展。社会生态学认为经济系统不能脱离其环境而存在。人类社会所处的环境包含两个方面，其一是物理环境，其二是生物环境。自然界的生物种群在其长期的发展和进化过程中，利用和参与了自然界的物流运动，并逐渐形成完整的循环系统，所以能够长期稳定地发展，但工业的发展破坏了这种循环。人类社会要想保持长期稳定的发展，其使用资源的理想方式就应借鉴生物生态系统的循环模式，使整个物流系统也成为一个较完整的循环系统。

发展绿色制造涉及一系列生态技术的实施应用，下面介绍几种主要的生态技术，但应看到这一领域有许多技术目前尚不成熟，有待认真研究和大力开发。

A 生态产品设计

产品在生产过程和消费过程中往往产生消耗性污染，应采取废弃物回收利用的产品设计，或采用能够防止产生各种废弃物的原材料，以及采取使产品与服务非物质化（例如：通讯技术的发展，大幅度减少了纸张的使用）等方法。

B　合理利用能源的生态技术

以煤炭、石油等矿物燃料为主的能源结构，由于大量排放二氧化碳，引起产生温室效应、酸雨等环境问题，所以必须改进其燃烧工艺以降低二氧化碳排放量；同时可采用非矿物燃料取代矿物燃料，例如：尽量使用太阳能、地热、风能、潮汐能、核能等。

C　闭路循环生态工艺

这是指让进入某一系统的物质和能量在各企业之间循环运行使用，即一个企业的废弃物成为另一企业的资源来源，实现资源的多级利用和综合利用，甚至循环使用，以达到零污染排放。

D　废弃物净化处理技术

废弃物净化处理技术是把对废弃物的净化处理，变成一个资源回收过程。通过增加新工艺，将可利用的废弃物回收，使之成为新的资源；或建立以废弃物为原料的新的产业，实现资源的多级利用。

E　环境监测技术

开展绿色制造需要对大气、水源、土壤、气象、工业三废和噪声等环境要素进行有效的监测，以便为评价绿色制造、监控绿色制造的实施、反馈环境状态等提供准确的信息。

10.4.4.2　贯彻可持续发展战略的企业经营管理

企业贯彻可持续发展战略，实施绿色制造，生产绿色产品。不仅要在制造阶段控制生产过程不向外界排放废弃物污染环境，而且要在产品的整个生命周期（包括产品的研发设计、加工制造、销售运输、使用维修和报废处理、再生利用等）各个阶段都贯彻绿色制造的要求，做到能源消耗低，资源利用率高，生态环境损害小。

A　绿色设计

绿色设计也称生态设计、环境设计，它从可持续发展的高度审视产品的全生命周期，强调在研发阶段进行系统分析和评价，以消除潜在的对环境可能产生的各种不利因素，在保证产品应有的功能、质量和使用寿命的同时，还要着重考虑产品的可拆卸性、可维护性、可回收性和可重复利用性等产品的环境属性。

a　绿色设计的主要特点

(1) 拓展了产品生命周期，把产品的生命周期延伸到了产品使用结束后的废弃物处置和回收重用。

(2) 绿色设计应在闭环并行设计的环境下实施，因为它要求对产品生命周期的各个阶段并行考虑，并及时反馈发现的问题。绿色设计要采用协同设计团队的组织形式，因为绿色设计涉及的问题很复杂，需要由多学科、多专业的人员组成综合性设计团队来协同解决。团队成员可以在异地通过网络系统并行交叉地参与设计工作。

应该将有关产品生命周期全过程中的各类信息集中在一起，统一进行管理。还应将产品开发过程中涉及的多学科知识及有关的技术和设计方法进行集中，组成集成的知识库和工具方法库，这样才有利于开展并行设计。

(3) 绿色设计的最主要的特点是着眼于维护生态平衡，并通过设计，从源头上解决产品的环境保护问题。

b　绿色设计的种类

随着绿色设计的开展，出现了一些专题性的绿色设计。

(1) 面向可维护性的设计（design for maintenance，简称 DFM）。提高产品的可维护性，可以延长产品的生命周期，从而提高资源的利用率。为此，在产品设计阶段需考虑产品拆卸的方便性，尤其是易损件的拆卸和更换的方便性。

(2) 面向节能的设计(design for energy saving，简称 DFES)。降低产品在制造和使用过程中能源的消耗是绿色设计的基本要求之一。

(3) 面向可回收的设计(design for recycling，简称 DFR)。产品的可回收性是实现资源循环重复利用的重要条件，必须在产品设计开发阶段就做好产品的可回收性的总体规划。

(4) 面向可拆卸的设计(design for disassembly，简称 DFD)。只有在产品设计阶段就考虑报废后的拆卸问题，才能实现高效的回收。拆卸分为破坏性拆卸和非破坏性拆卸两类。在拆卸时应保证不造成目标零部件损坏，在考虑可拆卸时要预计拆卸的成本。

B 绿色工艺

绿色工艺是绿色制造的重要组成部分，它是指在实现工艺要求的同时，又能消除对环境产生的不良影响，即既要保证高的生产效率和必需的加工精度，又要降低原材料和能源的消耗，控制和消除生产过程中产生的有害废弃物，还要改善劳动条件，建立安全、清洁的工作环境。

实践证明，同样的加工对象和制造资源条件，采用不同的工艺方案，在材料能源消耗和对环境的影响方面会有较大的差异，所以要精心设计和选择最佳的工艺方案。实施绿色工艺不仅要采用先进的生产技术，而且要重视运用科学的管理制度和管理方法。

C 绿色包装

在各种废弃物中包装材料常占很大比重。据报道，美国的城市固体废弃物中产品的包装物约占 1/3。这些废弃的包装材料给环境造成极大的负担。尤其是一些塑料制品和复合化工产品，很多是难以回收和再利用的，有的降解周期长达百年以上，给环境造成严重危害。

实施绿色包装，可以从以下几方面入手：

a 选用绿色包装材料

选用绿色包装材料指尽量选用无毒、无害、可回收、易降解的材料作产品包装。

b 采用绿色包装技术

采用绿色包装技术指从环保角度，优化产品包装方案。目前对这方面的研究很多，大致可以归纳为三个方面：包装材料、包装结构和包装废弃物的回收处理，即要求做到“3R1D”(reduce 减少用量，reuse 回收利用，recycle 循环再生，degradable 易降解)。

c 改进产品结构

改进产品结构，减轻产品重量，也可改善包装，减轻对环境的不利影响。DEC 公司的研究表明，增加产品的结构强度，缩小产品的体积，可以减少包装材料用量的 54%，并可降低包装费用的 62%。

d 建立绿色制造数据库和信息系统

为支持绿色设计和绿色制造的实施，需要开发适合绿色设计和制造的数据库和信息系统，这里包括材料数据库、制造数据库及各种知识库。数据库的结构应是开放的，能从分布的数据库中收集、存储、检索所需的各种数据和信息。该信息系统应与国际互联网链接，能访问国际互联网上的大量信息，充分利用这些信息以充实自己的数据库和知识库。

e 贯彻 ISO14000 系列标准

国际标准化组织 ISO 发布了有关环境管理体系的 ISO14000 系列标准，有力地推动世界各国企业开展环境保护工作，将环保工作纳入规范化、制度化的企业管理之中。我国于 1996 年 1 月批准成立了国家环保总局华夏环境管理体系审核中心，专门负责指导 ISO14000 系列标准在我国的实施和培训。目前我国已有很多企业通过了实施 ISO14000 系列标准的论证。

f　组织绿色供应链

绿色供应链(green supply chain)是近年提出来的一个新概念。它要求供应链的各个部分(原材料供应商、制造商、分销商、零售商)同其他合作伙伴通力合作,改善资源利用,消除损害环境因素,降低成本,提高经济效益,目标是实现供应链的整体优化。

在绿色供应链的运作过程中,需要对绿色供应链的各种活动进行有效的组织和管理,这里涉及绿色材料选择、绿色采购、绿色运输、绿色仓储、绿色分销、计划安排、分布库存协调、物料回收、再生、重用等一系列工作。

(1) 绿色材料采购。企业采购材料时应选择绿色材料,这是实现绿色制造的前提和关键。所谓绿色材料是指无毒、无害、无污染、能耗低,易于回收、再生和重复利用的材料。为了实施绿色材料采购,企业需要认真选择供应商,正确评估供应商,并加强对供应商的管理。

(2) 物流系统在绿色供应链中占有重要地位。现代物流系统由运输、仓储、流通加工、包装、装卸和信息系统六大部分组成。运输过程对环境的影响,主要有以下几方面:1)交通运输工具的能耗很大,产生噪声,排放的废气污染空气,有害人类健康,而且也常常损害道路两旁植物的健康生长。2)大量的运输导致对道路面积的需求增加,修建道路常常是破坏生态平衡的一项因素。3)运输事故是直接破坏环境的元凶,例如,海上原油泄漏,易燃、易爆、有毒化学品在运输过程中爆炸、泄漏等。

(3) 仓储过程对环境的影响。其一是商品保管过程中采用的一些化学养护方法,例如:采用的杀虫剂会对周围环境产生污染;其二是对一些易燃、易爆、有害的危险品保管不善,引起对环境的破坏。

(4) 流通加工环节对环境的影响。流通加工是提高商品附加价值,促进商品顾客化的有效手段,是现代物流的重要内容。在流通加工过程中如果其加工环节存在非绿色因素,就会对环境造成不良影响。

(5) 包装对环境的影响。主要表现在两个方面:1)包装材料引起的环境污染,如白色塑料污染。2)过度包装或重复包装造成的资源浪费。

(6) 装卸对环境的影响。主要是装卸不当导致的商品损坏所造成的资源浪费和环境污染(例如:液体化学品泄漏造成的土壤污染和水污染等)。

鉴于物流过程对环境保护存在以上种种不安全因素,绿色供应链要求对物流过程必须加强管理,要针对上述问题采取有效措施,消除其中的非绿色因素。

10.4.5　知识管理

知识经济是建立在知识的生产、分配和使用之上的经济。在进入知识经济时代之后,知识将成为战略性的生产资源,成为社会经济发展的主要驱动因素。未来学家约翰·奈斯比特指出,当今世界起决定作用的生产要素不是资本而是知识;价值的增长主要不再通过劳动,而是通过知识。我们正进入知识经济社会,"智力资本"已成为企业最重要的资源。企业是否具有积累、整理吸收、应用和创造知识的能力,将直接决定企业的市场竞争能力,企业的生存和发展能力。

知识管理是一种全新的经营管理模式,它使企业可摆脱资金和自然资源的制约,获得建立竞争优势的新的机遇。知识管理将成为知识经济时代企业管理的最重要的内容。

10.4.5.1　知识管理和知识管理系统

信息管理是把信息看成和资金、设备、员工一样的生产力要素,以电子数据的形式收集、整理、管理企业的销售、生产、采购、库存、财务、人事等各种信息,为企业各级领导的决策提供科学依据。而知识管理是通过对信息的提取、识别、分析和归纳,使之转化为有用的知识,并创造新的知识,利用知识去处理企业生产经营中的各种问题,以实现企业的目标。所以知识管理比信息管理上升到了一个更高的层次。简单地说,知识管理就是对企业的知识资源进行有效管理,充分发挥知识资源的作用,以实现企业的目标。

知识管理的各种活动离不开信息系统的支持,但是知识管理系统不同于现行的管理信息系统,它是建立在管理信息系统、决策支持系统和专家智能系统的基础之上的综合系统。知识管理系统的基本功能是:(1)搜集、整理存在于企业内部和外部的各种信息和知识,并按照一定的框架和标准进行分类并储存,使之条理化、有序化。这些功能可以通过数据库系统、文件管理系统和搜索工具来实现。(2)通过搜索与过滤,在知识库中寻找与特定需求相关的知识,这可以通过搜索引擎和浏览器来实现。(3)知识的利用。通过人的认知能力,通过员工的交流与讨论,还可以利用专家系统和人工智能技术,将获取到的知识应用于产品开发、经营管理、顾客服务,以解决企业生产经营中存在的各种问题。这是最关键的一步,前面的两步都是为了这一步,因为"使知识得到利用,发挥知识的价值"才是知识管理的根本目的。

10.4.5.2 知识共享

知识管理的任务,第一步便是实现知识共享。通过知识共享,使个别员工的经验、知识,变成全企业的集体财富,从而提高广大员工的知识水平和业务能力。

知识可以分为显性知识和隐性知识两大类。显性知识是指可以用文字、语言表述的知识,例如:文章、报告、文件、报表等。隐性知识是指隐含在作业过程、工作方法和企业文化之中,难以用语言、文字直接表述,要人去领悟的知识。

通过知识管理系统在企业内部可以方便地实现显性知识的共享,企业员工根据工作需要,经过授权,可以方便地查询企业知识库中分门别类积存的各种显性知识,以解决他工作中的问题。此外,召开经验交流会、新技术推广会、分发各种资料和手册、进行各种培训,这些都是实现显性知识共享的有效方式。

隐性知识共享要比显性知识共享复杂,因为隐性知识存在于员工的头脑之中,不像显性知识那样容易被人学习和模仿。对于隐性知识,如果不是知识所有者主动去传播,别人是很难学到的。知识共享对于企业来说,可以使知识的价值在企业范围内得到充分的发挥,但是对于员工个人来说,无偿地共享他的隐性知识、专长,对他并无好处,甚至有损于他的利益,所以隐性知识的共享是难以靠员工个人来推进的。为此公司需要制定激励措施,对贡献自己知识的有功人员给予精神的和物质的荣誉和奖励,以积极鼓励员工主动地把自己的知识、经验贡献给企业。除此以外,还可以采取合适的组织形式(例如:团队组织),以促进组织成员自觉地进行知识共享,因为在共同完成所承担的任务中,不取长补短,通力合作,积极贡献自己的经验和知识,团队任务就无法完成。

10.4.5.3 知识管理的核心是创新

实现知识共享并不是知识管理的最终目标,提高企业的核心竞争力和生存能力才是知识管理的根本目的。

在科技飞速发展,市场需求复杂多变,竞争十分激烈的今天,产品的生命周期日益缩短,企业如果不进行不断地创新,企业的竞争优势就很难长期保持,企业就难以在这样的环境里生存和发展。

这里的"创新"包含技术创新、管理创新和制度创新,其中技术创新是企业创新的核心和基础,制度创新和管理创新则是企业创新的前提和保证。

技术创新包括产品创新和过程创新(指工艺、设备、生产过程和生产组织的创新)。产品创新是为了响应市场、满足顾客需求,是企业创新的目标、过程创新是实现目标的手段、两者相辅相成。

管理创新在企业创新中具有重要的地位，因为任何创新活动都需要通过各种管理职能去实施。管理创新通过不断修正和完善企业的规章制度，使企业的资源得到合理配置，发挥最大的效能。

企业制度创新是企业发展的基础，是企业进行各种创新的前提。通过制度创新不断调整企业的所有者、经营者和劳动者之间的关系，不断调整和优化企业的组织结构，使各方的权力和利益得到合理的保障，这样企业才具有发展的动力和活力。随着环境的变化，如不对企业制度进行相应的变革，那么它就会成为企业发展的桎梏。

通过创新去解决各种实际问题时，企业的知识库里通常并无现成的答案，人们只能检索到相关的知识和以往的经验教训，员工必须经过自己的分析判断和创造性的思维，才能得出解决问题的方案。所以在知识管理系统中，数据库、开放的交互式操作平台、通讯网络等现代化的设施固然很重要，但是利用知识、创造新知识去解决问题的关键因素是人，是人的智慧，人的认知能力，人的探索创新的积极性和主动性。因此知识管理的核心问题是调动人的积极性，激励人们去创新。所以知识管理离不开人才管理和人力资源开发工作。努力提高员工的素质，提高人的认知能力和分析判断能力，激励员工提高其探索创新的积极性是知识管理工作的灵魂。

习　题

10-1　简述 JIT 生产方式的基本方法。
10-2　简述看板管理原理。
10-3　简述 JIT 和 CIMS 模式。
10-4　简述最优生产技术的基本思想。
10-5　简述敏捷制造的目的。
10-6　简述新时期制造业面临的环境特点。
10-7　简述知识经济的概念及其特征。
10-8　简述可持续发展战略的重要性。
10-9　什么叫大规模定制生产？
10-10　大规模定制生产的技巧都有哪些？
10-11　简述大规模定制生产的基本形式。
10-12　简述网络化制造与服务的概念。
10-13　网络化制造的应用形式都有哪些？
10-14　网络化制造涉及的基础技术都有哪些？
10-15　简述网络化制造系统的几种模式。
10-16　什么叫绿色制造？
10-17　发展绿色制造涉及一系列生态技术的实施应用。试举例说明几种主要的生态技术。
10-18　简述绿色设计的主要特点。
10-19　实施绿色包装，可从哪几个方面入手？
10-20　知识管理的内容都有哪些？
10-21　知识管理系统的基本功能是什么？
10-22　分析知识共享的意义。实现知识共享可以采取哪些形式？
10-23　简述知识管理与创新的关系。

案例

[案例 1]　沈阳鼓风机公司的 CIMS 工程

沈阳鼓风机公司(简称沈鼓)是我国目前最大的开发、设计、研制和生产透平压缩机、透平鼓风机、电站轴流风机和各种大型通风机的国家大型骨干企业。沈鼓 1990 年被国家科委批准为 863/CIMS 应用工厂,在 CIMS 工程总体规划下,制定了到 2000 年的目标,分为"八五"和"九五"两个阶段、三期工程。第一期从 1991 年到 1994 年 6 月,第二期从 1994 年 7 月到 1995 年,第三期从 1996 年到 2000 年。公司明确制定了沈鼓 CIMS 总目标与各阶段目标:(1)建立产品报价系统;(2)扩大 CAD 应用覆盖面,实现 CAD/CAPP/CAM 初步集成;(3)完善与扩充现行的生产管理系统。

为实现工厂 2000 年生产经营战略目标,沈鼓在 CIMS 总体思想指导下,充分利用原有 CAD/CAM 和生产管理信息系统的单元技术,在改造与充实的基础上,建立全厂生产管理与经营决策信息系统(production administration decision information system,简称 PADIS),完善工程设计/制造系统(CAD/CAPP/CAM),建成产品制造的车间自动化系统(SA),在共享的数据库和网络系统(DB/NET)的支持下,吸收 ESPRIT 计划的 CIM-OSA 思想,采用了 IBM/CIM 体系结构,实现了信息的全面集成和关键部位的物流集成。逐步将沈鼓建成了一个经营管理科学化,工程设计/制造现代化、功能集成、总体优化、效益显著的计算机集成制造系统,使工厂达到国际同类厂家 20 世纪 90 年代先进水平。

沈阳鼓风机公司通过实施 CIMS 工程,到 2000 年获得了理想的经济效益和社会效益。

(1) 生产管理与经营决策方面:产品报价周期缩短了 66.7%,达到国际标准;产品供货周期从 18 个月缩短到 10～12 个月,达到了国际供货期标准;生产指令单与月份生产作业计划编制周期从过去的 30 天缩短到 5 天;产品制造周期从 5.5 个月缩短到 4.42 个月。

(2) 产品工程设计方面:产品技术准备周期缩短了 66.7%,从过去的 10～11 个月缩短到 5～6 个月;产品设计周期缩短了 50%,从过去的 6 个月缩短到 3 个月;新产品设计能力增长了一倍以上。

(3) 加工制造自动化与柔性化:自动化车间,通过 CAM 系统可直接将加工信息传输到 DNC 及 FMC 单元,缩短了产品零件制造周期 20%以上。按成组技术组成生产单元,通过 MRPⅡ系统与递阶段控制,以及车间作业计划优化,并批并量,使机床使用率提高 10%～20%,提高了生产能力及制造柔性。

(4) 满足国内市场需求能力增强,通过实施沈阳鼓风机公司 CIMS 工程,沈鼓在产品品种、产品质量、产品供货周期、生产能力诸方面满足了国民经济长远发展的需要,为堵住进口、节约外汇、发展我国的风机制造业做出了应有的贡献。

(5) 逐渐形成和发展 CIMS 产业。沈鼓属单件小批离散型机械制造企业,通过实施 CIMS 工程,可以为我国机械工业中通用机械行业发展和开发利用 CIMS 工程起到带动和示范作用。

资料来源:沈阳鼓风机(集团)有限公司网站 http://www.shengu.com.cn/cims.html

[案例 2]　凌志汽车的诞生

"精益"并非一定是要求在特定的制造流程中仿效丰田生产方式,其核心是建立起适合企业发展的思想和原则。尤为关键的是要能够切实而勤勉地实现这些思想和原则,通过获得卓越的绩效,为顾客和社会创造价值。虽然乍看上去,此目标似乎太高而遥不可及,但是你向所有参与人员解释其必要性，并坚持实现此目标，所有人都会乐于接受此挑战，一起努力实现此目标。

——第一代“凌志”车款的总工程师铃木一郎

丰田美国公司富有的主管们，很少考虑购买丰田汽车，而认为奔驰或宝马比较符合他们的身份和风格。这一现象使一位名叫结成安东卿的主管感到不安，因为他是个斗志高昂、不甘落后的丰田人。他认为丰田没有理由不能制造豪华级汽车与世界最优秀者抗衡。他向丰田管理高层提出这个构想，并最终得到高层的认可和支持。要推出豪华车，意味着必须打破日本汽车坚固耐用、可靠而简单的模式，然后才能与欧美的豪华车竞争。同时，发展豪华汽车，必须推出高品质的新品牌来占有高端汽车市场。丰田汽车公司将此重任交付给丰田历史上最优秀、最受人尊敬的总工程师之一铃木一郎，他被称为总工程师中的“飞人乔丹”式的传奇人物。为了推出一个好概念，铃木一郎率领工程师们为摸清市场及如何契合市场需求而进行了系统的调研和评估。通过对拥有“奥迪”、“宝马”、“奔驰”、“沃尔沃”、“凯迪拉克”等商业富人的焦点访谈，铃木一郎运用分类比较方法，获得了购买豪华车主的消费倾向：第一，身份地位与尊荣的形象；第二，高品质；第三，转手的价值；第四，性能质量；第五安全性……，虽然铃木一郎为消费者并非将性能安全性等重要因素视为首要考虑指标而感到万分惊讶，但他很快提出了目标新款车的概念：第一，优越的性能（保持丰田汽车高品质的终极目标）；第二，高雅精致的外观，满足特定消费者的身份与形象的需要。他觉得，丰田需要制造出一款不只是比奔驰车稍好，而是更好的车子，这样才能够改变丰田原有的形象，并在豪华车市场上与对手一争高下。为此，铃木一郎提出了“凌志”车款的概念和目标。表1摘录了铃木一郎瞄准奔驰、宝马为竞争对手而拟定的“凌志”车目标。

表1　“凌志”车目标

最高时速	250km/h（欧洲）	222km/h（欧洲）	220km/h（欧洲）
耗油量（地区高速公路）	每升行驶10km以上（美国），每升行驶7km以上（日本）	每升行驶8.1km（美国），每升行驶5.4km（日本）	每升行驶8km以上（美国）
噪　声	在高速行驶时，极度安静；100km/h时速下为58dB，200km/h时速下为78dB	100km/h时速下为61dB，200km/h时速下为76dB	100km/h时速下为63dB，200km/h时速下为78dB
空气动力（风阻系数）	0.28～0.29	0.32	0.37
汽车重量/kg	1710（美国）	1760（美国）	1760（美国）

从设计和运行角度分析，汽车的各项关键性能指标间存在相互协调成分，也存在相互矛盾方面。比如，提高速度与降低风阻系数是相辅相成的，而增加重量与降低油耗是相矛盾的。为了保证获得既定高品质汽车，铃木一郎制定了一系列不妥协目标：高速行驶下优越的操控与稳定性且乘坐舒适；快速平稳、流畅且低耗油量；特别安静且重量轻；优雅、精致的外形且空气阻力低。另一个是如何在保持精致外形的前提下，使风阻系数降到既定水平之下，以确保速度和减少噪声。

铃木一郎对制造引擎的工程师们提出十分苛刻的要求，这使他们感到十分沮丧。包括工程部主管高桥明在内，都认为在丰田现有的高精度精密工具与方法下，根本不可能制造出如此精密的零部件，这种要求太过分了。铃木一郎回答说：“哦，我知道了”，但他心里非常清楚，若因此而对这些突破性目标妥协，就不可能制造出他“梦想的汽车”。为此，他寻求高层的支持，成立了“一流品质委员会”，该委员会由研发、生产工程、制造厂三个单位高级主管组成，并由铃木一郎与高桥明挑选最优秀的引擎工程师。“一流品质委员会”和工程师们极度兴奋，接下来考虑的就是批量生产问题。

减少噪声方面，在造型阶段，工程师们把许多小麦克风附着于模型上来监控效果。但在兼顾精美外形和降低空气阻力两项指标方面面临严峻挑战。外形设计者制造出许多独特精美的模型，虽然他们为自己的创作感到自豪，但是，所有的模型都没有通过严格的风阻系数测试。与引擎方面问题一样，铃木一郎挑选能力最好的工程师，要求他试着做出真实东西来，而不是只进行分析和理论化工作。这位工程师说："我可以用你选定的黏土模型实现你的目标——风阻系数0.28"。这位工程师亲自动手东裁西切，最后得出一个风阻系数符合目标的汽车模型，但这个模型的外形看起来丑陋极了，完全失去了精致外形的要求。但是，在这个过程中，他更深入透彻且快速地了解了空气动力的特性。凭借自己动手的经验，这位工程师为外形设计师提供了重要参考意见，在铃木一郎鼓励下，这位工程师终于制造出了理想的汽车模型。在"凌志"车问世前，奔驰的三款车在美国市场所向披靡。但是，"凌志"问世后，仅这一款车的年销售量就等于奔驰三款车销售量总和的2.7倍。2002年，"凌志"是美国市场上最畅销的豪华车。

参 考 文 献

1 潘家轺，曹德弼编著．现代生产管理学．北京：清华大学出版社，2003
2 蔡世馨，于晓霖编著．现代生产管理．大连：东北财经大学出版社，2004
3 赵弘，郭继丰编著．知识经济呼唤中国．北京：改革出版社，1998
4 张根保等编著．企业信息化．北京：机械工业出版社，1999
5 高光锐，樊立亮．制造业先进生产模式的应用探讨．工业技术经济，2006(11)：81～85
6 齐二石编著．生产与运作管理教程．北京：清华大学出版社，2006
7 崔平主编．现代生产管理．北京：机械工业出版社，2003
8 郑泉．面向新世纪的先进生产方式应用探讨．安徽科技，2002(7)：32～33
9 牛占文，何桢．实施精益生产提升企业核心竞争力．工程机械，2006(6)：66～70
10 荣烈润．敏捷制造——21世纪制造企业的战略．机电一体化，2005(6)：6～10
11 文颖．精耕细作的丰田．农机市场，2002(8)：40～41